AMY BUTCHER

MOTHER TRUCKER

Unterwegs auf der einsamsten Straße Amerikas

Aus dem amerikanischen Englisch von
Dietlind Falk und Christiane Sipeer

HarperCollins

Die Originalausgabe erschien 2021 unter dem Titel
Mothertrucker bei Little A, New York.

Die Übersetzung dieses Buches wurde durch ein NEUSTART KULTUR-Stipendium der VG-Wort gefördert.

Der Verlag dankt für die freundliche Unterstützung.

Die Beauftragte der Bundesregierung für Kultur und Medien

NEU START KULTUR

VG WORT

1. Auflage 2022

Deutsche Erstausgabe

Gesetzt aus der Adobe Garamond
von GGP Media GmbH, Pößneck
Druck und Bindung von CPI books GmbH, Leck
Printed in Germany
ISBN 978-3-365-00162-2
www.harpercollins.de

Klimaneutral
Druckprodukt
ClimatePartner.com/15109-2009-1001

FSC
MIX
Papier
FSC® C083411

Für alle Frauen,
und besonders für Joy

Im Frühling, in einem kleinen Haus
Da wollte ich, dass wir uns vertragen.
Oh, im Frühling, in einem kleinen Haus
Hörten die Nachbarn uns Köpfe einschlagen.

»DOGWOOD«, JENNY LEWIS

Zahllosen Frauen wird gesagt,
sie seien keine vertrauenswürdigen Zeuginnen
ihres eigenen Lebens und die Wahrheit nicht ihr Eigentum,
weder jetzt noch irgendwann.

REBECCA SOLNIT

VORBEMERKUNG DER AUTORIN

Im April 2018 brach ich zu einer Reise nach Alaska auf – der ersten von vielen, wie ich hoffte –, um Joy »Mothertrucker« Wiebe zu treffen und mit ihr den nördlichsten Teil des Staates auf dem James W. Dalton Highway zu durchqueren. Wir verbrachten sechs Tage miteinander, und bei meiner Abreise plante ich, im August oder September zurückzukehren, um die Strecke noch einmal gemeinsam mit ihr zu fahren. Vier Monate später, und einige Wochen vor meiner geplanten Rückkehr, kam Joys Truck von der nicht befestigten Fahrbahn ab und überschlug sich auf ebenjenem Highway. Ich kehrte nach Alaska zurück – diesmal jedoch zu ihrer Beerdigung und zum Trucker-Konvoi, der zu ihren Ehren stattfand.

Ich habe schon häufig gehört, dass Frauen manchmal nichts als ihre Geschichte haben. Und dass, weil ihnen so oft die Macht, die Autonomie oder die Sicherheit genommen wird, ihre eigene zu erzählen, es an anderen Frauen liegt, dies zu tun. Dies ist die Geschichte, wie Joy sie mir erzählt hat.

Sie hat sie mir erzählt, weil sie wollte, dass die Welt von ihr erfährt.

Das Schwierigste ist, sie bis zum Ende zu erzählen. Ich kann mir vorstellen, dass einige Menschen etwas dagegen haben könnten, ein Buch noch einmal aufzuschlagen, Jahre nachdem man es zugeklappt hat. Doch ich fühle mich allein Joy verpflichtet, die mich angesehen und gesagt hat: »Ich glaube, Gott hat dich zu mir gebracht.« Und: »Ich denke, Gott will, dass du meine Geschichte erzählst.« Und: »Du wirst meine Geschichte erzählen.«

Ihre beste Freundin hofft, dieses Buch wird davon handeln, dass Joy den Menschen Gott nähergebracht hat. Ihre Söhne hoffen, dass es von ihrem Spirit und ihrer Art, das Leben zu leben, handeln wird. Was ihre Tochter oder ihr Ehemann hofft, weiß ich nicht. Doch für mich handelt ihre Geschichte von Frauen – davon, wie wir lieben und uns verbiegen und zuhören, wie wir verzeihen und verzeihen und verzeihen. Wie wir füreinander eintreten. Einander unterstützen, sogar über den Tod hinaus.

Mir war – vor allem anderen – wichtig, Joys Geschichte wahrheitsgemäß zu erzählen. Ich wollte ihre Geschichte erzählen, vom Anfang bis zum Ende.

»Wenn die Leute mich sehen, sehen sie nur Stärke«, sagte sie mir, »und die gibt es auch – Mann, sogar jede Menge davon –, aber da ist auch viel Schmerz. Das ist die Geschichte von Joy Wiebe. Und so geht es den meisten Frauen, vermute ich mal.«

Dieses Buch beruht auf Erfahrungen, intensiver Recherche, eigenen Aufzeichnungen und Interviews. Genauso wie auf Erinnerungen – auf gemeinsamen wie persönlichen. Auf solchen, die uns nachhaltig zeichnen, und solchen, die mit der Zeit verblassen. Einige Namen und Persönlichkeitsmerkmale von Personen, die im Buch vorkommen, wurden zum Schutz der Privatsphäre geändert.

PROLOG

Das Jahr, in dem ich Joy kennenlernte, war ein durch und durch gefährliches Jahr für Frauen in Amerika.

Wir wurden in Parks und auf Parkplätzen getötet, auf Gehwegen und in unseren Autos. Man tötete uns auch in Kellern und Schlafzimmern und auf der Terrasse, während das Baby schlief. Wir wurden gefesselt, festgebunden, versteckt. Wir wurden unter Drogen gesetzt und verschleppt und verprügelt, wir wurden angeschrien und in Angst und Schrecken versetzt. Männer zogen über uns auf wie Unwetter, wie etwas, das man ertragen muss. Wir litten am Arbeitsplatz und in unserem eigenen Schlafzimmer, und das meiste Leid fügten uns die Menschen zu, die uns – zumindest theoretisch – am meisten liebten.

Zu Hause in meiner Kleinstadt in Ohio fing ich an, über die Sicherheit von Frauen nachzudenken und über die vielen Orte, die Frauen meiden sollten: den Wald beispielsweise, wo in einer einzigen Augustwoche drei Joggerinnen in ihren amerikanischen Nachbarschaften ermordet wurden. Frauen sollten nicht alleine joggen gehen, doch sie sollten auch nicht alleine spazieren gehen, nicht wandern, campen, sie sollten nachts nicht allein den Parkplatz überqueren, tagsüber auch nicht oder am Morgen, mit zu vielen Taschen beladen oder nur mit einer Tasche oder ohne überhaupt eine Tasche bei sich zu haben.

In dem Jahr, in dem ich Joy kennenlernte, wurde eine Frau in Iowa erwürgt, als sie eines Abends eine Runde um die Maisfelder joggen wollte, die honiggelb schimmerten, der Himmel pastellfarben wie ein riesiges Bild von Grant Wood – Amerika und seine amerikanische Gewalt.

In Ohio wurde eine Frau getötet, als sie gerade eine Schüssel Makkaroni and Cheese umrührte.

In Colorado, als sie gerade die Kinder ins Bett brachte.

In Michigan, als sie bei *Kohl's* einkaufen war, und in New York City im Schlaf, in Texas beim Videospielen und in Südkalifornien beim Schwimmen.

In Pennsylvania wurde eine Frau aus meiner Heimatstadt gewürgt und erschlagen, eine Woche nachdem sie am College angefangen hatte. Ihr Leichnam wurde mit einem Mietwagen über hundert Meilen weit an drei unterschiedliche Orte gebracht – erst in einem blauen Plastikcontainer, dann in einem Seesack, zusammengefaltet wie ein Kleidungsstück, als wäre ihr Körper ein T-Shirt von Gap oder eine Nike-Jogginghose –, bevor ihr Mörder ausfindig gemacht werden konnte: ein Neunundzwanzigjähriger, der, als die Polizei an seine Tür klopfte, gerade dabei war, die Blutflecken zu beseitigen.

Und in der Stadt in Ohio, in der ich mittlerweile lebe, wurde eine Frau – zwei Jahre jünger als ich – in einem nicht sehr tiefen Grab gefunden, gleich dort, wo sich die Berge erheben, in denen ich so gerne wandern gehe.

»Die Menschen haben keinen Respekt mehr vor dem Leben«, sagte ihre Großmutter den Journalisten. Es war ein strahlender Tag im Frühherbst. »Der Herr gibt es, und sie nehmen es einfach.«

Viele Frauen wurden niemals gefunden.

Viele Frauen konnte man nicht mehr identifizieren.

Und es gab zahlreiche Männer, die es aufgrund der Morde an »ihren« Frauen zu nationaler Berühmtheit brachten. Ein Ehemann aus Colorado beispielsweise schaffte es durch den Mord an seiner schwangeren Frau Shan'ann und an den gemeinsamen Töchtern Bella und Celeste bis in die Prime Time. Es war genau die Art mediale Aufmerksamkeit, die landesweit vermissten weißen Frauen und ihren finster verzweifelten weißen Ehemännern vorbehalten war.

»Ich will einfach nur, dass sie zurückkommen«, erzählte ein fassungsloser Christopher Watts den Fernsehteams. Er stand vor seinem Haus auf der Veranda. Trat nervös von einem Fuß auf den anderen. »Das ist wie ein Albtraum, aus dem ich einfach nicht aufwachen kann. Den Gedanken, dass ihnen vielleicht was passiert ist, den ertrage ich einfach nicht.«

Die Staatsanwaltschaft brauchte noch nicht einmal einen Monat, um herauszufinden, dass Watts seine Frau erwürgt und seine Töchter anschließend ebenfalls erwürgt und erschlagen hatte, und das, obwohl ihn seine vierjährige Tochter, wie die Medien nicht müde wurden zu betonen, angefleht hatte, damit aufzuhören. Dann fuhr er ihre leblosen Körper zu einer Baustelle, wo er die Leiche seiner Frau auf ein Stück Brache warf und die seiner beiden Töchter in einen Öltank, all das nur wenige Stunden nach einer Grillparty, auf der die Mädchen in quietschpinken Badeanzügen im Pool geplanscht hatten, sodass ihnen die dünnen Zöpfe nass am Kopf klebten.

Während sie schwammen, schrieb er Nachrichten an seine Geliebte, wie die Polizei später berichtete, entschied sich womöglich endgültig für den Ort, an dem er die Leichen verschwinden lassen wollte, für die Art, wie er sie umbringen wollte, während die Mädchen ins Wasser sprangen und noch einmal Sonnencreme auftrugen und unter Wasser eine Kaffeetafel aufgebaut hatten, winzige Tassen in winzigen Händen.

Überall lasen wir vom Fall der Familie Watts, doch was diesen Mädchen und ihrer Mutter passiert ist, widerfährt jährlich Tausenden Amerikanerinnen. Jedes Jahr werden wir gestalkt und abgeschlachtet, verprügelt, erstickt, abgestochen. Ich wusste all das, doch richtig bewusst wurde es mir erst in jenem Frühling, in dem ich Joy traf. Als sich der Mann, den ich mehr als jeden anderen liebte – ein Mann von sanftem Gemüt, der witzig war, *gütig* –, unten im Flur meiner Wohnung vor mir aufbaute und mich völlig außer sich anbrüllte. Bereits in den Monaten zuvor hatte Dave mich ins Badezimmer gedrängt und so lange angeschrien, bis ich am Boden lag; in einem Zelt in Colorado hatte er so heftig auf mich eingebrüllt, dass ich die ganze Nacht stocksteif dalag wie seine Beute und mich fragte, ob und wie er mich umbringen würde.

Ich dachte, wie schon einige Male zuvor, *genau so passiert es. Genau so sterben wir.*

1.

Erst einige Wochen später, eingehüllt in den süßen Duft aus *Auntie Anne's* Backshop und das künstliche Licht der Leuchtstoffröhren im Flughafen von Columbus, lasse ich den Gedanken zu, wie vollkommen verrückt das ist, was ich gerade tue: Ich fliege einmal quer durchs Land, um in Alaska eine Frau zu treffen, die ich auf Instagram entdeckt habe, eine Ice-Road-Truckerin, die sich »Mothertrucker« nennt. Obwohl ich ihr obsessiv folge, ist sie im Grunde noch eine Fremde für mich, nicht anders als all die Männer und Frauen, die hier im John Glenn Airport die Zeit totschlagen auf den begehrten Plätzen nahe den Steckdosen oder indem sie ihre zehntausend Schritte vollmachen oder sich beim Kundenservice lautstark über die Stand-by-Wartelisten beschweren, während die in Empathie geschulten Mitarbeiter eisern lächeln.

Auch ich übe mich in Empathie. Ich denke, eine gewisse Offenheit – ein gewisses Verständnis – wird mir helfen, wenn ich Joy treffe, wenn wir zu zweit im Kokon ihrer Fahrerkabine mindestens vierzehn Stunden miteinander verbringen werden, aus denen, wie sie sagt, auch leicht mal achtundvierzig Stunden werden können, abhängig von der Witterung oder den anderen Truckern oder dem Sagavanirktok River. Manchmal kommt es auch einfach auf die Straße an. Der James W. Dalton Highway ist die gefährlichste Straße Amerikas, vierhundertvierzehn Meilen Schotterpiste mit ein paar asphaltierten Abschnitten, die sich von Fairbanks aus hoch nach Norden bis zur Industriestadt Deadhorse und zu den Ölfeldern von Prudhoe Bay zieht. Jedes Jahr sterben mehr Fahrer auf dieser Strecke als irgendwo sonst in Amerika, hauptsächlich, da sich Mutter Natur auf den vielen Meilen von ihrer schlechtesten Seite zeigt. Sie führen durch einsame, entlegenste Wildnis, die Straße ist häufig verregnet oder spiegelglatt oder verschwindet im späten Frühling unter einer dichten Schneeschicht, sodass man nicht mehr sagen kann, wo der Boden aufhört und die Luft beginnt, was Straße ist und was Tundra, und wo alles verschwimmt, kann auch ein Menschenleben leicht verschwinden.

Die Wahrheit ist, dass ich nach einer Rettung gesucht habe, und Joy Mothertrucker erschien mir wie im Traum durch den perfeken Instagram-Filter, jedes Foto eine weitere Tür, die ich des Nachts öffnete, um zu entfliehen.

Joy ist auf Instagram eine Berühmtheit, auch wenn sie sich selbst nie so bezeichnen würde.

»Die Leute mögen einfach meine Fotos«, sagte sie bei unserem ersten Gespräch.

Ich stolperte an einem Winterabend über ihren Account, an dem ich nichts ahnend durch Fotos von perfekt angerichteten Tellern mit Pasta und hübschen Kindern mit schlafzerzausten Löckchen scrollte, von weißen Designer-Wohnzimmern und süßen Goldendoodles. Ich stieß auf eine frischgebackene Fünfzigjährige mit dem Gesicht von Kate McKinnon und einem Körper wie einem Ausrufezeichen – drahtig, kompakt, bereit für die Augen der Welt –, die einzige weibliche Ice-Road-Truckerin im ganzen Land, eine Frau, die sich ein Leben aufgebaut hatte, indem sie riesige Tanklaster den James W. Dalton Highway entlangfuhr und seine außergewöhnliche Schönheit dokumentierte: naturbelassen, schneebedeckt und eisblau.

Joy nennt diesen eiskalten Ort den *Himmel*.

Sie sagt, der Highway sei *nahezu heilig*.

Mir kommt sie gottesgleich vor.

Dass Joy derartigen Neid in mir auslöst, mag absurd klingen. Unterm Strich bin ich genau die Art Frau, mit der die amerikanische Gesellschaft gut zurechtkommt: eine dreißigjährige Dozentin an einem kleinen College in Ohio, die Bücher schreibt und Studienanfänger berät und Women's Literature unterrichtet. Ich besitze ein eigenes Haus und pflege meinen Garten. Im Frühling leihe ich mir den Pick-up eines Freundes, um neue Erde heranzukarren. Ich setze mit der Ladefläche zurück bis an die hintere Ecke des Gartens und verteile den Kompost mit einer stabilen grünen Harke. Nachbarn, Freunde und Familie merken häufig an, wie unabhängig ich sei. Sie nennen mich *mutig. Stark.* Und dennoch habe ich die letzten drei Jahre hauptsächlich in Gegenwart eines Mannes verbracht, dessen Verhalten mir Angst macht, dessen Selbstwert und Machtgefühl daran gekoppelt zu sein scheinen, mich niederzumachen. Dave ist liebevoll, zumindest die meiste Zeit, doch in den Momenten, in denen er nicht liebevoll ist, lebe ich in Angst und verliere all die Stärke, die ich normalerweise aus den Bereichen ziehe – beruflich und privat –, die über ihn und unsere Beziehung hinausgehen. Mit der Zeit ist das Gefühl der Freiheit aus unserer Beziehung verschwunden, aus einer idyllischen Partnerschaft, die natürlich auch Kompromisse erfordert hat, ist ein Käfig geworden, in dem ich auf und ab tigere, und das trotz unserer minimalistischen Bilder von West Elm, der dreistufigen Bücherregale, die an unserer Wand lehnen, und der geschmackvoll gewählten Farbakzente, auf die wir uns geeinigt haben, damit sie das Licht reflektieren.

Häufig denke ich: *Verlass ihn.*

Doch ich tue es nicht. Es passiert einfach nicht.

Stattdessen sehe ich mir im tiefsten Winter vier Monate lang von meinem zerrütteten Zuhause im grauen Ohio aus – wo nicht nur das Wetter tobt, sondern auch der Mann, den ich liebe – Joys Welt an. In Joy Mothertruckers Foto-Feed – jenen zarten, fragilen Farbkacheln – wirkten das Klima und die Erde beherrschbar, die Männer gastfreundlich und gut. Hier war eine Frau, die ihr Zuhause an einem Ort unvorstellbarer Furcht und Gefahr errichtet hatte, in einer von Männern und Maschinen dominierten Landschaft, in einem Berufszweig und einem so entlegenen Gebiet, dass eine Google-Suche hauptsächlich Bilder von haushohen Schneewehen ausspuckt und von wie Papier zusammengeknüllten verunglückten Sattelschleppern, als hätte Gott sie in seiner Faust zerquetscht.

Es war nicht schwer, ihre Telefonnummer herauszufinden. Ich kritzelte die Ziffern mit einem Edding auf ein Post-it. Dann klebte ich es an den Kühlschrank.

Doch es dauerte eine Weile, bis ich sie wirklich anrief. Als Dave mich eines Abends so sehr angebrüllt hatte, dass ich auf dem Boden kauerte, dass mein Körper sich vor lauter Angst verselbstständigte – als mir zum ersten Mal klar wurde, was er tat, dass meine Schockstarre genau das war, was er wollte, als ich begriff, wie oft ich all die Monate über dieses Verhalten zugelassen hatte, das unsere Abende bestimmte und immer wieder *eskalierte* –, erst da dachte ich an Joy Mothertrucker. Ich dachte an das Wort *Ausweg*. Ich dachte an all die Frauen in Amerika, die meinen, Gewalt und Misshandlung würden ihnen niemals passieren, bis es so weit ist. Und ich sah das kleine Viereck an meinem Kühlschrank, als wäre es genau für diesen Moment dort platziert worden, in dem ich vom Boden aufsehen und das Potenzial all dessen erkennen würde, das für alle Augen sichtbar auf mich wartete, irgendwo jenseits dieser Todesangst.

Am nächsten Morgen, als Dave bei der Arbeit war, sah ich dem Uhrzeiger zu, bis eine akzeptable Zeit erreicht war, und griff zum Telefon.

In Alaska war es acht Uhr morgens und Joy saß am Schreibtisch, da sie sich verletzt hatte.

Ich fürchtete, die Worte würden mir in der Kehle stecken bleiben, doch stattdessen kamen sie ganz leicht heraus.

»Ich würde Sie«, sagte ich, »wirklich gerne kennenlernen.«

*

Meine Reise überbrückt vielleicht die Entfernung, die uns als Fremde trennt, und führt zwei unterschiedliche Welten zusammen, doch während sich das Terminal mit Menschen füllt, wird mir bewusst, dass mein Bild von Joy aus ein paar losen Fäden besteht, die ich zu einer Person verknüpft habe.

Ich weiß beispielsweise, dass sie schlank ist, lange braune Haare hat und wie jemand aussieht, der bestimmt einen leckeren, herzhaften Eintopf kochen kann – vielleicht mit Kartoffeln und roten Linsen, Grünkohl und halbmondförmigen Karottenscheiben.

Ich weiß, dass sie eine siebzehnjährige Tochter hat, Samantha, und bereits seit Jahrzehnten in zweiter Ehe lebt.

Ich weiß, dass ihre Familie etwas außerhalb von Fairbanks auf einem Stück Wildnis in einer Holzhütte lebt, die sie gemeinsam gebaut haben, nachdem die erste Hütte abgebrannt ist, mit einem Maultier und mindestens einem Pferd und mehr Hunden, als dass man den Überblick behalten könnte.

Joy hat mir erzählt, dass sie das Grundstück ausgewählt haben, weil es abgeschieden liegt und eine fantastische Aussicht bietet. Auf den Fotos, die sie mir in den vergangenen zwei Wochen geschickt hat – seit ich angerufen und mir einen Flug gebucht habe, schreiben wir uns gelegentlich –, steht ihr Maultier aufgezäumt vor einem Waldstück, das unter einer glitzernden Schneedecke liegt. Ein Samojedenwelpe tobt mit grasgrünen Pfoten über eine Wiese. In der Einfahrt parkt Joys glänzender Sattelzug, frisch gewaschen und poliert, in schickem Dunkelblau.

In diesem Truck vollzieht sich Joys Verwandlung von Joy Ruth Wiebe zu Mothertrucker – ein Spitzname, den ihr Sohn Daniel ursprünglich für ihren Instagram-Account vorgeschlagen hat, doch mittlerweile ist daraus eine eigene Persönlichkeit geworden, der über elftausend Menschen folgen.

Was Joy betrifft, lasse ich meiner Fantasie freien Lauf, doch bezüglich des Highways kenne ich die Fakten. Der James W. Dalton Highway ist die längste Straße ohne Verpflegungsmöglichkeit in

Nordamerika und ein geografisches Wahrzeichen, das zum Glück ausführlich dokumentiert wurde, sowohl in Büchern und dem Internet als auch in Film und Fernsehen. Laut meinen Quellen – hauptsächlich Wikipedia, aber auch dem Bureau of Land Management, Alaska.org, der *New York Times* und der sexy Homepage DangerousRoads.org – wird er wahlweise als »gefährlichste Straße Amerikas«, »entlegenste Straße Amerikas« sowie, und dies hat mein besonderes Interesse geweckt, »einsamste Straße Amerikas« betitelt.

Doch für Joy ist es das Gelobte Land. *Sein Land*, wie sie es nennt.

»Weil man Ihn spürt, wenn man hier ist«, sagte sie mir, als wir uns zum ersten Mal unterhielten. »Hier bist du keinem anderen Mann verpflichtet.«

Die meisten Leute kennen den Dalton Highway aus der beliebten Serie *Ice Road Truckers*: Darin wurde zur besten Sendezeit in 138 Episoden über elf Staffeln das häufig hochdramatische Leben von zwei Dutzend Männern und drei Frauen dokumentiert.

Ich kenne die Sendung nicht, und Joy hat mir gesagt, ich solle sie mir besser nicht ansehen.

»Nicht dass du einen falschen Eindruck bekommst«, sagte sie. »Das ist einfach alles nur Show. Ich meine, ein paar von den Männern im Fernsehen hatten Ahnung. Aber die Frauen – ich will ja nicht respektlos wirken, aber die hat, glaube ich, Hollywood angeheuert. Vielleicht waren sie Truckerinnen in Kanada oder auf einfacheren Routen in Alaska. Aber die hatten halt ordentlich Oberweite. Und jetzt sieh mich an, ich bin fünfzig. Ich fahre diese Straße schon mein ganzes Leben lang. Aber ich bin eine Bohnenstange, seien wir mal ehrlich. Ich bin kein junger Hüpfer mehr.«

Sie mag kein junger Hüpfer mehr sein, doch auf dem Highway ist sie eine Veteranin und – wie mir später viele Männer berichten werden – »die *einzige* weibliche Fahrerin auf einer Fernroute« und »schlicht und einfach ein Streckenengel, basta«.

Seit dreizehn Jahren verdient Joy ihren Lebensunterhalt damit, zwei- bis dreimal die Woche diesen Highway hochzufahren. Sie hat Männer sterben sehen und Männern das Leben gerettet. Ihre Tochter hat sie sogar teilweise in der Fahrerkabine ihres Sattelzugs großgezogen, wo sie sich über das Leben unterhielten, über ihren Glauben und die Familie. Joy fragte ihre Rechtschreibung ab: »Wie buchstabiert man *Brokkoli*?« Nachts fuhren sie rechts ran, um am Fuß der Berge zu schlafen und das Nordlicht tanzen zu sehen, elektrisierend, über einer Pfanne, in der Rib-Eye-Steaks brutzelten, während die Folienkartoffeln in der Glut des Lagerfeuers garten.

Nun bietet sie *mir* an, dieses Leben zu teilen.

Du wirst bald sehen, wie ich das mit Gott meine, textet sie mir. *Hier fühlst du dich Ihm auf jeden Fall näher.*

Und wir werden auf Ihn vertrauen müssen, sagt sie, denn auf unserem Weg lauern zahlreiche Gefahren: Schneestürme und Unfälle und ein Untergrund, der die Reifen kaputt macht und aus Trucks Wracks macht oder noch Schlimmeres. *Schlimmeres*, erklärt Joy, weil es auf dem Dalton Highway weder Handyempfang noch WLAN gibt. Kein Datennetz, keine Notrufsäule und kein McDonald's an einer Servicestation. Die Straße ist größtenteils unbefestigt. Markierte Fahrspuren gibt es nicht, dafür aber Schlaglöcher von der Größe eines Kleinwagens und Streckenabschnitte, auf denen die Sichtweite gleich null ist. Es gibt Pässe mit sechzehn Prozent Steigung, direkt am Abgrund entlang, oder es geht steil bergab, ohne eine Leitplanke, die dich hält, wenn du fünfundsechzig Meilen draufhast oder mehr, wenn die Bremsen versagen oder die Straße vereist ist.

Und während man in Amerika größtenteils vom *Dalton Highway* oder der *Ice Road* spricht, wie in der Fernsehsendung eben, wird die Route in Alaska nur als »ländliche Hauptverkehrsader« bezeichnet, denn sie ist zwar für die Industrie von zentraler Bedeutung – es ist die einzige Versorgungsverbindung zu den Arbeitern auf dem größten Ölfeld Nordamerikas –, doch die harschen klimatischen Bedingungen und die absolute Abgeschiedenheit machen es dem Verkehrsministerium unmöglich, die Route so instand zu halten, wie es für staatliche Straßen erforderlich ist.

Mit anderen Worten: Man fährt hier auf eigene Gefahr.

Trotz allem befahren etwa 3700 riesige Sattelschlepper jeden Monat diesen Highway, Hunderte Männer – und eine Joy Mothertrucker – sitzen hier am Steuer, um ihren Lebensunterhalt mit den Lieferungen nach Prudhoe Bay zu verdienen. Sie haben Baumaterial und Metallrohre geladen, Wandverkleidungen, Matratzen und eine bunte Mischung all der Dinge, die Amerikaner im entlegenen Hinterland für ihr Wohlergehen so brauchen: Chocolate-Chip-Cookies, riesige Tüten mit Doritos, Fruit Roll-Ups, Gushers, T-Bone-Steaks und Fertigsoßen.

»Du wirst da draußen sterben«, warnte mich ein Freund, als ich ihm zum ersten Mal von meinem Plan erzählte, Joy zu treffen.

Doch ich wollte den Dalton Highway fahren. Ich wollte Beifahrerin in Joys Truck sein. Ich wollte – denn in meiner Vorstellung wäre dies der dramatische Höhepunkt meines Alaska-Abenteuers – nur etwa acht Meilen vor dem Ende des Highways in den Arktischen Ozean springen. Da der Frühling gerade erst begonnen hatte, war es durchaus denkbar, dass wir das Nordlicht zu sehen bekämen. Ich stellte mir pinkfarbene Wirbel über rauchenden Schornsteinen vor, unter einer dicken weißen Schneeschicht ächzende Wälder und meinen Körper, der dort draußen in der Dunkelheit allein auf der Wasseroberfläche trieb, einsam und unabhängig, der Ozean eiskalt, aber atemberaubend, das Nordlicht über dem Meer, das aussah, als hätte Gott den Himmel höchstpersönlich mit einem Löffel aufgewirbelt.

Es ist nicht von dieser Welt, hatte Joy mir versprochen. *Wenn man das Nordlicht sieht, dann weiß man: Gott ist da, und er sieht uns zu.*

»Ganz im Ernst«, hatte mein Freund gesagt, »das ist eine totale Schnapsidee. Punkt.«

Er hatte das Nordlicht schon zahlreiche Male gesehen und schlug vor, nach Portland, Oregon, zu fliegen, wo er ein Apartment hatte, eine Flasche Whiskey und Buntstifte zu kaufen, und dann könnten wir uns das Nordlicht selbst malen, betrunken.

»Das ist«, sagte er, »so ziemlich dasselbe.«

Nur war es das natürlich nicht.

Was mein Freund sagen wollte, war, dass ich mich durch die Reise in Gefahr begab. Niemand – schon gar keine Frau – sollte allein nach Fairbanks, Alaska, fliegen, um neben einer Fremden auf trügerischen, zugeschneiten Straßen Canyons und Täler und Tundren zu durchqueren, bis das gelbe Licht der Fabriken sich im klaren Nachthimmel verliert.

»Mein Angebot steht«, sagte mein Freund. »Bei mir gibt es einen Pool, und für den Whiskey lasse ich ordentlich was springen. Du bekommst ein Dutzend Stifte in allen möglichen Grüntönen.«

Doch ich hatte die Schnauze voll von Männern – Männern, die ich kannte, und Männern, die ich nicht kannte. Die mir sagten, wo mein Körper sein durfte und wo nicht, was ich mit ihm machen oder nicht machen sollte, wo er in Sicherheit war und wo nicht.

Ich mache das seit dreizehn Jahren, hatte Joy mir einige Tage zuvor getextet. *Also krieg jetzt keine kalten Füße! Ich hab hier schon alles gesehen und alles erlebt! Du fährst mit einer Legende!*

Bei Joy Mothertrucker werde ich in Sicherheit sein.

Was ich von meinem eigenen Zuhause nicht mehr behaupten kann. Denn in der letzten Zeit habe ich eine Lektion gelernt, die eine von vier Amerikanerinnen im Laufe ihres Lebens lernen wird: was es bedeutet, fertiggemacht zu werden, zugrunde gerichtet. Was es bedeutet, in Angst zu leben. Wozu ein Mann fähig ist, wenn er deinen Körper im Schlafzimmer in die Ecke drängt oder neben der Toilette oder in einem Zelt oder neben einer Goldranke im Aztekentopf, einem Mitbringsel aus unserem Urlaub in New Mexico, wo ich die letzte Nacht im La Quinta Inn durchwacht hatte, in Tränen aufgelöst. Seit Monaten bewegt sich Dave in einem zunehmend düsteren und gefährlichen Teil des Spektrums von inszenierter Männlichkeit und hat immer weniger Skrupel – wird sogar immer besser darin –, meine Angst zu schüren, um seinen Willen durchzusetzen.

Mit dreißig Jahren habe ich mein Leben ganz auf den heißen und kalten Zorn eines Mannes ausgerichtet und eine besondere Art des Terrors entwickelte sich, der seinen Körper trotz all der Erniedrigungen und Herablassungen und abwertenden Kommentare über mich in den letzten Monaten zu mir hinzog, obwohl mein eigener Körper vor ihm zurückwich.

Ganz deutlich zeichnete sich ab, dass ich zwei Optionen habe: Ich kann mich für Glück und Sicherheit entscheiden oder für Dave.

Und sosehr ich auch glauben möchte, dass meine Anwesenheit in diesem Flughafen – am Gate von Alaskan Airlines, bereit für den ersten von insgesamt drei Flügen – ein Zeichen dafür ist, dass ich mich fürs Glücklichsein entschieden habe, dafür, mich in Sicherheit zu bringen, so lastet dennoch das Wissen auf mir, dass es sich hierbei nur um den ersten von vielen Schritten handelt, und ich kann nicht sagen, ob sie mir tatsächlich gelingen werden, ob ich das für echte Veränderungen notwendige Durchhaltevermögen besitze.

Ich beschließe, mich ein wenig abzulenken. Ich ziehe mein Handy aus der Jeanstasche und sehe mir noch einmal meinen Chatverlauf mit Joy an: Er ist optimistisch und hoffnungsvoll. Sie hat mir ein Foto von einem Elch geschickt, der bei der Überquerung des Dalton Highways westlich von Livengood den Kopf mit seinem aschgrauen, wettergegerbten Geweih hebt, die Muskeln straff und definiert.

Die Jagdsaison hat noch nicht angefangen, hatte sie geschrieben, *also sitze ich einfach hier und bewundere seine Schönheit!*

In Alaska ist es zwei Uhr morgens, trotzdem will sie unbedingt wissen, wie es mir geht, ob meine Flüge pünktlich sein werden, ob bisher alles glatt läuft, denn das wird es, schreibt sie scherzhaft, in den nächsten Tagen nur bei Glatteis. Sie möchte wissen, wie ich mich fühle, ob meine Stiefel wasserdicht sind. Sie erzählt mir, was sie für uns besorgt hat – Handwärmer, Grillanzünder und Kakaopulver.

Ich weiß nicht, woran das liegt, schreibt sie, *aber heißer Kakao hoch oben in der Arktis schmeckt soo, soooo, sooooo gut! EIN STÜCK VOM HIMMEL IN DEINER TASSE!*

Sie möchte wissen, ob ich ihr Angebot nicht doch annehmen will, bei ihr im Keller zu schlafen.

BIN IMMER NOCH DER MEINUNG, DU SOLLTEST BEI MIR SCHLAFEN. Ich klammere mich an meine zerknickte Bordkarte, falte sie auf und wieder zusammen. Joy schneidet das Thema schon zum vierten Mal an – dreimal habe ich freundlich abgelehnt –, denn es ist das eine, aus dem ruhigen Mittleren Westen nach Fairbanks, Alaska, zu fliegen, um eine Frau aus dem Internet zu treffen. Es ist etwas völlig anderes, im Keller einer Fremden zu übernachten, in einem Haus, das ich nicht kenne, in einer Stadt, in der ich noch nie war.

Klar, in diesem Moment kenne ich Joy so gut wie gar nicht. Doch während die Flugbegleiter über den Lautsprecher Boardinggruppe A, B und schließlich C aufrufen, ich über die Fluggastbrücke das Flugzeug betrete und meinen Fensterplatz einnehme, kommt mir dieser Gedanke: Lieber setze ich in Begleitung dieser Fremden mein Leben aufs Spiel als in dem, was zu meiner Realität geworden ist.

Sicher ist dein Flugzeug mittlerweile abflugbereit, schreibt Joy. *Vater im Himmel, bitte schütze meine neue Freundin Amy. Wir danken dir für die fantastischen gemeinsamen Tage, die du uns ermöglichst. Wir wissen, dass du uns nicht grundlos zusammengeführt hast. Bitte lass sie wohlbehalten ankommen. O Herr, wir lieben dich, Amen!*

Amen!, schreibe ich. Und dann: *Kann den ersten Kakao kaum erwarten!*

Die Wahrheit ist, dass ich es nicht erwarten kann, an ihrer Seite zu sein, mir den klebrigen Marshmallow-Schnurrbart von der Oberlippe zu wischen. Ich kann es kaum erwarten, an einem anderen Ort zu sein als in meinem Leben – wenn auch nur für kurze Zeit.

SOOOO LECKER, schreibt sie noch einmal, gefolgt von einem Kaffeetassen-Emoji, und plötzlich kommt es mir so vor, als würden wir beide ganz unbeirrt all unsere vagen Hoffnungen auf einen imaginären Kakao und eine Handvoll Minimarshmallows setzen, die wie kleine Bojen darin schwimmen und mich, so mein naiver Gedanke, vor meiner Welt retten.

Das Flugzeug hebt ab, und ich stelle mir vor, wie auch ich aus meinem alten Leben abhebe. Ich schiebe die dünne Plastikjalousie der Fensterabdeckung hoch und sehe zu, wie der Schatten unserer Maschine zwischen dem pfirsichfarbenen Morgenlicht und den Dächern alter Lagerhäuser schwebt, über Schulen und Banken und Kirchen, über Fußball- und Baseballfelder, die zu Frühlingsbeginn hellgrün schimmern. Es wird Zeit, sich zu verabschieden, und ich zähle alles auf, als wäre ich eine Figur in einem Kinderbuch: *Tschüss, Häuser. Tschüss, Bäume. Tschüss, Freund, der mich ständig anbrüllt.*

2.

Das erste Foto, das ich bei meiner Ankunft in Fairbanks um vier Uhr morgens schieße, zeigt einen ausgestopften Eisbären hinter einer Glasscheibe, dessen Fell viel eher an Vanillecreme erinnert als an das erwartete Schneeweiß, seine Zähne sind auch breiter und stehen dichter, spitze Fänge, so groß wie ein Daumen. Jemand hat den Schneehügel aus Gips mit zwei unterschiedlichen Glitzerfarben verziert: ein gewöhnliches Silber, um auf der sicheren Seite zu sein, und ein überraschender changierender Pastellton, der je nach Licht und Blickwinkel rosa, grün oder lila erscheint. Der zweite Bär – ein ausgestopfter Grizzly – verblasst daneben.

Es ist verwirrend genug, irgendwo um vier Uhr morgens anzukommen, aber meine Desorientiertheit wird durch das Paralleluniversum namens Fairbanks, Alaska, noch verstärkt, wo die Bordsteine noch immer von Schneewehen gesäumt sind und die Taxis weiß-rot blinken wie weihnachtliche Lichterketten. Farbenfrohe Hochglanzbroschüren entfalten sich in Touristenhänden und jede verspricht ein anderes kostspieliges Angebot arktischer Sensationen: ein Bad in den nahe gelegenen Chena Hot Springs, ein authentisches Schlittenhundeerlebnis oder einen typischen Apple Martini, serviert im Glas aus Eis. Ich schlendere am Gepäckausgabeband umher und warte auf meinen Koffer, in den ich alles aus meinem Leben in Ohio gepackt habe, das mir praktisch vorkam. Mein Körper ist voller Adrenalin.

Unser Plan sieht vor, dass ich mich erst einmal ausruhe. Das war meine Idee. Nach dreiundzwanzig Stunden in drei verschiedenen Flugzeugen schien mir das notwendig. Stattdessen surrt das Gepäckband, und die Menschen um mich herum nähern sich erwartungsvoll, während ich ungeduldig mein Handy betrachte und mir wünsche, Joy möge endlich wach werden.

»Wir sind ganz schön nervös«, hatten meine Eltern mir eine Woche vor meiner Abreise mitgeteilt. Obwohl sie nie von der vorsorglich verbietenden Sorte gewesen sind, haben sie darauf bestanden, dass ich eine Karte mit meinen geplanten Aufenthaltsorten zeichne, bevor ich nach Alaska aufbreche.

»Das ist alles arktische Wildnis«, sagte ich. »Da kann man nichts einzeichnen.«

Trotzdem gab ich mir alle Mühe, sie zu beruhigen, schickte ihnen einen Kartenausschnitt des Staates Alaska und malte feine Linien auf die Küstenebene.

Irgendwo hier wollen wir in ihrem Truck campen, schrieb ich quer über einen zweihundert Meilen breiten Streifen Nichts.

Ich zeichnete einen winzigen Polarfuchs. Dann zwei Strichmännchen, die sich umarmten.

Sie wussten meinen Humor nicht zu schätzen.

»Wie werden wir uns fühlen«, fragten sie, »wenn etwas Schlimmes passiert?«

Es passierte bereits etwas Schlimmes – und das immer häufiger –, aber nicht in der Arktis.

Dennoch wünsche ich mir jetzt, da ich endlich in Joys Bundesstaat bin, nichts sehnlicher, als in ihrem Gästezimmer im Keller zu schlafen.

Hier wäre es viel gemütlicher!, schrieb sie. *Außerdem habe ich eine Menge Welpen – die sechs Neuzugänge der Familie Wiebe. Woody Wiebe, die Samojedenhündin, hat nämlich letzte Woche geworfen. Ich kann drei davon mit ins Bett nehmen – und du auch!*

Ich schnappe mir meinen Koffer, rolle ihn nach draußen und

komme mir blöd vor, weil ich mir ein Hotelzimmer mit Frühstück, Kochnische und kostenlosem Flughafenshuttle gebucht habe, in dem ich nun gen Osten rase.

Oben im SpringHill Suites mache ich es mir auf dem zweiten Bett bequem – dem »Snackbett«, wie eine gute Freundin es nennt –, scrolle in unserem Nachrichtenverlauf zurück und mache mir Sorgen, dass ich Joy unabsichtlich vor den Kopf gestoßen habe, indem ich ihre Einladung abgelehnt habe, Fremdenführerin und Gastgeberin zu spielen.

ICH BIN DA!!!, schreibe ich ihr. Ich hänge das Foto des ausgestopften Eisbären an, genau wie Tausende Touristen vor mir, und befürchte sofort, dass ich sie aufwecken könnte. Aber Augenblicke später vibriert es in meiner Hand.

Ich kann nicht schlafen!!!, schreibt sie. Sie habe sich so sehr herumgewälzt, berichtet sie, dass ihr Mann James sie aufs Sofa geschickt hat.

Aber mit den Kleinen!, schreibt sie.

Das dazugehörige Foto ist derart niedlich, dass es verboten sein müsste: ein Knäuel aus schwarzem Fell und Flausch, eine winzige rosa Zunge, ihr Schlafanzugoberteil aus dünnem grauem Stoff, auf dem ein halbes Dutzend Welpen döst, verschlafen guckt und träumt.

Draußen erwacht Fairbanks langsam. Katzen zucken im Schlaf mit dem Schwanz, müde Mütter füllen Kaffeepulver in Filter. Der Frühling ist hier kälter, dunkler und rosafarbener als in Ohio. Die Sonne schiebt sich über die flachen Gebäude und Dächer voll gefrorenem Schnee.

Hey, schreibt sie, *ich weiß nicht, wie du das siehst, aber wir wollen in ein paar Stunden in die Kirche. Es würde zwar etwas dauern, bis wir bei dir sind, aber wir können dich einsammeln, wenn du möchtest!*

Kirche ist ein schwieriges Thema für mich. Trotzdem sage ich zu.

Du erkennst uns am echt schmutzigen roten Pick-up, teilt sie mir mit.

Ein paar Stunden später auf dem Parkplatz sind alle Trucks schmutzig, ordentlich vom Winter gezeichnet, und beinahe die Hälfte davon ist rot. Dennoch entdecke ich sie sofort. Sie wedelt in ihrem großen roten Ford F-150 wie wild mit den Händen und zeigt ihre strahlend weißen Zähne. Ihr Mann James sitzt am Steuer, und ihre alten Eltern winken mir vom Rücksitz aus zu. Sie haben sich für die Kirche zurechtgemacht: Ihr Vater trägt Krawatte und ihre Mutter einen neonpinken Parka überm grünen Kleid.

Joy reißt die Tür auf, bevor der Truck zum Stehen kommt, springt heraus und zieht mich an sich. Sie ist kleiner als erwartet und noch schlanker als auf den Fotos. In ihrem knielangen, halb offenen Parka mit Pelzfutter, dem dicken blauen Strickkleid, der schwarzen Strumpfhose und den hohen schwarzen Reitstiefeln sieht sie aus wie Alaskas Fashionqueen.

Sie ist wunderschön.

»Hey, na endlich!«, sagt sie zu mir – die ersten Worte, die wir leibhaftig miteinander sprechen. Sie schließt mich fest in die Arme, ihr Kinn stupst gegen meine Schulter.

»Hey, na endlich!«, erwidere ich.

Hey, na endlich. Was für eine Untertreibung.

*

Die Golden Heart Christian School ist ein roter Containerbau, der neben einer Kirche auf Zementblöcken steht. Der Kiesboden des Parkplatzes ist übersät mit reifentiefen Löchern. Im gläsernen Eingangsbereich riecht es nach warmen Füßen, Makkaroni und Klebstoff, genau wie in jeder anderen Grundschule, in der ich jemals war. Joy erzählt mir, die Schule beherberge drei getrennte Klassenzimmer und in jedem davon finde eine andere Bibelstunde statt: eine für Männer, eine für junge Paare und unsere, die, soweit ich das beurteilen kann, keine spezielle Bezeichnung hat, jedoch immer, wie Joy erzählt, von Martha geleitet wird.

Joy geht immer zu Martha.

»Sie weiß *wirklich*, was Sache ist«, erklärt sie.

Marthas Bibelkreis hat schon angefangen, als wir uns reinschleichen, also sind wir ganz leise und ziehen die Schultern hoch, als würde man uns so nicht sehen. Wir setzen uns auf Klappstühle, die im Kreis um Martha herum angeordnet sind, die ein luftiges Baumwollkleid trägt und uns bittet, Matthäus 21 aufzuschlagen. Wir sind zwanzig Leute – größtenteils Frauen und Männer mittleren Alters, einige auch älter, und alle halten Bibeln in der Hand, die wie altehrwürdige Familienerbstücke aussehen: die Einbände verknickt und verbogen, Seiten mit Eselsohren und Anstreichungen versehen. Ich öffne die Bibel-App auf meinem Handy, die ich vor Monaten auf Daves Drängen hin heruntergeladen, aber nur sporadisch benutzt habe.

Hier ist das Bibelstudium Gemeinschaftsarbeit: Wir lesen abwechselnd aus der Heiligen Schrift vor, wenn Martha uns freundlich darum bittet. Ein nachdenklicher Mann hebt hin und wieder die Hand und stellt höflich philosophische Fragen.

Wenn Jesus einer von uns wäre, wirft er in die Runde, *würden wir ihn überhaupt erkennen?*

Nein, sind wir uns allesamt einig. Wir wären viel zu beschäftigt damit, seine politische Einstellung abzuwägen, sein Vermögen zu schätzen und ihn nach den Aufklebern auf seinem Auto zu beurteilen.

Joy greift nach James' Hand und drückt sie kurz. Sie flüstert mir zu, sie würde niemals einen christlichen Sticker an James' Truck kleben, weil er zu schnell fährt.

»Unchristlich«, meint sie. »Er fährt wie ein richtiger Höllenhund.«

James verdreht die Augen, als wolle er sagen: *Sie nun wieder.* Er ist ein kleiner, stämmiger Mann mit kantigem Kinn, warmen Augen und einem bis obenhin zugeknöpften Hemd. Bisher kein Mann vieler Worte, aber als ich lächle, klopft sie ihm auf die Schulter und er drückt ihre Hand und erwidert das Lächeln.

»Und alles«, liest jemand, »was ihr bittet im Gebet: So ihr glaubt, werdet ihr's empfangen.«

»Glauben wir daran?«, will Martha wissen. Sie lässt die Stille wirken. »Glauben wir, dass Gott unsere Gebete erhört?«

Auf die Frage geht niemand so recht ein. Für mich ist die Antwort offensichtlich. Was andere als Prüfung Gottes verstehen – eine Prüfung ihres Glaubens, ihres Willens oder ihrer Geduld –, habe ich immer als Beweis Seiner vollkommenen Abwesenheit angesehen.

Meine früheste Gotteserfahrung hatte nichts mit einem Licht zu tun, sondern mit einem wütenden Jungen, der kopfüber von einem Baum hing. Er war sieben Jahre alt, hing einfach da und verkündete mir mit einer für sein Alter beachtlichen Überzeugung, meine Brüder und ich würden in die Hölle kommen, weil unsere Familie nicht an Gott glaubte. Das hatte ihm seine Mutter gesagt.

Es war Sommer und sehr heiß.

Er durfte nur zu uns kommen, sagte er, weil wir einen Pool hatten.

Inzwischen weiß ich genug über Glauben, um zu verstehen, dass dieser Typ Junge nicht nur auf eine bestimmte religiöse Lehre zurückzuführen ist. Sein mangelndes Einfühlungsvermögen ist vererbt. Sein Allwissenheitsanspruch existiert überall auf dem Planeten. Der Glaube, die Regeln, die Schriften mögen sich unterscheiden, aber der Gedanke ist stets mehr oder weniger der gleiche: *Schließ dich gefälligst diesem Glauben an, sonst …*

In Ohio beharren religiöse Prediger tagtäglich darauf – auf Plakaten, in Postwurfsendungen und auf Flyern, die unter Scheibenwischern klemmen –, dass Gott in uns allen lebt: in Bergen und Flussbetten ebenso wie an heiligen Orten drinnen wie in Marthas Klassenzimmer in dem Containerbau auf Betonstelzen, das voller Fremder ist. Mir wurde schon oft gesagt, Gott miete sich in meinem Körper ein, dass Er sich in meinem Herzen eingerichtet habe, aber ich konnte Ihn dort noch nie finden und komme mir stattdessen meistens ziemlich albern vor, wenn ich stillsitze und Ihn zu spüren versuche.

Aber in der Golden Heart Christian School kneife ich die Augen zu und tue so, als ob, weniger um meinetwillen als wegen meiner Begleitung. Es ist mir wichtig, dass Joy und James sich wohlfühlen. Ich will ihnen nicht das Gefühl geben, einen Fehler gemacht zu haben. Ich will ihnen beweisen, dass ich unkompliziert bin, offen, eine Freundin. Martha spricht, und ich konzentriere mich auf das Innere des Raums. An der Pinnwand in der Ecke sind ein paar Heißluftballons aus pastellfarbenem Bastelpapier befestigt, die fächerförmig nach oben steigen. Auf jedem steht etwas, für das eines der Kinder besonders dankbar ist.

Gott.

Meine Mom.

Oreos.

Ich schaue rüber zu Joy. Ihr Haar fällt offen und weich, bewegt sich leicht in der Heizungsluft. Ich bin dankbar für sie und für James, sogar dankbar für diese Martha, die uns nun bittet, unsere Bibeln wegzulegen und uns zum Beten bereit zu machen.

Draußen sehe ich nichts als Bäume, deren Äste sich unter großen Mengen Schnee biegen.

»Herr, wir danken dir«, beginnt Martha, »dass du heute Morgen bei uns bist.«

Sie dankt Ihm für Seine Anwesenheit, für das Opfer Seines Sohnes und vor allem für Seine Liebe, die so unermesslich und grenzenlos ist. Sie erinnert uns daran, dass unser Gott ein guter Gott ist. Daran, dass Er selbst im Schmerz bei uns ist. Dann ermuntert sie uns nachzudenken, zu beten und um das zu bitten, was wir uns am meisten wünschen. Für mich eine einfache Aufgabe: Ich will nur Joy, ihren furchtlosen Geist, ihre Großzügigkeit und ihre Tapferkeit.

Die Illusion – wenn nicht die Tatsache – ihrer absoluten Stärke inmitten von Männern.

Ich bete dafür, offen zu sein für diesen Moment, offen zu sein für diese Erfahrung. Für immer die Ruhe ihres blauen Pullovers zu fühlen. Mir das Gefühl von Frieden zu bewahren, das mich überkommt, wenn ich sie ansehe.

»Gott, mach uns zu Deinen Werkzeugen«, sagt Martha, »und schärfe uns für unseren Einsatz.«

Schärfe mich für Joy, denke ich. Ich versuche, nicht an all das zu denken, was mich stumpf macht.

Dann sagen wir alle unisono: »Wir bitten dies in deinem Namen, Herr. Amen.«

*

Als wir unsere Stühle zusammenklappen und in fein säuberlichen Reihen aufstellen, erzählt mir Joy, dass der Sabbat am Samstag ihr Lieblingstag der Woche ist.

»Ich bin einfach gern hier«, sagt sie. »Meinen Sabbat verpasse ich nie.«

Dass Joy und ihre Familie den Siebenten-Tags-Adventisten angehören, ist an und für sich nichts Besonderes. Aber als ich klein war, machte meine Familie jedes Jahr Urlaub in Washington, New Hampshire, einem kleinen Ort in New England mit gut eintausend Einwohnern, ein paar schroffen grünen Bergen und dreißig abgelegenen und größtenteils menschenleeren Seen. Washington besitzt eine Kirche, einen kleinen Pavillon und einen Tante-Emma-Laden, in dem es Spiegelei-Käse-Sandwiches auf Papptellern und Angelköder in Styroporbechern zu kaufen gibt. Vor Jahren zog ich dorthin und lebte sechzehn Monate umgeben von so gut wie nichts, und nun haben sich meine Eltern dort zur Ruhe gesetzt. Sie lesen den ganzen Tag, beobachten wilde Tiere und sprechen tagelang mit keiner Menschenseele. In genau diesem Städtchen begründeten 1862 die ersten den Sabbat heiligenden Siebenten-Tags-Adventisten ihre Glaubensgemeinschaft. Ich weiß nichts über Joys Glauben, außer dass er wahrhaftig *das Einzige* ist, wofür Washington bekannt ist.

Ich ziehe Joy näher zu mir heran und sprudele aufgeregt heraus: »Dein Glaube *ist in unserer Kleinstadt begründet worden.«*

Joys ganzer Körper zuckt zusammen. Sie reißt die Hände in die Luft.

»Martha«, ruft sie, »Martha!«

Martha ist ebenfalls ganz aus dem Häuschen. Sie und Joy und ein paar andere umringen mich und spitzen die Ohren. Trotz meiner großen Skepsis muss selbst ich gestehen, dass das Ganze sich ein wenig wie Bestimmung anfühlt: wie unwahrscheinlich, dass ich in einem Klassenzimmer in Alaska sitze, Tausende Meilen von Washington entfernt, und zuhöre, wie die Frauen und Männer hier einen Glauben preisen, dessen Wurzeln so tief mit meinem Wesen verbunden sind. Vor zwei Jahren, erzählt mir Martha, hat ihr Bibelkreis sogar eine Reise nach Washington unternommen, um den Sabbath Trail abzulaufen, einen kurvenreichen Rundweg, von dessen Existenz ich keine Ahnung hatte. Martha zeigt mir Fotos auf ihrem Handy. Ich erkenne die Kirche im Vordergrund, dahinter die Straße.

Die Frauen und Männer um mich herum haben Fische aus den Seen gezogen, sind in den Bergen gewandert, in denen ich oft wandere, sind durch die schmalen Gänge des Gemischtwarenladens gegangen und haben Spiegelei-Sandwiches mit extra viel Käse bestellt.

»Erstaunlich«, sagt Joy.

»Erstaunlich«, wiederhole ich.

Nicht zum ersten Mal stelle ich mir Joy als Gott vor.

»Siehst du?«, fragt Joy mit lebhaft aufgeregter Miene und nickt ehrfürchtig.

Während der Heizkörper neben uns leise summt, stupst sie mich mit dem Ellbogen kräftig an und legt mir den Arm um den Nacken.

»Ich hab doch *gesagt*, das war Gott.«

*

Eine Stunde später lehnt sich James auf der Kirchenbank weit zu mir herüber.

»Das alles«, sagt er, »ist ganz schön *verrückt.*«

Soll heißen, dass ich von irgendwo oder nirgendwo hierhergeflogen bin, heute Morgen mit ihnen in die Kirche gekommen bin und dann mir nichts, dir nichts offenbart habe, dass ich einen großen Teil meines Lebens am Gründungsort ihres Glaubens verbracht habe.

»Um ehrlich zu sein«, sagt er und verpasst mir einen leichten Stupser, »hätte ich nicht gedacht, dass du was für den Glauben übrighast.«

Ostküste, jung, Hochschullehrerin – er will sagen, die Schublade öffnet sich quasi von selbst.

»Das ist ein bisschen kompliziert«, sage ich.

James denkt einen Augenblick nach. Er faltet die Hände über seinem Thermobecher.

»Ich war auch nicht so versessen darauf, bevor ich Joy kennengelernt habe«, sagt er. Er war einundvierzig, als sie sich begegneten, sie achtundzwanzig. »Damals«, fährt er gestikulierend fort, »war ich ziemlich kaputt. Aber sie hat mich wieder hingekriegt, wirklich wahr, und im Juni sind wir zwanzig Jahre verheiratet. Sie hat mich zur Vernunft gebracht.«

Von unserem Platz auf der Bank aus sehen wir zu, wie Joy sich gemeinsam mit dem Pastor und fünf anderen Männern zur Kanzel begibt. Heute hilft Joy zum ersten Mal bei der Kommunion, und obwohl sie sich freut, ihren Beitrag zu leisten, hat sie den Übungsdurchlauf letzte Woche verpasst, die »Kommunionskostümprobe«, wie James es nennt.

»Da saß sie auf dem Heimtrainer«, erklärt er. »Hat komplett die Zeit vergessen.«

Wir sehen zu, wie sie aufgeregt zwischen den Männern hin und her huscht und immer wieder die Hostien zurechtrückt.

»Wir vergessen die Botschaft der Liebe«, sagt James unvermittelt. »Ich denke, wir vergessen die Botschaft, einander zu lieben. Ich glaube daran, dass du willkommen bist, wer du auch bist. Darum geht es bei meinem Glauben.«

»Bei meinem auch«, sage ich rasch. Die Worte fühlen sich großmütig an. Die meisten Erfahrungen, die ich mit dem Glauben gemacht habe, waren getrübt vom Gegenteil: weniger liebende Güte als offene, ungeheuerliche und unverblümte Grausamkeit, Verurteilung, Abgrenzung.

Der Mann, den ich liebe, ist ebenfalls Christ. Er versucht immer wieder, mir seinen Glauben einzubrüllen.

»Ich glaube«, sage ich, »den Teil vergessen die Menschen leicht.«

Eine Weile betrachten wir schweigend die Projektionen vorn, die die großartige Arbeit zeigen, die Siebenten-Tags-Adventisten in Mexico-Stadt, Kuba und Haiti tun. Ein Mädchen lächelt aus dem neonpink leuchtenden Kreis eines Hula-Hoop-Reifens. Ein kleiner Junge am Schreibtisch hält einen Stift und zeigt grinsend seine Zahnlücken.

»Ich weiß nicht, ob du es weißt«, sagt James und nickt in Richtung Joy, die Becher mit dem Blut Christi in Reih und Glied aufstellt, »aber die Frau da ist eine Legende.«

Ich sage ihm, dass ich auch das Gefühl habe. Ich frage ihn, ob er selbst schon mal auf der Fernfahrerstraße war.

»Natürlich nicht«, verkündet er mit Nachdruck. »Kein Bedarf. Viel zu riskant, viel zu tückisch.«

Joy tritt zurück und nimmt ihr Arrangement mit den Pappbechern in Augenschein.

»Hast du keine Angst um sie?«

Er sieht mich an, als sei ich bescheuert. »Was glaubst du wohl?«

Der Gottesdienst beginnt, und Joy kommt herüber, um uns unsere Hostien und Becherchen zu reichen, die wir uns beide an den Mund führen, ohne schon zu trinken. Es ist nicht meine erste Kommunion, aber es erscheint mir die bedeutsamste zu sein. Ich stelle mir vor, wie das Blut Christi zu meinem wird, sich in meinem Körper zu etwas durch und durch Heiligem vereint. Der Pastor betet, und ich schlucke den süßen Saft herunter, lächele Joy zu, die vorn beide Daumen hebt und grinst. Später nimmt sie neben uns auf der Bank Platz und strahlt, ihr ganzer Körper kerzengerade aufgerichtet, weil sie weiß, dass sie ihre Sache ohne jeden Zweifel gut gemacht hat.

James drückt ihren schlanken Oberschenkel.

Heute predigt der Pastor über eine Stelle aus dem Matthäusevangelium, über die Heilung der Kranken, um Seine Macht zu beweisen.

»Und es kamen zu Ihm Blinde und Lahme im Tempel«, liest er, »und Er heilte sie.«

Joy beugt sich zu mir herüber. »Ich bin auch lahm«, scherzt sie. »Ich bin lahm!« Sie presst die Handflächen zusammen und schaut nach oben, der Inbegriff der Gebetshaltung.

Der Pastor fragt uns nach Jerusalem, ob die Stadt, wie sie in der Bibel beschrieben ist, uns an einen Ort erinnert, den wir kennen. Kennen wir die Blinden, Leidgeprüften und Beladenen unter uns? Und wissen wir, wo unsere eigenen Räuberhöhlen sind, die Diebe und das abscheuliche Böse, das nur Gott höchstselbst ausmerzen kann?

»Wie würde es aussehen«, fragt er, »wenn unsere Liebe zu Gott allein das Böse vertreiben könnte?«

Ich denke über die Vertreibung des Bösen nach. Ich denke an all die Momente, in denen ich genau dafür gebetet habe. Ich hole mein Handy heraus und öffne die letzte SMS-Unterhaltung mit Dave, in der ich ihm mitgeteilt habe, ich sei sicher in Alaska angekommen. Er hat nur *gut* geantwortet.

Er versteht nicht, warum ich hier bin, aber wahrscheinlich hat er so seine Vermutungen. Trotzdem muss ich ziemlich dumm sein, denke ich mir, um zu glauben, dass irgendwelche Gebete das Böse zwischen uns vertreiben könnten.

Ich erhebe mich gemeinsam mit James und Joy, um ein mir unbekanntes Lied zu singen.

»Sei getrost, sei getrost, sei getrost«, singen wir, »und unverzagt, unverzagt, unverzagt.«

Joys Stimme erhebt sich über alle anderen, und ich denke über ihre Unverzagtheit nach, wie sehr das Lied ihr auf den Leib geschrieben scheint. Ich denke darüber nach, was es heißt, einen Sattelzug zu fahren, was es heißt, das allein zu tun, all den zusätzlichen Mut, den man aufbringen muss, um eine der wenigen Frauen in dieser Branche zu sein – obendrein *in der Arktis* –, in der es nur so wimmelt von selbstsicheren Männern. Und dennoch irgendwie unerschrocken, ungerührt und unbeirrbar zu bleiben.

Sei getrost, sei getrost, sei getrost, denke ich, *und unverzagt, unverzagt, unverzagt.*

Unverzagtheit kann ich dringend gebrauchen. Nicht nur für unsere Reise, auch für mein Leben zu Hause in Ohio. Nach drei Jahren im Mittleren Westen macht es mich immer noch fertig, wie schnell ein blauer Himmel sich bedrohlich grau und schwarz verfärben kann, wenn ein Sommergewitter aufzieht – oder der Zorn eines wütenden Mannes.

Sei getrost und unverzagt.

*

Die einzigen Füße, die ich jemals gewaschen habe, sind meine eigenen, aber als der Pastor uns mitteilt, dass wir uns heute der Waschung der Füße anderer widmen wollen, genau wie die Frauen, die Jesu Füße wuschen, nimmt Joy mich bei der Hand und führt mich in einen kleinen Raum mit Waschschüsseln aus Metall. Mädchen mit geblümten Kleidern und Zöpfen gießen lauwarmes Wasser in die Gefäße. Joy bedeutet mir, mich auf einen Klappstuhl zu setzen, dann zieht sie mir meine Smartwool-Socken runter. Ich schäme mich für meine Beine, die ich seit Wochen nicht rasiert habe, und für meine stummeligen kleinen Fußnägel und den rosa Lack, der an den Spitzen abblättert.

»Das machen wir hier so«, sagt Joy, die von meiner Verlegenheit nichts bemerkt.

Sie streicht mit ihren weichen Händen über meine Füße, sacht und sanft. Das Wasser fühlt sich gut an meinen Waden an, sammelt sich und läuft mir an den Knöcheln herunter.

»Gott war immer da, wenn ich Ihn gebraucht habe«, sagt sie, schöpft Wasser mit den Händen und lässt es fließen. Sie erzählt mir, ihr Bruder sei einige Jahre zuvor an Krebs gestorben. Der schlimmste Schmerz ihres Lebens, sagt sie, und sie spricht auch nicht mehr gern darüber, aber Gott war da, als es schwer war.

Ich sage, dass ich so einen Verlust zwar noch nicht erlebt habe, meine Mutter jedoch schon. Ihr Bruder ist ebenfalls jung verstorben, nur ein paar Monate vor meiner Geburt. Auch sein Tod kam plötzlich.

»Er war schwul«, füge ich hinzu. »Er ist in den Achtzigern an Aids gestorben.«

Ich erzähle ihr die Einzelheiten, die ich von meiner Mutter weiß: dass ich als Einzige goldfarbene Augen habe wie er, dass er wie ich kreativ war, dass er Schriftsteller werden wollte. Ich erzähle ihr nicht, dass eine Frau aus dem Büro meiner Mutter den Hörer mit Bleichmittel abwischte, nachdem meine Mutter einen Anruf von ihm entgegengenommen hatte. Oder dass, während ich im Englischunterricht zu Ehren meines Onkels an einer beklemmenden Interpretation des Musicals *Rent* arbeitete, sich eine blonde Mitschülerin zu mir umdrehte und sagte: »Dein Onkel war schwul und hat es verdient zu sterben.«

Die *Strafe Gottes* nannte sie es, so wie viele andere Menschen.

Stattdessen erzähle ich Joy, dass meine Mutter so viel und heftig weinte, dass sie ihren Arzt fragte, ob ihr Leid ihrem Baby schaden könne.

»Menschliche Wesen«, sagte der Arzt, »sind dafür gemacht, Schmerzen zu ertragen.«

»Amen«, sagt Joy und nickt. Sie greift nach meinen Füßen und massiert sie. Mich hat seit meiner Kindheit niemand mehr gewaschen, und ich bin erstaunt, dass sich eine so einfache Geste anfühlen kann wie ein Geschenk.

Ich will Joy das Geschenk zurückgeben. Wir tauschen die Plätze, und ich hole mir frisches Wasser bei den jungen Frauen, die aussehen wie Engel. Als ich zurückkomme, sitzt Joy auf dem Aluminiumstuhl und schiebt gerade ihre Leggings hoch, entblößt ihre winzigen Füße. Ich schöpfe mit den Händen langsam Wasser über ihre Knöchel. An ihren Waden sind streifenförmige Narben zu sehen, lang und parallel, wie von einem Tier.

»Von der Operation«, verkündet sie, »wie man sieht.«

Das hatte ich ganz vergessen. Vor ein paar Monaten, als sie eine, wie sie es nannte, »schwere Ladung« transportierte – Paletten mit fünfundvierzig Tonnen Gewicht oder mehr –, hatte sie sich ein bisschen zu schnell hingekniet und war ein bisschen zu schnell wieder aufgestanden und war sofort vor lauter Schmerzen zusammengezuckt, weil ihre rechte Kniescheibe verrutscht war.

Sie dachte, die Verletzung würde sich schon wieder einrenken, und wollte sich nicht freinehmen. Außerdem dachte sie, jede Verletzung sei ein Zeichen von Schwäche, vor allem bei einer Frau.

»Sie durften nicht wissen, dass ich mich verletzt habe«, erklärte sie mir später am Telefon.

Also arbeitete Joy mit kaputtem Knie drei Wochen lang weiter wie immer: zwei oder drei Fahrten pro Woche, bis sie eines Nachmittags auf dem Weg nach Süden in Richtung Fairbanks spürte, wie ihre rechte Kniescheibe beim Bremsen verrutschte und aus dem Gelenk heraus- und wieder zurücksprang.

»Der heftigste Schmerz, den ich je hatte«, sagte sie. »Da wusste ich, ich habe keine Wahl. Ich konnte die Verletzung nicht mehr ignorieren.«

Sich krankschreiben zu lassen und den Sattelzug auf unbestimmte Zeit in die Auffahrt zu stellen, war *schrecklich*, meinte sie. *Das Schlimmste.*

Im Dezember unterzog sie sich der Operation – einer Rekonstruktion des medialen patellofemoralen Ligaments, die bei schwerwiegenden und wiederholten Patellaluxationen durchgeführt wird –, weil ihre Kniescheibe, so der Arzt, jahrelange Verletzungen und eine rücksichtslose Behandlung erkennen ließ.

»Sie müssen es langsam angehen lassen«, hatte ihr der Doktor zögerlich geraten.

»›Es langsam angehen lassen‹«, wiederholte sie. »Weiß der nicht, mit wem er es zu tun hat?«

Die erhofften wenigen Wochen Auszeit hatten sich als viele Monate Physiotherapie, Schmerzmanagement und abendliche Rehaübungen entpuppt – darauf wartend, dass der Arzt ihr grünes Licht gibt. Das grüne Licht lässt immer noch auf sich warten, deshalb werden wir den Dalton Highway mit ihrem Pick-up abfahren.

Die Narbe ist lang und sieht böse aus, ich lasse mir Zeit, wasche ihre Beine, Fersen und Zehen mit langsamen Bewegungen. Ich schöpfe Wasser und lasse es über sie rinnen, streiche mit den Händen sanft über ihre Schienbeine.

Wie viel Schmerz auf dieser Welt, frage ich mich, könnte durch solch simple Güte gestillt werden?

»Ich weiß, das habe ich schon mal gesagt«, meint Joy, »aber ich glaube, wir sind Seelenschwestern.«

Ich sehe unser Innerstes vor mir, feucht und verschlungen, unser Herzschlag in wildem Einklang.

»Die Vorstellung gefällt mir«, sage ich.

Ich nehme mir übertrieben viel Zeit, um die Stellen zwischen ihren Zehen abzuspülen. Sie wackelt damit und lächelt mich an. Als wir mit dem Fußbad fertig sind, nimmt Joy meine Hand, drückt sie und sieht mir in die Augen. »Lass uns beten«, sagt sie.

Moment, denke ich, als sie mich zum Fenster führt. Aber sobald wir uns einander gegenüber hingesetzt haben, sodass unsere Oberschenkel sich an der Seite berühren, so nah waren wir uns noch nie, bin ich überrascht, wie nahe ich mich ihr fühle.

»Himmlischer Vater«, sagt sie, »wir möchten dir danken, dass du uns zusammengeführt hast. Unsere Verbindung ist ein Segen, und wir bitten dich, auf unserer Reise über uns zu wachen. Beschütze uns und hilf uns, dein Land und seine heilige Schönheit zu bezeugen.«

»Es gibt nichts Schöneres«, sagt sie zu mir, »als diese Straße.«

Dann senken wir die Köpfe, und ich spüre den Druck ihrer Hand um meine.

Ich denke: *Danke, danke, danke.*

Ich weiß nicht, ob ich mit Gott – oder Joy – Zwiesprache halte.

»Wir bitten dies in deinem Namen, Herr«, sagen wir. »Amen.«

*

Den Rest des Nachmittags verbringe ich ganz entspannt – mit einem *True-Blood*-Marathon und Taco Bell –, und als ich am nächsten Morgen wach werde, ist es noch nicht hell, nicht einmal in Fairbanks. Ein Scheinwerfer an der Kirche blinkt in der windigen Dunkelheit. Ich stehe vorm Fenster und blicke über die Stadt, die blau leuchtenden Jukeboxen der Bars spielen immer noch Musik, die Gäste stehen draußen auf dem Bürgersteig, schlendern herum, rauchen. Die Midnite Mine, das Arctic Fox, Soapy Smith's Pioneer Bar – all die Lokale mit den ruhmreichen Namen wirken im fahlen Morgenlicht traurig und düster.

Du schaffst das, denke ich. *Du bist schon so weit gekommen.*

Ich mache mir mit der Minimaschine einen Kaffee und wecke meinen Laptop aus dem Ruhezustand. In meinem Posteingang ist ein Video, das Joy mir um ein Uhr morgens geschickt hat, als ich schon lange geschlafen habe.

SPIEL ES BEI VOLLER LAUTSTÄRKE AB, hat sie geschrieben. *Dann weißt du schon mal, was uns erwartet.*

In dem Video steht ihr Truck am Dalton Highway, der unter dem Schnee kaum zu erkennen ist. Ringsum türmt ein heftiger

Blizzard Schneewände auf, die die Front des Trucks verdecken und Joys massives Fahrzeug hin und her schaukeln lassen.

Das war letzten Dezember!, schrieb sie weiter. *So einen Sturm hab ich noch nie erlebt! Ich hatte Angst, dass mir der Truck schlappmacht – es sah echt danach aus, der Motor hat irgendwie gestottert-, ich wäre mit meinem kleinen Hund nicht mehr die Straße rauf zu meiner Freundin Angel gekommen, die in ihrem Truck saß und uns hätte rausbringen können!*

Ich schaue mir das Video einmal an und dann noch einmal. So etwas habe ich noch nie gesehen.

Und das machen manche freiwillig, haben sich genau das ausgesucht, riskieren es, zu erfrieren oder in den Tod zu stürzen, ihre Zukunft und ihre Familie zu verlieren.

Ich kann das nicht, denke ich und gestehe mir damit endlich die Angst ein, die Joy in mir geweckt hat, als sie mich nach der Kirche abgesetzt und mir bei unserer Abschiedsumarmung zugeflüstert hat, dass sie Pfefferspray, Leuchtpistolen und eine Waffe eingepackt hat.

»Ich hoffe, du hast nichts gegen Waffen«, sagte sie, während James und ihre alten Eltern uns vom Pick-up aus mit ausdrucksloser Miene beobachteten. »Hier oben in Alaska ist das was anderes.«

Die Waffe stört mich weniger – immerhin gibt es Eisbären, die auf keinem Podest stehen und auch nicht festgeklebt oder ausgestopft sind. Sie können bekanntermaßen schneller laufen als der Sprinter Usain Bolt, und ich bin weder schnell noch motorisch begabt. Im Gegenteil, ich bin ziemlich ungeschickt. Ihre Worte bestätigten also eine unterschwellige Angst, die ich schon die ganze Zeit mit mir herumtrage: dass meine Reise quer durchs Land zwar die physische Entfernung zwischen unseren beiden Körpern überwunden hat, die Lücke zwischen unseren jeweiligen Erfahrungen jedoch nicht so einfach auszugleichen ist.

Der Eindruck verschärft sich noch, als ich die Nachricht auf meinem Handy finde, in der Joy mich irgendwann letzte Nacht daran erinnert hat, was ich sonst noch einpacken soll: Konserven, Unverderbliches und Decken, einen Haufen Decken.

Ich will nicht am Atigun Pass liegen bleiben, schrieb sie. *Da oben ist es echt grausam, wenn man friert und Hunger hat.*

Der Atigun Pass sei der gefährlichste Pass des gesamten Dalton Highway, schrieb Joy, dort schlängele die Straße sich durch steile Berge, um plötzliche Kurven und über Anstiege entlang und halte je nach Jahreszeit unterschiedliche Gefahren bereit. Im Frühling unterspülte Straßen, erklärte sie, ganze Abschnitte aus Kies, der wie Geröll einen katastrophalen dreihundert Meter langen Abhang hinabrutscht. Im Winter gibt es Böen der Stärke drei, die die Straße komplett unsichtbar machen. *Wenn dort einer abgeht*, schrieb sie, *kriegen sie den nicht wieder raus.*

Natürlich macht mich das neugierig. Natürlich suche ich im Internet nach Bestätigung. Die Bilder, die ich gezeigt bekomme, führen mir sofort vor Augen, dass der Atigun Pass jene Art Landschaft ist, die in Nintendos Mario Kart digital verewigt werden könnte. Eine glatte Straße mit heftiger Steigung und gewundenen Kurven, die es unmöglich machen, die Kontrolle über ein Fahrzeug zu behalten, nur dass wir weder Extraleben noch Schildkrötenpanzer haben, um unseren Truck im freien Fall zu bremsen und wieder sicher auf die Straße zu setzen.

Das Video unterstreicht, dass ich Ängste habe; und zwar eine ganze Menge. Ich mache mir Sorgen, wie gut ich mit dem Unbekannten, Unbequemen, mit Kälte und Schmerz umgehen kann. Ich mache mir Sorgen wegen Eisbären und Grizzlys, die in einigen Teilen des Staates so verbreitet sind, dass Ökologen schätzen, es gebe einen Bären pro Quadratmeile. In meinem Rucksack neben dem Bett habe ich eine Dose Bärenabwehrspray in Profigröße, auf der hinten reizenderweise steht: *Möglicherweise müssen Sie mehrmals sprühen; und zwar bei Wind, Kälte, mehr als einem Bären, einem angreifenden Bären oder einem Bären, der sich erst zurückzieht und dann erneut angreift, im Zickzack oder im Kreis läuft.*

Ich stehe vor dem Hotelspiegel und male mir aus, wie ich vor Bären wegrenne.

Ich nehme mir vor, richtig gut im Wegrennen zu werden.

Dann gibt es natürlich noch Elche, deren kräftige fassförmige Oberkörper sich genau auf Windschutzscheibenhöhe befinden, und zwar kommen drei auf jeden Bären in Alaska, allein in diesem Teil des Staates verletzen sie jedes Jahr fünf bis zehn Menschen.

Ich mache mir auch Sorgen um Joy, die trotz ihrer Erfahrung in einem völlig anderen körperlichen Zustand ist als sonst, laut eigenen Angaben schwächer als je zuvor. Gegen den Pick-up habe ich nichts einzuwenden, und schon jetzt kenne ich sie gut genug, um zu wissen, dass Joy Mothertrucker mir sympathisch ist.

Was mir allerdings die größte Sorge bereitet – meine eigentliche Angst –, ist, dass ich Joy nicht sympathisch sein könnte.

Ihre Welt hat mir, genau wie ihr Instagram-Profil, den Eindruck vermittelt, dass dort kein Platz ist für Unauthentisches, Gestelltes oder Geplantes. Mein Account dagegen ist höchst präskriptiv, performativ und voll mit genau den Bildern, die man von einer Dreißigjährigen in Ohio erwartet: die Spitzen meiner beigefarbenen Wildlederschuhe zeigen nach innen, rundherum liegt buntes Herbstlaub auf dem Gehweg. Mein farblich sortiertes Bücherregal. Der erste Löwenzahn im Frühling – ein leuchtend gelber Fleck im ansonsten makellos gepflegten Vorstadtrasen.

Ein Hibiskusdonut aus einer Bäckerei in Brooklyn, der fuchsiafarbene Zuckerguss beinahe neongrell.

Ein Cappuccino mit farnartigem Muster im Milchschaum.

Die Fotos und Storys, die ich poste, könnten von jedem sein, und ich genieße die Illusion, den sorgfältig inszenierten Eindruck, dass mein Leben genauso ist wie das aller anderen, dass ich nicht in Gefahr bin und kein Monster in meinem Haus wohnt.

Zugegeben, manchmal habe ich darüber nachgedacht, meine Welt so zu fotografieren, wie sie wirklich ist: alle öffentlichen Plätze, an denen Dave und ich weinend gesessen haben. Oder all die

Mahlzeiten, die wir gekocht und nicht gegessen haben. Oder meine Augen, so rot und gereizt vom Weinen, dass es wehtat, mir mit einem Taschentuch über die Lider zu wischen. Obwohl er mich nie richtig geschlagen hat, musste ich mich – mein ganzes Leben lang – noch nie um so viel schmerzende Haut kümmern wie bei Dave. Immer stärker musste ich dem Drang widerstehen, Dave dabei zu fotografieren, wie er durchs Haus ging – schreiend, lauernd, wütend oder wahlweise, wie er seine Sachen packte und drohte, für immer aus meinem Leben zu verschwinden. Stattdessen postete ich nur, was passierte, wenn er zurückkehrte, wenn Dave mit seinem marineblauen Wagen wieder in meinem Leben und meiner Auffahrt auftauchte, im Schlepptau ein neues Möbelstück, das er für mich gebaut hatte, oder mein Lieblingsessen vom Chinesen oder eine kleine Waschbärenfigur mit einem Schild aus Bastelpapier.

ICH LIEBE DICH!, stand mit Edding darauf geschrieben.

Diese Augenblicke wurden dokumentiert. *Diese* Augenblicke wurden festgehalten, sorgsam eingerahmt und ins Bücherregal oder auf meinen Schreibtisch auf dem Campus gestellt, um Normalität vorzugaukeln. Jeden Monat, jede Woche ein neuer Beweis seiner Liebe, so viele, dass selbst Menschen außerhalb unserer Beziehung sich umworben fühlten. Eine meiner besten Freundinnen sagte einmal: »So würde mein Freund mir seine Liebe nicht mal beweisen, wenn ich darum *bitte*.«

Sie hatte keine Ahnung, was es kostete, das Bitten und die Liebe.

In Wahrheit kostete es alles; es kostete mich alles.

Aber die Instagram-Welt – und Joy – wusste noch nichts von diesen Sorgen, von meiner Angst, es könne eskalieren. Statt seinem vom Brüllen roten Gesicht ein knospend grüner Bohnenspross. Oder die pinkfarbensten unserer angepflanzten Zinnien. Die erste Chilischote aus dem Garten – eine prächtige geschwungene grüne Anaheim mit butterweichem Fruchtfleisch, die auf einen Garten in USDA-Klimazone fünf oder höher hindeutete, in dem sich jeder wohlfühlen könnte, den Menschen bewirtschaften könnten, die nicht in unserem Chaos lebten.

Wenn Likes ein Maßstab dafür sind, wie wir unsere Tage verbringen, dann repräsentierte ein Foto unseres Hundes mein Dasein am besten, auf dem er ein Taco-Kostüm aus billigem Nylon und gefärbter Baumwolle trug, das direkt aus einem Warenlager in China kam. Ich hatte das Kostüm einmal zu Halloween gekauft, weil es eben aussah wie ein Taco – die acht einzelnen Streifen aus orangefarbenem Schaumstoff waren der Cheddar, die grünen Fetzen der Eisbergsalat, das kleine rote Fitzelchen die Tomate. Ich dachte albernerweise: *Was für Misshandlungen kann es in einem Haushalt geben, in dem ein Hund das hier trägt? Welche Wut kann angesichts seines frenetischen Gekläffs eskalieren? Bei so entzückenden High-Fives und einem sich im Kreis drehenden Taco-Hund-Mischwesen?*

Dieser Irrtum in Bezug auf Gewalt ist den meisten Frauen bewusst, aber ich musste es noch lernen: Gewalt lässt sich nicht durch soziale Schichten, ökonomische oder finanzielle Privilegien, sexuelle Orientierung oder Hautfarbe aufhalten. Diese Faktoren haben zweifellos einen Einfluss darauf, wie leicht man es hat, der Situation zu entkommen – und ob man erfolgreich ist, Unterstützung erfährt, in Sicherheit ist und einem auch nur geglaubt wird –, aber sie verhindern die Misshandlung keineswegs.

Ich dachte, das Taco-Kostüm könnte uns helfen. Ich dachte, es könnte Dave zum Lachen bringen. Also postete ich meinen Hund darin, wie er sich schwindelig drehte, und erntete hundert Likes.

»Putzig«, sagte er, mehr nicht.

Joys Leben – auf Instagram und hier in Alaska – bestand nicht aus Hibiskusdonuts, Privilegien oder ihrer Fassade. Es war Zeugnis der harten und tagtäglichen Arbeit, andere Menschen mit dem zu versorgen, was sie brauchten, und ich machte mir Sorgen, dass meine Anwesenheit – und damit mein Leben – ihr oberflächlich und unbedeutend vorkommen könnten. Monatelang hatte ich mich weniger als *Followerin* Joys gesehen denn als *Connaisseurin,* ihr Content versetzte mich in Aufregung, ich kam mir *fähig* vor, spürte ein emotionales Wachstum. Durch ihr Leben schien mir meines möglich, was trotz all unserer Unterschiede heißen soll, dass Joy mir Hoffnung gab. Sie stellte jeden Tag unter Beweis, dass man der Welt als Frau furchtlos entgegentreten konnte, und um diese Stärke, diesen Mut beneidete ich sie. Ich dachte, vielleicht färbt es ja ab. Freunden erzählte ich eloquent von der Fremden, auf die ich im Internet gestoßen war, wie transzendent mir ihre raue Welt erschien, und ihre Fotos beschrieb ich Schicht für Schicht: erst die Form einer blauen Motorhaube, dann die Windschutzscheibe voller Insekten, dann die spitzen Gipfel eines Bergrückens wie aus grauem Baiser, die in der Polarsonne schimmerten.

Aus jedem von Joys Fotos sprach die Legitimität eines rechtschaffenen Lebens, das geprägt war von der unbedingten Hingabe an die Unabhängigkeit. Hier ein Bild von Joy, wie sie einen Esel füttert, in Alaskas endlosem Sommer mit endlosem Sonnenschein um Mitternacht.

Oder ein Samojedenwelpe im rosafarbenen Handtuch.

Noch ein Foto, ein arktisches Rätsel: ein Sattelzug transportiert einen waldgrünen Golfwagen mit braunen Ledersitzen.

Golf in der Arktis?, hatte sie den Post scherzhaft untertitelt.

Es ist eine Sache, von einem Mann für unzulänglich oder ungenügend gehalten zu werden. Aber es ist etwas völlig anderes, von der Frau, der ich am meisten nacheifere, taxiert zu werden – und durchzufallen. Im letzten Moment vor unserer Reise tritt sie zutage, meine größte Angst: dass ich den Trip überleben werde, den Dalton Highway, nur um am Ende festzustellen, dass ich nicht die Frau bin, die zu sein Joy jeden Tag in der Lage ist.

3.

Als ich Joy um fünf Uhr morgens in der Lobby des Hotels treffe, trägt sie ein Driver's-Appreciation-Käppi von Carlile und ein blaues T-Shirt, auf dem HAWAII steht. Auf den Empfangstresen gestützt, plaudert sie mit der Rezeptionistin über den richtigen Scheibenreiniger.

»Ich muss zugeben«, sagt die Frau, »ich bevorzuge ja den blauen. Ich weiß auch nicht, warum, aber dem orangefarbenen traue ich einfach nicht.«

Ich versuche höflich zu sein und warte geduldig mit ein wenig Abstand.

Als Joy mich sieht, klopft sie mir auf die Schultern.

»Wollen wir?« Ich deute in Richtung Frühstücksbereich, wo die Lobby mit Teppich ausgelegt ist. »Na los«, sage ich. »Wird ein langer Tag.«

Das Frühstücksbuffet ist mehr als reichlich gedeckt, mit gleich zwei Waffeleisen, köchelndem Frühstücksbrei, etlichen Omelett-Optionen und fluffigen kreisrunden Bagels. In Schälchen warten Mandelsplitter und getrocknete Cranberrys, Agavendicksaft und Schokochips. Ich schaufle Rührei und Waffeln und eine Minipackung Nutella auf meinen Teller, während Joy sich unbehaglich umsieht. Mit leeren Händen rutscht sie auf die Bank am Tisch, nicht einmal eine Orange hat sie sich genommen. Sie flüstert mir zu, das sei nicht erlaubt.

»Wie meinst du das?«, frage ich und spritze Tabasco auf meine Bratkartoffeln, bis Joy mir die Flasche wegnimmt.

»Das bekommt deinem Innenleben nicht«, sagt sie mit ernster Miene. Dann sieht sie noch einmal zum Buffet und auf meinen Teller.

»Komm schon«, sage ich. »Hol dir Frühstück. Du bist eingeladen. Ich habe ein *Doppel*zimmer gebucht.«

So ganz stimmt das nicht. Eigentlich stimmt es überhaupt nicht. Doch mein Gedankengang ist simpel: Wir werden gleich zusammen auf eine *mindestens* vierzehnstündige Fahrt aufbrechen, auf der wir nur an einem einzigen Restaurant vorbeikommen werden, in dem Hamburger und Pommes serviert werden, und selbst das liegt sechs Stunden von hier entfernt.

Das Buffet quillt förmlich über.

»Ist okay«, sage ich. »Alles okay.«

Joy beißt sich auf die Unterlippe und nähert sich schüchtern der Auslage: Sie nimmt sich einen Apfel und einen Löffel Haferbrei. Dann Mandelsplitter und Agavendicksaft, etwas Honig und einen Muffin. Hinter ihr füllt eine Hotelangestellte die Käseplatte auf, und als Joy bemerkt, dass die Frau Latina ist, versucht sie sich an einem Hallo. Sie hat mit Duolingo Spanisch geübt. *Te amo, buenos días, cómo estás.*

Sie sagt etwas, das ich nicht verstehe. Die Frau lächelt und antwortet. Das Gespräch ist damit beendet, Joy lächelt und verbeugt sich, bevor sie sich zurück an den Tisch setzt.

Wir beenden das Frühstück, und ich schmuggle eine Mandarine in meine Tasche. Joy sagt, dass sie eine Banane möchte, sich aber nicht traut.

»Guck«, sagt sie und deutet auf ein Schild, das die Mitnahme von Essen ausdrücklich untersagt.

Die Szene spricht Bände über Joys Charakter: Vor mir steht eine Frau, die den tödlichsten Highway Amerikas befährt, doch sie ist zu gesetzestreu, als dass sie eine unreife Banane vom Frühstücksbuffet mopsen würde.

Ich stecke ihre Banane in meine Tasche.

»Großer Gott, ich war's nicht!«, sagt Joy und hebt ihre Hände betend gen Himmel. Dann zuckt sie mit den Schultern, lacht und führt mich zum Ausgang, wo die Welt – und ihr Pick-up – auf uns wartet.

*

Auf dem Parkplatz schmiedet Joy Pläne.

»Wenn du das nächste Mal kommst«, sagt sie, »ist mein Knie sicher wieder in Ordnung, und dann nehmen wir den großen Truck, versprochen.«

»Das wäre schön«, sage ich, abgelenkt von diesem *nächsten Mal*, aufgekratzt, weil Joy sich schon meine Rückkehr vorstellt und damit auch die Zukunft unserer Freundschaft.

Sie mag mich, denke ich. Ich grinse.

Mein Gepäck werfe ich auf die Ladefläche – einen Rollkoffer, der ein paar Pullis enthält, zwei Jeans, ein Dutzend halbhoher Socken. Schwer zu sagen, was mich auf diesem Trip erwartet oder mit welcher Art Kleidung ich mich dafür wappnen sollte. Ich bin eine erfahrene Camperin, doch das hier ist kein Nationalpark. Ich kaufte mir eine Carhartt-Latzhose, da viele Einwohnerinnen Alaskas auf Instagram so etwas trugen. Ich kaufte mir Mützen – jede Menge Mützen – in grellen Farben, die sich vom Schnee abheben. Ich packte Kaugummis ein, Handschuhe, ein paar Pflaster, Schokorosinen.

»Wenn uns ein Blizzard erwischt«, sagt Joy, bevor sie kurz innehält und erneut ansetzt. »Wenn uns ein Blizzard erwischt … dann erwischt uns ein Blizzard.«

Joy trommelt aufs Lenkrad und dreht den Schlüssel in der Zündung. Langsam, ganz, ganz langsam rollt der Pick-up durch das frühmorgendliche Fairbanks. Doch als wir den Steese Highway im Norden der Stadt erreichen – am Walmart und einer Reihe Hotels vorbei und an der letzten roten Ampel, die wir in den nächsten Tagen sehen werden – drückt sie aufs Gaspedal.

»Jetzt geht die Post ab«, sagt Joy.

»Die Post ab.«

Ich spüre, wie meine Angst abnimmt und eine kleine harte Perle des Selbstvertrauens an ihre Stelle rückt. Es ist surreal, Joy in ihrem Element zu sehen, im wahren Leben, die Dinge ganz konkret in die eigene Hand zu nehmen und diesen Trip in die Tat umzusetzen. Ich denke, dass ich nervös sein sollte, doch das bin ich nicht. Ich sollte mich isoliert fühlen, weit ab vom Schuss, doch das tue ich nicht. Ich vertraue mein Leben Joy an und dieser Straße, die sie als ihre Berufung betrachtet.

Wo wir in Fairbanks noch Geschäfte gesehen haben, blicken wir nun in die Wildnis. Bäume drängen sich bis an die Böschung und folgen dem Tal in seiner Form. Einen letzten Stopp machen wir noch, kündigt Joy an, am Hilltop Truck Stop – er ist Tankstelle, Minimarkt und Diner in einem und das letzte Geschäft, bevor der Dalton Highway beginnt.

»Ihr offizieller Slogan«, sagt mir eine lachende Joy, »ist: ICH BREMSE AUCH FÜR KUCHEN.«

Joy erklärt mir, dass sich die Trucker hier für den langen Trip eindecken, sie bestellen sich eine ordentliche Portion French Toast oder Kartoffelpuffer oder Pfannkuchen und Würstchen, Biscuits and Gravy, Brathähnchen, Rippchen. Wir parken und springen aus dem Wagen, Joy geht voran und hält mir die Tür auf. Im Innern warten sanftes Licht und süße Düfte, der Geruch von Frittierfett und Eiern und Zucker. In einer Ecke drehen sich selbst gebackene Pies hinter Glas – Butterfinger und Blaubeere, Kokos und gemischte Beeren, Süßkartoffel und Erdnussbutter und Apfel und Apfelstreusel und eine Sorte, die sich XXX-Cake nennt. Eine andere heißt Fatman.

»Ich muss dir was zeigen«, sagt Joy und führt mich in ein Hinterzimmer, wo Essensgutscheine an einer Pinnwand flattern. Dutzende, vielleicht sogar Hunderte. Wer auf dem Dalton Highway liegen blieb – im Schnee, auf Glatteis, durch Überflutung oder platte Reifen oder einen Motorschaden – und das Glück hatte, von einem anderen Trucker gerettet zu werden, zeigt sich üblicherweise durch einen Essensgutschein erkenntlich, der einfach auf einen leeren Bestellzettel gekritzelt wird. Zwanzig Dollar oder vierzig oder hundert.

»Das hier *bedeutet* uns etwas«, sagt Joy und weist auf die vielen Zettel.

Ein Gutschein im Hilltop ist der beste Weg, sagt Joy, um jemandem für die lebensrettende Hilfe auf dem Dalton Highway zu danken – ein Dankeschön in Form von Sandwiches und Cheeseburgern, Baked Beans und Wiener Würstchen, etlichen Kaffee-Refills oder einer Schale Chili oder ofenfrischem Shoofly Pie. Ich lese mir einige Gutscheine durch.

Gary Huff: ICH LEBE NOCH.

Für Gary Huff: DANKE.

Tony Bensote hatte Lonnie einen Zwanzig-Dollar-Gutschein ausgestellt, Tim Oate bekommt vierzig Dollar.

Danke für die Hilfe bei der Schlitterpartie im Mai, schreibt Jim Connor. Und dann, darunter, als wäre es ein notwendiges Schlusswort: *Ohne dich wäre ich vielleicht nicht mehr hier.*

Du hast mir das Leben gerettet, steht auf einem anderen.

Auf mehr als einem steht: *GOTT SEGNE DICH.*

Lange Zeit sagen wir nichts.

»Verrückt, was?«, fragt Joy schließlich.

»Wo steht dein Name?«, frage ich.

»Für mich hängt grad keiner hier.« Sie deutet nach unten. »Du weißt schon, mein Knie. Wäre gern da draußen, um zu helfen! Aber ist eine Weile her.«

Sie seufzt und wendet sich ab, und als sie an mir vorbeigeht, sehe ich Dutzende goldene Plaketten auf einem Untergrund aus Holz – sie erinnern an die vielen verstorbenen Trucker. Dazwischen wurde die Silhouette von Alaska eingraviert, die von einem Sattelschlepper durchkreuzt wird.

Ihr sollt nicht trauern, lese ich eine Inschrift, *oder um mich weinen, sondern lachen und von mir sprechen, als säße ich noch immer unter euch.*

Beinahe dreihundert Plaketten sind es mittlerweile, so viele, dass bereits zwei weitere Holzhalterungen hinzugefügt wurden. Mit dem Zeigefinger fahre ich erst über die Furchen im Holz, dann über die eingeschnitzten Namen der Transportfirmen, die den Rahmen der Gedenktafel bilden.

Joy steht mittlerweile vor dem riesigen Süßigkeitenregal. Sie betrachtet ein Päckchen Starbursts und grummelt leise vor sich hin.

»Nur Mist drin«, murrt sie.

Seit Monaten belegt Joy einen Onlinekurs der Cornell University zur pflanzenbasierten Ernährungsweise. Nun steht sie vor den vielen Schokoriegeln und sagt, sie wolle das Wissen weitergeben.

»Das hat mir wirklich geholfen zu erkennen, was schlecht für mich ist«, erzählt sie. »Vorher hab ich hauptsächlich Hot Pockets von Sam's Club gegessen, weißt du? Ich dachte, die wären gesund, weil die eine Sorte ›Brokkoli mit Käse‹ haben. Einmal habe ich eine Packung unter meinem Sitz gefunden, die da weiß Gott wie lange gelegen hatte, und ich habe sie aufgerissen, und es roch ganz normal.«

Spielerisch tritt sie gegen meinen Stiefel.

»Ich hab es nicht gegessen, aber der Punkt ist, vermutlich hätte ich es essen können. So voll mit Konservierungsstoffen war es. Früher wusste ich einfach nicht, warum ich irgendetwas nicht essen sollte«, erzählt sie weiter. »Ich wusste vielleicht, manche Sachen soll man nicht essen, aber ich wusste nie wirklich, *warum*. Also traf ich schlechte Entscheidungen. Und wenn man von morgens bis abends nur schlechte Entscheidungen trifft – ich meine, überleg mal, wie viele Entscheidungen du auf dieser Strecke hier treffen musst. Was solltest du da essen? Fatman Pie? Den riesigen Cookie da neben der Kasse, wenn du es endlich bis nach Coldfoot Camp geschafft hast?«

Sie lacht, und ich lache mit ihr. Ich hätte Appetit auf den riesigen Cookie.

»Die Sache ist die: Ich habe endlich das Gefühl, dass mein Körper *gesund* wird«, sagt sie und legt einen Riegel Snickers zurück ins Regal. »Er erholt sich von all den harten Zeiten, die ich durchstehen musste, weil ich immer besser Bescheid weiß. Nicht nur mein Knie heilt, sondern *mein ganzes Ich.*«

Die süßen Starbursts rufen mich. Die Milky Ways locken wie Sirenen. Doch ich folge Joys Ratschlägen und kaufe stattdessen Wasser, Sonnenblumenkerne und einen Müsliriegel.

Wir teilen uns die Kosten für drei Benzinkanister und klettern wieder in den Pick-up-Truck.

»Zeit für die letzten SMS«, sagt Joy, die sich auf dem Fahrersitz einrichtet. »Eine Meile die Straße rauf gibt es keinen Empfang mehr.«

Gleich ist das Netz weg, schreibe ich Mom und Dad. *Hab euch lieb. Ich pass auf mich auf!*

Kurz vor dem Highway, schreibe ich Dave. *Hoffe, dir geht's gut. Denk an dich.*

Neben mir fängt Joy an zu lachen. *WEHE, IHR ESST DEN GANZEN ELCH AUF!*, liest sie mir aus ihrer Nachricht an James vor. *Wenn wir zurück sind, soll Amy auch was abbekommen!*

»Hast du Lust?« Sie wendet sich mir zu. »Unser Elchfleisch zu probieren? Samantha und ich haben ihn im Herbst geschossen.«

»Klar.«

Ich linse auf mein Handy, auf dem bereits gute Wünsche von meinen Eltern eingegangen sind, nicht jedoch von Dave, dessen Worte mir immer am wichtigsten sind. Nicht dass ich nicht mit seinem Schweigen gerechnet hätte. Das geht seit Monaten so – mal ist er anwesend, mal abwesend, in meinem Leben, meinem Zuhause, sogar in unserer Beziehung. Ich habe nicht erwartet, dass er versteht, warum ich diesen Trip brauche – um rauszukommen, um jenseits unserer Probleme Zeit für mich zu haben. Außerdem wollte ich Joy nicht teilen, wollte meine Pläne und meine Hintergedanken, so gut es ging, für mich behalten. Dass er nicht antwortet, ist insofern keine Überraschung, aber ein wenig verletzt es mich schon. Eigentlich verletzt es mich sehr.

Joy redet noch immer, erzählt mir, wie sie den Elch zubereiten wird – er wird stundenlang gegart wie ein Braten, mit Roten Beten und Karotten und lila Kartoffeln. All das klingt herrlich, doch nun kann ich nicht mehr aufhören, an Dave zu denken, mit einem Gefühl von Panik, das so vieles von dem umgibt, was er in mir auslöst. Noch bevor der Trip begonnen hat, bin ich ein Nervenbündel, wie immer in letzter Zeit. Ich will zu diesem Abenteuer mit Joy aufbrechen, aber nicht, ohne von ihm gehört zu haben, ohne seine Gefühlslage einschätzen zu können, ohne eine Reaktion erreicht zu haben, und sei sie auch noch so distanziert. Denn die Wahrheit ist, dass ich ihn liebe, *immer noch liebe*. Ich sehe hinaus in die Wildnis, die überall um uns herum in den Schatten eintaucht, und ich wünschte, Dave könnte meine Liebe auf die gleiche Art erwidern.

Joy dreht den Schlüssel im Zündschloss. Ich lege mein Handy weg.

»Los geht's«, sagt sie. »Zeit für ein Zwiegespräch mit Gott.«

Auf uns wartet der Himmel, das Alaska, das man mir versprochen hat.

»Bereit?«, fragt Joy.

»Bereit.«

4.

Die Straße zum Himmel ist neonblau und nur teilweise asphaltiert. Am Rand wölbt sich die Tundra, dann kehrt die Erde zurück, entfaltet ihr Inneres und offenbart eine Schicht leuchtend blauen Permafrost, der tief in den Boden reicht, nass und wie elektrisiert glänzt. Andere Stellen sind bewaldet – fein säuberliche Reihen aus Schwarzfichten und Kiefern, die in dichtes, dunkles Dickicht übergehen – bis in die größeren Höhen, wo die Bäume plötzlich kleiner und seltener werden und irgendwann ganz verschwinden.

Genauso hat sie es sich immer vorgestellt, erzählt mir Joy, als Kind in Arizona, wo sie ununterbrochen vom Winter träumte: Blockhütten aus knorrigem Kiefernholz, die Fußspuren wilder Tiere im dichten Wald, im Boden festgefrorene Baumwurzeln. Sie träumte von Eis, das laut unter den Füßen knackte und in großen Stücken vom Dach rutschte, wie es am ersten warmen Tag im Frühling geschah. In ihrem Zimmer in der Wüste stand sie morgens auf und kritzelte Berge auf große Blätter Malpapier, Gipfel an Gipfel, bis das ganze Blatt voll war. Draußen wehte der heiße, trockene Wind von Arizona. Skorpione huschten durchs Gestrüpp. Joy fuhr mit dem Bus zu einer Schule, die nur ein Klassenzimmer hatte, die Sonne knallte aufs Pflaster und brachte alles zum Kochen und Flimmern.

So war das Leben in Camp Verde, Arizona, einer Stadt, die auf ihrer offiziellen Website als »ruhiger, sicherer Ort für Sie und Ihre

Kinder« mit »Kleinstadtatmosphäre« angepriesen wird, »wo das Leben freundlich und entspannt ist und quasi jeder jeden kennt«.

In Camp Verde findet jedes Jahr ein Maisfest statt.

Und ein Pekannussfest, ein Weinfest und ein Antiquitätenmarkt.

Und jedes Jahr im Juni, darauf kann man sich verlassen, treffen sich die Leute an Picknicktischen, legen sich Lätzchen aus Plastik um und nehmen kleine Hämmerchen in die Hand, um das Flusskrebsfest von Camp Verde zu begehen.

»Da war ich nie«, sagt Joy. »Weißt du, wie ich die nenne? ›Meeresungeziefer‹.«

Camp Verde, Arizona, ist laut seiner Tourismusbehörde »immer mittendrin«, und tatsächlich haben alle Attraktionen der Stadt einen eindeutig nach außen gewandten, abenteuerlustigen Anstrich, was Joy schon in ihrer Jugend begierig aufgriff. Der Out of Africa Wildlife Park zum Beispiel setzt Touristen in große Metallkäfige, die auf gelben Hummers befestigt sind, und chauffiert sie durch goldene Weideflächen, vorbei an Giraffen. Ein paar Meilen weiter kann man sich bei Predator Zip Lines in ein Geschirr zwängen und sich von Baum zu Baum gleiten lassen – über die Köpfe von hitzegeplagten Tigern und Rhinozerossen hinweg, die im Staub herumtrampeln.

Vierzig Jahre später steuert Joy ihren Truck voller Selbstvertrauen. Die Welt rauscht an unseren Fenstern vorbei und prasselt gegen unser Fahrgestell. Die Straße ist grau und größtenteils von Bäumen gesäumt, nicht viel anders als die Straßen, die ich kenne, aber sie ist unebener, voller Schlaglöcher, verläuft meistens geradeaus, bis sie scharf abbiegt. Die Stoßdämpfer an Joys Pick-up dämpfen die Stöße kaum, unser Kaffee schwappt aus den Thermobechern auf den Boden.

»Damit das klar ist«, sagt sie, »wenn du ab jetzt mal musst, dann musst du dich neben die Straße hocken oder es einhalten.«

Ich sage ihr, dass ich kein Problem damit habe, mich hinzuhocken. Ich sage: »Ich kann wildpinkeln wie ein Profi.«

Im Sommer war ich immer zelten und habe mit meinen Brüdern Brennholz gesammelt. Nie kam ich mir stärker vor, als wenn ich gemeinsam mit ihnen körperliche Arbeit verrichtet habe.

»Gut so!« Joy lacht und drückt eine Sojabohne aus der Schale, denn wir mögen zwar im abgeschiedensten Teil des Landes sein, haben aber trotzdem Tüten mit Sojabohnen, Tortillachips, schwarzen Biobohnen und reifen Avocados zwischen uns, weil – wie Joy mir vorhin im Supermarkt mitgeteilt hat, während sie die Zutaten auf einer Flasche Kombucha checkte – Frauen so schlau sind vorauszuplanen.

»Wer Fritos isst, wird selbst zum Frito«, erklärte sie, als sie mich mit der orangefarbenen Tüte erwischte, als hätte ein einzelner Frito ein größeres Gefahrenpotenzial als der Dalton Highway.

Es erklärt, zumindest ein wenig, die Bedienungsanleitung für den Schnellkochtopf in der Wagentür, die Dosen mit Refried Beans, die im Fußraum umherrollen, und den Geruch nach indischen Gewürzen, der in den Polstern des Wagens hängt. Joy erzählt, dass sie während der zwölf Stunden Fahrt manchmal ein Linsencurry im Sattelzug köcheln lässt. Außerdem enthielten Bohnen viele Ballaststoffe, erinnert sie mich – die braucht man, wenn man so viel sitzt.

»In meinem Alter«, sagt sie und gönnt sich noch eine Bohne, »und deinem vielleicht auch schon, muss man auf seinen Körper aufpassen.«

Die leeren Schalen sammeln sich im Getränkehalter, fallen heraus und verteilen sich zu unseren Füßen.

Draußen vor dem Fenster ragen kleine Kreuze aus der Erde wie morbide Meilensteine – ganze gelebte und ausgelöschte Leben in abblätterndem weißem Holz verewigt, Kränze aus Polyester und Drahtgewebe. *Das* ist der Dalton Highway: weniger ein Beleg des Überlebens als ein Zeugnis menschlicher Vergänglichkeit und der vielen Arten, auf die man ums Leben kommen kann.

Joy deutet auf eine dürre Felsspalte, in der die Trans-Alaska-Pipeline aufblitzt, eine silberne Ader inmitten von glanzlosem Gebirge.

»Sie ist schön«, sagt sie, »auf industrielle Art und Weise.«

Schön wegen des Kapitalismus, wegen des Kommerzes, weil diese Pipeline jeden Tag zwei Millionen Barrel unraffiniertes Erdöl nach Süden pumpen kann. Insgesamt ist sie achthundert Meilen lang, besitzt mehr als fünfhundertneunundsiebzig spezielle Wildquerungsstellen und überwindet vierunddreißig größere Flüsse, drei getrennte Gebirgsketten, mehrere Erdbebenverwerfungslinien und endlose Weiten amerikanischer Landschaft, bis sie endlich Valdez erreicht, wo das Öl abgepumpt, aufbereitet und in alle Teile des Landes transportiert wird, zu den Männern mit Sportsonnenbrille, den Teenagern, die neben ihren Autos warten, und den Softball-Müttern, die mit ihren Acrylnägeln ungeduldig gegen die Zapfsäule trommeln.

»Dort ist Spud gestorben«, sagt Joy. Ich folge ihrem Blick zu einer Schlucht, die steil ins Tal abfällt. An dieser Stelle hat jemand ein kleines Kreuz in die Erde gesteckt. Frauen tun das, erklärt Joy, und zwar jeden Frühling, auch wenn die Markierungen bis zum Ende des Winters größtenteils wieder verschwunden sind, weggeweht oder zerfetzt. Das Wetter ist hier gnadenlos, vor allem Erinnerung gegenüber.

Das Kreuz ist weiß, klein und mit lavendelfarbenen Trockenblumen geschmückt.

»Das sind die stärksten Menschen, die ich kenne«, sagt Joy.

Sie schuften auf dieser Straße, bis sie nicht mehr können oder bis die Straße sie holt. Manchmal beides zugleich.

Wir kommen an einem weiteren Kreuz vorbei.

»Der beste Rat, den ich je bekommen habe, als ich mit dem Truckfahren angefangen habe?«, erzählt Joy, »Wenn du am wenigsten damit rechnest, taucht ein Truck auf. Diese kleinen Hügel da«, sie zeigt nach vorn, »sind trügerisch, dahinter können sich Trucks verbergen. Genauso ist Spud gestorben. Ein Truck ist aufgetaucht, und er hat ihn nicht gesehen. Er ist erschrocken und ins Schleudern geraten. Er hatte Rohre geladen, glaube ich.«

Sie mochte Spud wirklich gern, sagt sie. Aber sie mag eigentlich jeden.

»Wie schrecklich«, sage ich.

»Na ja, wenigstens haben sie ihn schnell gefunden«, fügt Joy hinzu. »Bei manchen brauchen sie Wochen.«

Ich stelle mir sich windende Körper inmitten der Tundra vor, so wie Menschen im Film sterben, niemand hört ihre qualvollen Laute. Aus dem Fenster beobachte ich einen Elch – keine fünfzehn Meter vom Straßenrand entfernt –, wie er den Kopf hebt und aufstampft, woraufhin sich ein Schwarm Mücken erhebt. Joy bremst ab, damit ich ein Foto machen kann.

»Als Frau«, sagt sie unvermittelt, »bin ich immer die einzige hier draußen. Ist schon seltsam, dass du jetzt da bist.«

Ich frage sie, ob sie sich ihr Leben so vorgestellt hat, all die Jahre zuvor als Kind in der Wüste.

»Jup«, sagt sie. Sie nickt. »Für mich war Alaska schon immer ein Ort, von dem man sich vorstellen konnte, dass er einem gehört, weil er so unberührt ist.«

In Joys Vorstellung war Alaska ein Ort für jedermann: arm oder reich. In Camp Verde und im benachbarten Cottonwood, wo sie später lebte, war die materielle Ungleichheit deutlich spürbar. Wie überall in Amerika zeigte sie sich an Marken-Sneakers, abgewetzten Jeans und am Metall im Mund von Kindern. Als Joy in der Mittelstufe eine Zahnspange bekam, fanden ihre Freunde es cool, wie ihre Zähne die Sonne reflektierten, wie das Silber glänzte – und die Gummis erst, kleine bunte Ringe, die zum Accessoire wurden und je nach Jahreszeit oder Feiertag gewechselt wurden: rot und grün im Winter, rosa und lila im Februar. Zur Feier von Weihnachten, Valentinstag oder Halloween knallbunte Gummibänder direkt auf den Zähnen, in denen Mohn, Brokkoli und scharfkantige Krümel von Tortillachips hängen blieben.

Ihre beste Freundin Shannon gestand ihr, ihre Eltern könnten sich keine Zahnspange leisten.

»Weißt du, was ich gemacht habe?«, fragt sie. Sie dreht sich zu mir um, weil sie weiß, dass die Straße noch meilenweit flach geradeaus führt. »Ich habe einen Haufen Büroklammern gesammelt und sie zurechtgebogen, damit sie auch eine Spange hat. Ich habe sie ihr sogar angepasst – sie war ein bisschen zu groß, aber wir haben es hingekriegt –, und wenn sie gelächelt hat, sah man echt keinen Unterschied. So bin ich *kreativ* geworden«, meint Joy. »Eine *Problemlöserin.*«

Joy hatte eigentlich keinen Grund, sich so sehr zu Alaska hingezogen zu fühlen, zu seinen salzbedeckten Straßen, Karibus und der unergründlichen offenen Tundra. Sie hatte eine Tante und einen Onkel, die in Kenai lebten, einer Kleinstadt in Alaska, aber sie kannte sie nur von Erzählungen: Erdnussschalen, hatte ihr Onkel ihrer Mutter einmal berichtet, bedeckten dort den Boden eines Restaurants, und es gab einen Mann, der mit Pistolen auf Ratten schoss. Sie hörte zu – ihre gesamte Kindheit lang hörte sie zu – und zog mit den Fingern Linien in den Hochflorteppich, stellte sich Kenai als so weit entfernt von Arizona vor, eine ganz andere Welt, dass jeder Tag wohl eine völlig neue Herausforderung sein musste. Sie nahm sich fest vor, eines Tages selbst Erdnussschalen auf den Boden zu werfen.

Dann, mit fünfzehn, lernte sie einen ein paar Jahre älteren Jungen in einem christlichen Ferienlager in den Bergen bei Prescott kennen, wo es – wie mir ihre Freundin später erzählen wird – Kanufahren, Wandern und Gebete gab, aber auch Jungs, jede Menge Jungs.

»Ich sagte zu ihr: ›Geh doch mal mit ihm aus. Ihr müsst ja nicht gleich heiraten.‹«, verriet mir ihre beste Freundin.

Kurz darauf war Joy schwanger, verlobt, verheiratet.

Mit siebzehn erlebte sie eine Hausgeburt mit einer Hebamme. Jake und sie bezahlten sie mit Brennholz.

»Ein faires Geschäft«, sagt sie. »Mehr konnten wir uns damals auch nicht leisten.«

Joy erzählt, Jake habe kein Geld gehabt, keinen Job, keine Ausbildung, also ging er zur Navy, und gemeinsam mit ihrem Sohn Andy tingelten sie durchs Land, immer weiter nach Osten: erst nach Mississippi, dann nach Massachusetts. Als Andy alt genug für die Kinderbetreuung war, beschloss Joy, ebenfalls zur Navy zu gehen, und fing als Equipment-Managerin bei der Construction Brigade – der Baubrigade – an.

»Die Seabees!«, sagt sie und buchstabiert C-B.

Tatsächlich ist es Joy zu verdanken, dass der Marineluftstützpunkt in South Weymouth, Massachusetts, die allererste Damentoilette ausweisen musste.

»Der Kapitänleutnant meinte zu mir: ›Nicht dein Ernst‹, als ich ihn anrief und sagte, dass ich komme«, sagt sie. Sie schlägt sich kichernd auf den Oberschenkel. »Er hat den Männern nicht geglaubt, dass bald eine Frau zu ihnen stößt! Und dann stehe ich da und sage: ›Hallo, Sir!‹«

Joy ging es allerdings nie darum, Geschlechternormen infrage zu stellen. Sie schätzte die strenge Disziplin, die langen Schichten, die körperliche Arbeit und dass ihr Körper so einzigartig anders war als die der Männer, feminin und dennoch leistungsfähig. Schon bald hatte sie sich den Respekt ihrer Kollegen und Vorgesetzten verdient. Aber sie sehnte sich immer noch nach dem fernen Alaska. Ihre Ehe lief nicht besonders. Wenn sie ihren kleinen Sohn auf dem Knie hüpfen ließ, sagte Jake immer, sie sei fett oder dass Frauen nicht arbeiten sollten. Am Ende stellte er sie vor die Wahl: »Ich oder die Navy.«

»Ich hätte die Navy nehmen sollen«, sagt sie. »Aber dann gäbe es natürlich unseren Daniel nicht.«

Unser Daniel, einen Mann, den ich nur von Fotos kenne – ihm folge ich auch bei Instagram. Daniel lebt mit seiner jungen Frau auf Hawaii, beide lieben Hunde und sehen gut aus. Sie machen atemberaubende Fotos vom Meer, das in der Sonne glitzert, manchmal sieht man eine glatte, aufgepeitscht außerordentlich türkisfarbene

Welle. Sie sehen aus wie Menschen, mit denen ich mich verstehen würde, Menschen, die ich gern begleiten würde, während sie im heißen und feuchten Grün des Dschungels Fotos schießen.

»Mein Daniel«, sinniert Joy, »ist schon was Besonderes. Mein Junge.«

Damals, erzählt sie mir, konnte eine Frau ihren Vertrag mit der Navy beenden, wenn sie schwanger war, also tat Joy genau das.

»Ich habe auf Jake gehört«, sagt sie. »Ich will ehrlich sein: Damals hatte ich keine Ahnung, wie ich mich durchsetzen sollte. Ich meine als Frau, aber auch als Mutter und Ehefrau. Ich habe einfach gemacht, was er sagte. Ja, ich hab bei der Navy aufgehört. Ja, ich hab unser Baby zur Welt gebracht.«

Schließlich bekam Joy ihren Willen: Jake beantragte, in Alaska stationiert zu werden, und sie machten sich mit zwei kleinen Söhnen und einer Steuererstattung in Höhe von fünfhundert Dollar im Gepäck auf den Weg; ihr Startkapital, dachte Joy. Sie hatten nie daran gedacht, in Alaska in einer Stadt zu leben, sondern mit Schnee, endlosen Abenden und als Selbstversorger auf dem Land, aber Joy gab sich alle Mühe, sich die großen leuchtenden Gebäude von Anchorage vorzustellen und ein Leben, das die eine Hälfte des Jahres bei Licht stattfindet und die andere in Dunkelheit.

Doch dieses Bild war, wie sie feststellen musste, kostspielig und steckte voller Schwierigkeiten. Die einzige Wohnung, die sie sich leisten konnten, hatte nur ein Schlafzimmer und lag am Stadtrand, und Joy machte sich Sorgen, der Vermieter würde sie als heranwachsende Familie mit zwei Kindern nicht in so eine winzige beengte Wohnung ziehen lassen. Aber als sie anrief und vorsichtig nachfragte, lachte er bloß. Vor ein paar Wochen, ließ er sie wissen, habe die Drogenbehörde noch die Wohnung durchsucht. Ihre Kinder waren ihm egal, solange *Kinder* kein Deckname für Drogen war.

»Aber ich hatte mich entschieden: Wir würden nicht in einer Drogenhöhle leben«, erklärt Joy.

Also beantragten sie die Versetzung nach Kenai, wo es hoffentlich sicherer, günstiger und weniger dicht besiedelt war. Aus dem Flugzeug sah Joy nichts als Wildnis, Wald und Berge und noch mehr Berge und nur ab und zu ein Licht.

Joy sagte sich: *Hier will ich für immer leben.*

Sie dachte an die Geschichten ihres Onkels über das Restaurant mit den Erdnussschalen und den Mann, der auf Ratten schoss, aber ihre Tante und ihr Onkel lebten nicht mehr dort, und sie konnte das Lokal nicht ausfindig machen. Joy und Jake waren ganz allein. Jake hatte unrealistische Erwartungen an die Ehe, und Joy wusste, dass es ihn nie lange an einem Ort hielt, also schwor sie sich: Sie würde bleiben, auch wenn er fortwollte. Sie mieteten einen Wohnwagen für dreihundert Dollar, und als sie sich vier Monate später trennten, hielt Joy ihr Versprechen. Jake kehrte nach Arizona zurück, und sie machte sich mit ihren Jungs bereit für den Winter.

»Jake war gut drauf, er war lustig, aber ich habe ihn mit siebzehn geheiratet. Eine hübsche Hochzeit oben auf einem Berg. Und ich habe Jake geliebt, wirklich, aber wir haben uns in total verschiedene Richtungen entwickelt. Seine Richtung gefiel mir nicht. Er wollte zum Beispiel mehr als eine Frau haben.« Joy lacht. »Dazu konnte ich leicht Nein sagen. Aber er konnte auch … wie gesagt, er wollte mich bevormunden. Sagen wir es einfach so, ja? Und das konnte ich meine Jungs nicht mitansehen lassen. Sie wurden größer, wurden älter. Sie sollten nicht in einem Haushalt mit so einem Mann als Vorbild aufwachsen und denken, als Mann muss man eine Frau bevormunden. So behandelt man seine Frau nicht.«

Sie schaut nach draußen auf die Berge.

»Eifersucht ist *eine* Sache. Aber er fand, Frauen sollten nicht arbeiten, sondern einfach Kinder bekommen und Kinder großziehen. Für manche mag das ja auch okay sein, aber für mich? Ich konnte die Stille nicht ertragen, den ganzen Tag zu Hause sitzen. Was ist das für ein Leben? Für eine Frau, für *jeden Menschen*?«

Ein völlig anderes Leben als dieses hier, denke ich und spähe aus dem Fenster. Die Straße ist in eine gelbe Schotterpiste übergegangen, Steinchen stieben unter den Rädern auf. Es sind keine Tiere zu sehen, keine Vögel, nur die Schemen der Berge in der Ferne. Laut der Temperaturanzeige auf dem Armaturenbrett sind es draußen minus sechs Grad Celsius, aber im Pick-up ist es angenehm warm. Der Himmel hat das Blau von Waldbeeren, eine Farbe wie von Bonbons oder den Buntstiften, die ich mir in der Hand der kleinen Joy auf dem Teppich in Arizona vorstelle.

Als wir die erste scharfe Kurve nehmen, richte ich meinen Sicherheitsgurt über der Brust.

Ich würde gern Fragen stellen. Vor allem danach, ob es Gewalt gab. Und was ich *wirklich* wissen will, ist, wann und wie ihr klar wurde, dass ein Mann, der Frauen beherrschen will, sich nie ändern wird.

»Warst du enttäuscht, als deine Ehe zu Ende war?«, frage ich.

»Nein«, sagt Joy sanft. Sie wendet den Blick den Bergen zu, die höchsten, die ich je gesehen habe. »Ich hatte meine Gründe«, erklärt sie. »Ach was, ich hatte einen Haufen Gründe.«

*

In unserer Gesellschaft spricht man nicht gern über Gewalt und Missbrauch, Joy und mir ging es genauso. Aber die Wurzel unserer gemeinsamen Probleme ist leicht zu benennen: Toxische Liebe kündigt sich nicht als toxisch an.

Als ich das letzte Mal in Alaska war, saß ich im Schneidersitz auf einer kalten Hafenmauer aus Stein, während Dave, der Mann, den ich später lieben sollte, zu mir sagte, er habe sein ganzes Leben auf jemanden wie mich gewartet.

»Klug und unabhängig«, sagte er, »und süß, mit Familiensinn.«

Ich klammerte mich ganz besonders an das Wort *süß*. Ich war siebenundzwanzig, hatte seit einem Jahr den Master an einer der am härtesten umkämpften Schreibschulen des Landes in der Tasche und soeben einen Job als Dozentin für Kreatives Schreiben mit Aussicht auf Festanstellung an einem kleinen Privatcollege in Ohio angenommen. Ich hatte meinen ersten Buchvertrag unterschrieben und ein paar Essays in der *New York Times* veröffentlicht. Trotzdem konnte ich die Bestätigung nicht leugnen, die mir die Worte eines Mannes gaben.

Dave und ich waren in jenem Sommer beide in Alaska, weil wir beruflich erfolgreich waren. Der Direktor eines renommierten alaskischen Bildungscamps hatte uns engagiert, um unsere Leidenschaft für die Musik und das Schreiben mit Teenagern in leuchtenden Regenjacken aus Homer, Seward oder Ketchikan zu teilen.

»All diese Schülerinnen und Schüler bringen Begeisterung und ein Interesse an der Kunst mit«, sagte uns der Direktor bei der Einführung. »Dennoch kann ihre Kunst anders aussehen als unsere. Die Schüler aus Anchorage, gut, die wissen vielleicht, was sie tun, weil sie aus einem ziemlich strengen Highschool-Kontext kommen. Aber es ist nicht ungewöhnlich, dass wir hier auch Schüler aus abgelegenen Dörfern haben, die zum ersten Mal eine Ballettaufführung sehen. Oder eine Dunkelkammer benutzen. Oder ein Sonett schreiben.«

Zwei Wochen lang weckten wir die Neugier unserer Schüler und gaben ihnen die Liebe zur Kreativität mit: bildende Kunst, darstellende Kunst, Musik, Literatur. Das war nicht schwer. Die Schülerinnen erschienen in unseren Klassenzimmern in Alaska mit den gleichen stumpfen Ponys wie die Teenager, mit denen ich in Ohio zu tun hatte, trugen die gleichen rasierten Kurzhaarschnitte oder hatten dieselben groben Kugelschreibertattoos auf den Unterarmen, aber diese Teenager wussten auch, wie man Lachse ausnimmt, mit dem Kajak gegen die Strömung paddelt und Fisch in Holzschuppen räuchert, die sie am Meer gebaut hatten. Ein paar von ihnen zeigten mir Fotos des Gletschers, auf dem sie sonntags wandern gingen. Oder von dem Flugzeug, das sie gerade zu fliegen lernten.

Eine indigene Schülerin aus einem besonders abgelegenen alaskischen Dorf zeigte mir die Moschusochsenjacke, die ihre Mutter ihr aus den Fellen des letzten Winters genäht hatte.

Es war mein absoluter Lieblingsjob, und das Ende eines Tages mit den Schülern bedeutete nur, dass auf eine spannende Gruppe die nächste folgte. Im Lehrerzimmer hörte ich abends stundenlang meinen Künstlerkollegen zu, wie sie von ihrer Choreografiearbeit beim Cirque du Soleil erzählten oder davon, wie sie eine Undercover-Doku über die humanitäre Krise an der südlichen US-Grenze gedreht hatten. Ein Holzbildhauer von der Stammesgruppe der Tsimshian führte uns in seine Werkstatt, wo ein Totempfahl, an dem er mit Schülern und Schülerinnen arbeitete, auf einem Tisch lag. Er deutete auf die Werkzeuge, Dechsel, Meißel und Schnitzmesser.

»Ich muss die Kids immer erinnern, die Werkzeuge mit beiden Händen festzuhalten.« Er lachte.

Ein anderer Künstler – groß und gut aussehend – zeigte uns Fotos der neun lebensgroßen Keramikfiguren einer Mariachi-Band, die er geschaffen hatte, jede spielte ein Instrument und trug traditionelle Chicano-Kleidung.

Eine Frau, still und zurückhaltend wie ich, offenbarte uns erst auf Nachfrage, dass sie eine entscheidende Szene von Disneys *Die Schöne und das Biest* handgezeichnet hatte.

»Damals gab es noch keine Computeranimation. Stellt euch das vor«, erzählte sie uns, und das taten wir, dachten an ihre verkrampfte, schmerzende Hand, während sie der Dorfbevölkerung Leben einhauchte, die ihre hölzernen Fensterläden aufriss und etwas zu Belle hinunterrief.

Ich fand nicht, dass ich es verdient hatte, gemeinsam mit diesen Menschen zu unterrichten. Das Hochstaplersyndrom machte mir zu schaffen. Ungeachtet meiner Erfolge als Nachwuchsautorin kam ich mir immer vor, als würden mir als Folge von Missverständnissen viel mehr Leistungen zugebilligt, als ich vorzuweisen hatte. Alle anderen waren begabter, fleißiger, scharfsinniger, kreativer, *klüger*. Trotzdem fühlte ich mich geehrt, wenn ich, umgeben von meinen Kolleginnen und Kollegen, zusah, wie sie jeden Abend vor Hunderten begeisterten jungen Alaskanern auftraten, und ich war ein Glückspilz, weil dieser Job, den ich so liebte, mich quer durchs Land und zu Dave geführt hatte.

Die ganze Woche lang war ich Dave gefolgt wie ein Schatten, stets ein paar Schritte hinter ihm, während er sich auf dem morgendlichen Spaziergang zum Kaffeetrinken im Ort mit der Disney-Zeichnerin unterhielt oder davon erzählte, wie er in bedeutenden Konzertsälen in San Francisco gespielt hatte. Manchmal saßen wir nachmittags allein im Lehrerzimmer, wenn nichts los war, und er erklärte mir, wie er seinem achtjährigen Neffen half, mit dem Synthesizer Musik zu machen. Ich war eher fasziniert als betört; Dave besaß eine unerhörte, unerklärliche Intelligenz, die es ihm erlaubte, Menschen dazu zu bringen, sich ihm zu öffnen, sich bei ihm wohlzufühlen, indem er ihnen mit seinem leisen, subtilen Humor zu verstehen gab, dass sie in Sicherheit waren und in guter Gesellschaft. Wer Dave kennenlernte, musste ihn einfach lieben. So einfach war das. Sein Verstand vibrierte vor Licht und Optimismus. Er sprach voller Präsenz und Überzeugungskraft, aber unter vier Augen gestand er mir, dass er oft das Gefühl habe, das Leben um ihn herum verlaufe in Bahnen, die er nicht immer verstand.

»Ich will einfach offen für alles sein«, sagte er. »Ich finde, es ist wichtig, offen zu sein.«

Ich verstand das so, dass er seinem Platz in der Welt, seiner Zukunft gegenüber offen sein wollte, dass er wichtige Entscheidungen bewusst treffen wollte. Wir gingen beide auf die dreißig zu, und Dave und ich hatten beide den Eindruck, das Leben entwickle sich langsam zu einer Art Reise nach Jerusalem: Die beschwingte Musik wurde leiser, die Anspannung spürbar, und um uns herum nahmen alle Menschen mit der nächstbesten Person Platz und hofften, dass es hielt.

»Ich will nach Dingen streben, die ich *will*«, meinte er, »und mir nicht einreden, mit dem zufrieden zu sein, was ich habe. Ergibt das Sinn?«

Und ob.

Am letzten Abend des Camps, bevor wir am Morgen abreisen würden – Dave zurück nach Kalifornien und ich nach Zentral-Ohio –, saßen wir auf der Hafenmauer oberhalb der grauen aufgewühlten See. Der Stein war feucht und roch nach Muscheln. Wir hörten die Musik von der Party der Schüler und sahen sie im Dunkeln tanzen.

Es fing sacht an zu regnen. Aber jedwede romantische Stimmung verflog sofort, als der Regen den Geruch von Fisch und dicken fauligen Knäuel Seetang mit der einsetzenden miefigen Ebbe herantrug. Trotzdem küsste er mich, zog seine blaue Regenjacke aus und legte sie mir um die Schultern. Der Kuss war sanft, dann fragte er, ob wir uns noch einmal küssen könnten.

Ein paar Meter entfernt wummerte der Bass von Katy Perry, und mich beschlich das Gefühl, alles Wichtige ginge nun zu Ende.

»Ich schätze, ich muss dich wohl mal in Ohio besuchen«, sagte er.

»Klar«, erwiderte ich. Ich lachte. »Und ich dich in Kalifornien.«

Ich glaubte nicht daran, dass wir es wirklich durchziehen würden. Mehr hatte ich nicht verdient: eine Nacht voller Küsse und einen Augenblick voller Bedeutung. Das Meer schwappte um uns herum, die Lichter der fest vertäuten Fischerboote hüpften unentwegt auf und ab wie Geisterbojen. Am nächsten Morgen im Flugzeug war mir ganz schwindelig, als trüge mein Körper ein Geheimnis mit sich herum. Doch das Fahrwerk wurde eingeklappt, und ich ballte meine immer noch vor Nervosität feuchten Hände zu Fäusten. Alaska breitete sich unter mir aus. Der Wald wich erst den Felsen, dann dem wirbelnden schwarzen Ozean.

Er rief mich kurz nach der Landung an, und an jenem Abend unterhielten wir uns stundenlang, trotz Jetlag und Erschöpfung. Dies machte seine Anziehungskraft nur herausragender, berauschender. Mein Leben lang hatte ich alles gemeistert außer Romantik, und nun gab es Romantik in Gestalt eines Mannes, der Kinder liebte und Freude willkommen hieß. Ich wollte nichts so sehr wie ihn. Am nächsten Morgen buchte ich, als Beweis meiner Absichten, ein Ticket, um ihn zu besuchen. Drei Wochen später, an einem Abend im August, holte mich Dave vom Flughafen in San Francisco ab und fuhr mit mir zum Bayfront Park, wo der samtblaue Himmel auf das satinblaue Wasser der Bucht traf. Er breitete eine Decke auf einer der vielen Parkbänke aus, und wir sahen den Flugzeugen beim Abheben zu, ihre gewaltigen Rümpfe stiegen empor, in ihren glänzenden Fenstern spiegelte sich die Sonne, und sie schossen scheinbar direkt über unseren Köpfen durch die Luft. Wir rieten, wohin sie unterwegs waren.

»Hawaii«, sagte ich. »Honolulu.«

»Florida«, erwiderte er sofort.

Ich wollte nirgendwo anders sein.

Dave arbeitete als Musiklehrer an einer Schule in San Francisco, die von den Kindern von Tech-Genies besucht wurde. Sie gehörten zu den bestgekleideten Zwölfjährigen des Landes. Ich dachte, weil er Kindern Oboe- und Cellospielen beibrachte, müsse er zweifellos ein guter Mensch sein. Am nächsten Nachmittag, nachdem sich die Flure seiner Schule geleert hatten, sah ich ihm in seinem Klassenraum stundenlang dabei zu, wie er sorgfältig Wellpappe zuschnitt und zurechtbog, erst einen Baumstamm, dann die Äste und die knorrigen knotigen Wurzeln formte.

SCHULE IST – stand darauf – *FAN-TAS-TISCH.* Die Pappkonstruktion war einen Meter achtzig groß, und gemeinsam tackerten wir sie an der Wand fest und hängten in verschiedenen Höhen kleine Kugeln mit den Gesichtern seiner Schüler an die Zweige, versuchten, sie ästhetisch ausgeglichen zu verteilen, ordneten sie immer wieder neu an, gaben uns alle Mühe, damit Ensley, Everly und Ezra alle auf einzigartige und unabhängige Weise zur Geltung kamen, leuchtend rote Äpfel des Wohlstands.

Dieser Baum, dachte ich, war eine Metapher: Sosehr er sich Mühe gab, die Gesichter seiner Schülerinnen und Schüler anzubringen, soseher würde er sich auch als mein Lebenspartner Mühe geben.

In seiner Wohnung in San Francisco zeigte er mir eine kleine Puppe auf seinem Bücherregal, die eine Schülerin aus einer leeren Klopapierrolle, blauen Pailletten als Augen und borstiger brauner Wolle für ihn gebastelt hatte. Er sagte, sie erinnere ihn daran, warum er den Job mache, auch an schweren Tagen. Ich stellte mir unsere zukünftige kleine Tochter vor, die Kunstwerke, die sie eifrig für ihn aus neonfarbenen Pfeifenreinigern und Glubschaugen erschaffen würde. Mehr als alles andere wollte ich ein Kind haben, und ich hoffte, er würde auch eines wollen. Er zeigte mir die gerahmte Einladung zur Hochzeit seines Bruders, die ihn daran erinnerte, dass es für jeden Topf einen Deckel gab, sagte er, auch wenn es bei manchen länger dauerte als bei anderen, bis sie einander gefunden hätten. Ich stellte mir ein gerahmtes Foto unseres gemeinsamen Sommers vor, ein windverwehtes Schwarz-Weiß-Bild vom Hafen in Alaska, das er in seiner Freistunde mit Erlaubnis des Fotografielehrers gemacht hatte.

Er hatte sich im Wandschrank seiner Wohnung eine eigene Dunkelkammer eingerichtet, komplett mit Verdunkelungsvorhang an einer Gardinenstange, damit er Fotos entwickeln konnte. Seine ersten Versuchsfilme hingen an der Wand: eine sorgsam arrangierte Reihe winziger Plastikfiguren, die sich noch winzigere Papierflieger überreichten oder einander halfen, eine Felswand zu erklimmen, die sich bei genauerem Hinsehen als ein Stück abbröckelnder Bürgersteig entpuppte. Die Fotos brachten mich zum Lachen, aber in ihrer bedachten Anordnung, den Linien ihrer aufgemalten Gesichtsausdrücke lag so viel Zärtlichkeit, so viel Kunstfertigkeit in ihrer Winzigkeit. Ich wollte mein Leben ebenso betrachten wie Dave seines; ich wollte die Kunst in unserem Alltag sehen.

Im Flur zu seinem Schlafzimmer hing eine Ukulele, der geschwungene Körper aus gelblichem Holz war mit den glänzenden Unterschriften seiner drei Nichten bedeckt, die zusammengelegt und sie ihm zu Weihnachten geschenkt hatten. Sie lebten in Maine, erzählte er mir, wo es an den meisten Tagen des Jahres schneite, und trugen Mokassins mit pinkfarbenen Perlen.

Im Kühlschrank hatte er Spinat, knackige Zucchini, eine Schale Blaubeeren.

In Gläsern auf dem Küchenschrank standen Haferflocken, Kaffeebohnen und Erdnussbutter-Puffins auf Vorrat.

Dave war ein musikalisches Wunderkind, begeisterter und kundiger Experte von mehr Instrumenten, als ich zählen konnte. Sie zierten die Wände seines Flurs oder wurden in gepolsterten Koffern in seinem Schrank aufbewahrt. In der Highschool hatte er Lacrosse gespielt und sein Team zu den Landesmeisterschaften geführt, die in dem Jahr in Florida stattfanden. Er war gut in allem, machte alles *mit Leidenschaft,* und hin und wieder schien es mir fast, als könnte ich den Rädchen seines Verstandes hinter seinen braunen Augen und der dick umrandeten Brille beim Arbeiten zusehen.

Ich dachte, all diese Dinge, Kleinigkeiten, die sich indes summierten, würden unmissverständlich für seinen Charakter sprechen, sein Wertesystem, seine Prioritäten. Dass er, im Gegensatz zu dem Mann, den ich vor ihm geliebt hatte – der oft trank, bis er aufhörte zu sprechen, oder in dunklen Gassen verschwand und mit einer Reihe gelenkiger, dünner Dichterinnen schlief –, dass *dieser Mann* gut zu mir sein würde.

Als ich zum ersten, zweiten und dritten Mal in Daves Küche in San Francisco stand, hätte ich sterben können vor Verzückung. Er ging mit allem so sanft um. Selbst die Kaffeetassen behandelte er mit größter Achtsamkeit, trocknete sie von Hand mit einem Geschirrtuch ab und hängte sie vorsichtig an ihre Haken. Er schien sich auch nie beim Rasieren zu schneiden. Jeden Morgen zog er Baumwollhemden an, die er bis zum Hals zuknöpfte.

Darin sah er aus wie ein Bibliothekar, sagte ich ihm, und musste kurz an das unbelegte Zitat denken, das gemeinhin Margaret Atwood zugeschrieben wird: *Männer haben Angst, dass Frauen sie auslachen, Frauen haben Angst, dass Männer sie umbringen.*

Daves Gesicht wurde weich. Er war nicht beleidigt. Was war denn schon falsch an Büchern?

Er sagte: »Ist das nicht dein Spezialgebiet?«

Er fragte mit feinster Bibliothekarsstimme, ob er mir behilflich sein könne.

»Haben Sie«, fragte er, fuhr sich mit den Händen durch die schwarzen Haare und zeigte vage hinter sich in eine Ecke, »es schon mal an der Ausleihtheke versucht?«

*

Aus unserer Anfangszeit erinnere ich mich nur noch an Liebe, Liebe, Liebe und kleine Klebezettel mit Erinnerungen daran, wo und wie diese Liebe sich zeigte. *Diese kleine Nachricht soll dir sagen, dass ich dich liebe*, stand auf einem mintgrünen Post-it zwischen den Borsten meiner Zahnbürste, *damit du gut in den Montag startest!* Unsere Liebe, unsere Zuneigung, versteckte sich zwischen den Kaffeebohnen, wartete im Vorratsschrank, kringelte sich in meiner Lieblingstasse.

Wenn ich ihn in Kalifornien besuchte – an einem Wochenende pro Monat, dank der Bonusmeilen, die ich während hektischer Studienjahre angesammelt hatte, als ich weder Zeit noch Geld hatte, irgendwo hinzufliegen –, besichtigten wir die Häuser berühmter Unternehmer, malten uns ein Leben im Silicon Valley aus und standen für Tacos *al pastor* vorm Drehspieß im fluoreszierenden Licht Schlange. Diese Abende gehörten zu meinen liebsten, der Duft von brutzelndem Fleisch zog uns in die Haut, als wir auf Parkplätzen hinter Eltern mit müden Kindern auf dem Arm warteten, deren Ärmchen und Beinchen in Fleeceschlafanzügen steckten. Wir sahen zu, wie Väter sie mit Tortillastückchen fütterten und liebevoll auf Spanisch mit ihnen sprachen.

Wenn Dave mich in Ohio besuchte, aßen wir Tomaten mit Meersalz, tranken Bier aus angestoßenen weißen Tassen und sahen Blitzen zu, die über den Himmel zuckten und wie Stroboskoplichter hinter den Bäumen aufleuchteten.

Diese frühen Wochenenden verbrachten wir zusammen, jung und verliebt, in den klapprigen weißen Schaukelstühlen, die meine Eltern in einem Cracker Barrel Store gekauft hatten, als sie selbst jung und verliebt gewesen waren. Wir wendeten Hähnchenschenkel auf dem Holzkohlegrill und tranken Bier aus Einmachgläsern. Unter den rosafarbenen Hartriegelsträuchern breiteten wir eine Decke aus – ein Familienerbstück – und lasen zusammen. Die Decke hatte mein Großvater während seiner Zeit als Sanitäter im Koreakrieg bekommen, und die Stoffoberfläche trug die altbekannten Spuren zweier Generationen: Verbrennungen vom Feuerwerk, das einmal im Juli zu früh gelandet war, als meine Mutter noch klein war, Sand vom Familiencamping in den Dünen, ein Abdruck meines nassen, mit Sonnenöl eingeschmierten Körpers, als ich sechs war und im Norden Virginias Urlaub machte.

Meine Kindheit hatte ihre Spuren auf dieser Decke hinterlassen, und die Decke hatte ihre Spuren in meinem Herzen hinterlassen. Jedes Mal wenn wir sie ausbreiteten, dachte ich: *Ich will ihr unsere Erinnerungen hinzufügen.*

Ich stellte mir vor, wie sie Flecken von eingetrocknetem Grillkäse bekam und klebrige Überreste der Süßigkeiten unseres Kindes.

An unserer Verbindung gab es nur ein Element, das Probleme für die Zukunft verhieß. Dave war Christ und liebte seinen Glauben; ich war Agnostikerin und liebte das ebenso. Ich war froh über meine weltliche Kindheit. In der Wildnis des ländlichen Pennsylvanias, wo ich auf anderthalb verwilderten Hektar aufwuchs, versammelten wir uns abends um den abgenutzten Küchentisch und erzählten uns von unserem Tag, anstatt zu beten.

Mein Vater war Chemiker, meine Mutter Französischlehrerin an der Highschool. Sonntags gab es Pfannkuchen zum Frühstück, dann streiften wir um den Stausee, hielten nach Eulengewöllen Ausschau und folgten den Spuren wilder Tiere im Schlick am Ufer. Wir besuchten Kirchen, aber nur wegen ihrer Parkplätze: Meine Brüder und ich lernten dort sonntagabends Fahrradfahren, wenn sie leer waren. Es war heiliges Gelände, aber nur, weil meine Mutter aus der Ferne applaudierte und mein Vater in Cargoshorts neben uns herlief.

Damals glaubte ich, ebenso wie bei Dave, an die stille Schönheit, die darin liegt, wenn zwei Menschen einander trotz ihrer Unterschiede liebten. Meine Eltern wählten unterschiedlich und führten bei Schinkenauflauf und Kartoffelpüree oft angeregte Debatten über die Zukunft unseres Landes. Aber danach wusch meine Mutter am Spülbecken die Makkaronireste von den Tellern, und mein Vater stand mit dem verblichenen Geschirrtuch direkt daneben. Ich lernte die Vorteile einer ungleichen Verbindung schätzen.

Deshalb war ich in der ersten Zeit mit Dave stolz, jemanden zu lieben, der so verschieden war, so *anders.* Stolz darauf, meinen Partner nicht als Kopie meiner selbst zu sehen, meiner Glaubenssätze, meiner Ideale, sondern als mein Gegenstück. Es war auf viele Arten aufregend: die intellektuelle Herausforderung unserer Differenzen, die ungleichen Philosophien, die uns leiteten. Jede Lücke konnte der jeweils andere füllen.

Eine fundamentale Uneinigkeit störte mich jedoch, und diese Uneinigkeit betraf unsere Körper oder, genauer gesagt, was wir damit tun sollten. Dave sparte sich für die Ehe auf. Ich wollte Sex haben. Zu Beginn war das der einzige Grund, der mich befürchten ließ, das mit uns könne vielleicht nichts werden. Als er zum ersten Mal erklärte, er sei noch Jungfrau, reagierte ich unsensibel. Sogar richtig mies – ich lachte, verdrehte die Augen und sagte sofort: *Nein.* Noch stärker als meine Abneigung, bis zur Hochzeit zu warten, war mein Verlangen, ihn auch auf diese Weise kennenzulernen, und das in den entscheidenden Anfangstagen unseres gemeinsamen Lebens.

Trotzdem liebten wir einander. *Warte einfach ab*, dachte ich.

Ein paar Monate später sagte Dave, er wolle es versuchen, dass er deswegen immer wieder gebetet habe und sich bereit fühle, sich mir hinzugeben.

»Ich will nicht, dass du es tust und dann bereust«, sagte ich.

Damit meinte ich: *mich bereust*. Er erwiderte, er sei sich sicher. Er liebe mich, sagte er, mehr als irgendjemanden sonst.

Es war Spätherbst, als wir endlich zusammen nackt waren. Er zog mich langsam und zärtlich aus. Später lagen wir nebeneinander auf dem Rücken, und der Heizkörper surrte. Die Blätter an den Bäumen waren orange.

»Wie fühlst du dich?«, fragte ich.

Er drehte sich auf die Seite und hielt mich fest, ein langer Muskel an meinem Körper.

»Ich fühle mich gut«, sagte er. »Großartig.«

*

Die nächsten paar Wochen hatten wir überall Sex: In der Küche, unter der Dusche, auf dem Sofa im Wohnzimmer, während die Vögel vor dem Fenster das Vogelfutter aufpickten, ihr fröhliches Gezwitscher war unser Soundtrack. Ich bekam eine Selbstsicherheit, die sich einzigartig erwachsen und feminin anfühlte. Sex machte Spaß, das war neu, weniger ein Tauschgeschäft zwischen zwei Menschen, wie es die Jahre zuvor gewesen war, ein Weg, Zuneigung zu erzwingen, sondern etwas Schönes, *Heiliges*.

Jede Faser meines Körpers sehnte sich nach ihm.

Mit Sicherheit war unser gemeinsames Leben zu jener Zeit nicht immer fröhlich, nicht immer sorglos, aber aus diesen Anfangsmonaten, als wir einander regelmäßig besuchten, erinnere ich mich nur ans Glücklichsein, an die Felder, den Abendnebel und die Grillen, die in der Dunkelheit zirpten.

Aus Herbst wurde Winter. Die Stunden häuften sich an. Unsere Welt schien so wunderschön und voller Liebe, dass ich mir beinahe vorstellen konnte, wie Gott jeden Abend die Hand ausstreckte und eine feuchte weiße Ecke der Erde über die andere legte. Nachts träumte ich davon, in Daves Blutkreislauf einzudringen, mich als winzige Mechanikerin um das Innenleben seines Herzens zu kümmern. Ich war dafür verantwortlich, dass es schlug. Ich hatte einen winzigen Schraubenschlüssel. Ich träumte davon, in seinem Innern zu leben; ich träumte davon, eine Hälfte von ihm zu sein.

Ich wollte jede Entscheidung Dave zuliebe treffen, die gleiche freundliche, gutherzige Person in ihm wecken, die er in mir weckte. Aber was sich zu jener Zeit für mich nach Frieden anfühlte, wurde von Dave als extreme Scham empfunden. Er grübelte über meinen Körper nach, über die Art und Weise, wie die Begierde ihn entblößt hatte.

Manchmal schmerzt die Erinnerung daran, wie heftig verliebt wir waren und wie die Liebe und auch das Zuhören zum Gebrauchsgut wurden und wie sie, genau wie alles Wertvolle, langsam verrannen, verflogen, ohne dass wir es bemerkten, als wären sie Wasser oder Zeit oder Luft.

*

Auf dem Dalton Highway, erklärt Joy, ist alles anders: Autos heißen *Zweiachser*, Schneepflüge sind *Schaufeln*, Joy ist *Joy Mothertrucker*. Als sie nach acht Meilen rechts ranfährt, befürchte ich schon, dass sie umdrehen will – dass unsere Fahrt ihr jetzt schon zu intim geworden ist –, aber sie verneint und deutet stattdessen auf eine Reihe kugelförmiger Bäume neben dem Highway.

»Candyland-Bäume!«, erklärt sie. »Die sehen nämlich aus wie Lollis, nicht wie Bäume.«

Mich erinnern sie eher an Dr. Seuss, aber wir sind uns einig, dass sie merkwürdig aussehen.

Es sind Joys Lieblingsbäume. Überall, an jedem Zweig, hängt der Schnee in dichten, festen Kugeln, es ist fast witzig.

Das hier ist borealer Nadelwald, erklärt Joy – etwas völlig anderes als alle Wälder, dich ich bisher kannte. Hier haben die Bäume alle mehr oder weniger die gleiche Höhe, wachsen aber in Sachen Breite und Form in unendlich vielen Ausprägungen. Der Wald sieht aus wie ein Flickenteppich, verkümmerte Fichten wechseln sich mit großen Espen und Lichtungen ab, was daran liegt, dass der Sonneneinfallswinkel in der Arktis immer flach ist, was einen dramatischen Unterschied macht. Jeden Frühling taut die oberste Schicht des Permafrostes gerade so weit an, dass neue Wurzeln sich verankern können, dann friert alles wieder zu und macht sich bereit für den Winter. Das verkümmerte Wachstum ist extrem, knorrig und – heute Morgen – von perfekten Schneehauben gekrönt, wie Häufchen von Kartoffelpüree.

Wir springen aus dem Wagen, und ich bitte Joy, ein Foto von mir zu machen.

»Das war der Hintergedanke.« Sie lacht. Ich schliddere über den eisglatten Schotter und klettere auf die Mauer aus Schnee, die der Schneepflug hinterlassen hat. Ich habe alle Mühe, bei dem heftigen Wind aufrecht stehen zu bleiben und nicht das Gleichgewicht zu verlieren. Joy lacht und fotografiert mich.

»Noch eins«, sagt sie und tritt etwas nach vorn. »Ich glaube, du hattest die Augen zu.«

Ich will diesen Beweis, dass ich trotz meiner Angst, trotz meines Gefühls, nicht hierherzugehören, nach Alaska gefahren bin, in Joys Truck gesessen und alles so vorgefunden habe, wie sie es versprochen hat.

Wir haben erst acht Meilen hinter uns, aber schon jetzt fühlt es sich anders an, fremd, als gehöre dieser Teil Alaskas zu einem ganz anderen Amerika. Ich bin der Glückspilz, der unverhofft in den

Genuss von Joys unglaublicher Großzügigkeit kommt, und als sie mich ansieht und lacht, spüre ich etwas Warmes in meinem Innern, wie ein Tier, das sich fest zusammenrollt.

Wir steigen wieder in den Truck, und Joy zeigt die Straße hinauf, wo immer häufiger Stellen vom Tod eines Menschen zeugen. Sie deutet auf ein Kreuz und erzählt mir, Handlebar sei auf diesem flachen Pass kurz hinter Graveyard von einem Rohr erschlagen worden.

»Hört sich an wie bei Cluedo«, sage ich.

»Stimmt«, gibt sie zu und spult noch mehr Namen herunter. Moustache ist bei Gobbler's Knob ins Schleudern geraten, und Elixir ist gestorben, nachdem er wegen eines medizinischen Notfalls mit seinem Schneepflug an der Oh Shit Corner verunglückt ist. Sie erzählt, Donut habe noch Glück gehabt; er überlebte, nachdem er aus heiterem Himmel unter einer Lawine begraben wurde, als er letzten Winter den Atigun Pass herunterkam. Die Sichtverhältnisse waren sehr schlecht, erklärt sie, also mussten die Helfer mithilfe eines Rasters nach ihm suchen und eine präzise Karte der endlosen Weiten schneeweißer Erde anlegen.

»Das Gebiet hier«, sagt Joy und zieht scharf die Luft durch die Zähne ein, »ist anders als der Rest von Alaska. Hier ziehen so schnell Stürme auf, so plötzlich, und auf einmal sieht man gar nichts mehr.«

Ich denke, dass es im Leben oft so ist: *Alles ist gut*, und dann auf einmal nichts mehr.

Draußen taucht noch ein Kreuz auf.

»Das geht mir oft durch den Kopf«, sagt Joy. »Sie dachten alle, sie wären bald zu Hause.«

Elixir, Moustache und Handlebar, Buck, Spud und Cactus Jack. Auf dem Weg zu ihrer Frau, ihren Kindern oder einem großen Teller Hühnerpastete. Zum Tisch mit Tischdecke und einem Glas Milch mit Kondenswassertropfen darauf. Zu *Jeopardy!* oder den Abendnachrichten.

Es macht sie zu einer besseren Fahrerin, sagt Joy, einem besseren Mitglied der Gemeinschaft. Sie sprüht ein wenig Reinigungsflüssigkeit auf die Scheibe und lässt die Scheibenwischer von links nach rechts wischen. Sie sagt, diese Männer haben nicht damit gerechnet zu sterben, durch die Windschutzscheibe geschleudert zu werden, frontal mit einem anderen Truck zu kollidieren, erdrückt, verbrannt oder zerschmettert zu werden. Ich höre zu und habe Angst, neben ihr zu sitzen – so viel sollte klar sein –, aber es ist eine andere Angst als die, die mich seit Jahren begleitet.

Was im Grunde einfach heißt: Ich habe keine Angst vor Joys Gesellschaft.

Dennoch ist es unschön. Niemand möchte sterben. Ich kann es mir nicht verkneifen, mich zu fragen, wie ich genannt werden würde, was sie sagen würden, wenn sie meine Leiche fänden.

»Ich würde dich ›Spice Girl‹ nennen«, verkündet Joy, »und ich verspreche dir: Du wirst nicht sterben. Aber wie du die Frühstückskartoffeln vorhin nachgewürzt hast. Wie du alles nachwürzen musst.«

Sie deutet mit dem Kopf auf meinen Rucksack, aus dem der Deckel einer Miniflasche Cholula Hot Sauce ragt.

»Und ich? Ich will immer nur helfen, wo ich kann«, fährt sie fort. »Wie ein Schutzengel des Highways. Es gibt doch den Grundsatz: ›Behandle andere Menschen so, wie du …‹, und so weiter. Ich will andere so truckern, wie ich von ihnen getruckert werden will.«

Ich überlege, durch welche Verben man *truckern* ersetzen könnte. Vor allem *lieben.* Wie würde es aussehen, wenn wir alle richtig *lieben* würden?

»Ich habe immer Ersatzteile dabei, Nahrungsmittel, Decken, Streichhölzer. Alles, was man braucht«, fährt Joy fort. Sie lässt ihr Fenster herunter, damit eine Mücke in die Berge flüchten kann, ihr schwarzer Körper hebt sich deutlich vor dem klaren blauen Himmel ab. »Mir egal, was es kostet, mein Gehalt oder meinen Zeitplan. Wenn man ein Leben retten kann, rettet man es auch.«

Sie schweigt einen Augenblick.

»Du findest das wahrscheinlich verrückt«, sagt sie schließlich, »aber ich hatte immer das Gefühl, Gott hat mich genau hierfür geschaffen. Ich glaube, Er hat mich dafür gemacht, mich um genau diese Landschaft zu kümmern.«

Ich will ihr sagen, dass ich zustimme – das tue ich auch, in vielerlei Hinsicht –, aber ich frage mich dennoch, was es für die Männer bedeutet, die hier draußen ihr Leben verloren haben. Was hat Gott da getan?

Überall um mich herum ist die Welt eine offene Wunde.

Also schaue ich zur Mittelkonsole, wo Joys Handy zwischen uns aufleuchtet.

»Hast du nicht gesagt, wir hätten hier draußen kein Netz?«, frage ich.

»*Du* hast kein Netz«, stellt sie klar. Sie zeigt auf den Bildschirm. »GCI«, erklärt sie. »Ein alaskischer Mobilfunkbetreiber, die haben die letzten Monate ein paar Masten hier oben aufgestellt.«

»Dann ist die Wildnis Amerikas ja gar nicht mehr so wild«, sage ich.

Joy quittiert das mit einem Stirnrunzeln. Sie nimmt das Handy in die Hand und liest. Ein Mann namens Jim Rocker hat Fotos seiner Petunien geschickt. Die pinkfarbenen und gelben Blüten füllen das gesamte Display aus.

»Antworte ihm mal für mich und schreib, er soll mir seine Bohnen zeigen«, sagt Joy. Dann: »Nicht zweideutig gemeint!« Sie lacht. »Sein Boden ist irgendwie besonders gut.«

Sie gestikuliert noch einmal, also nehme ich das Handy, überraschenderweise gibt es keine PIN oder so, und noch überraschender ist das Hintergrundbild – ein Sonnenuntergang in der Tundra, orange wie ein Sorbet, als könne sie nie genug von diesem Ort bekommen.

Ich tippe ihre Frage nach dem Boden ein und schreibe: *Zeig mir deine Bohnen!*

Die Morgensonne wärmt das Wageninnere, und ich fühle mich plötzlich ganz leicht. Einen Moment lang bin ich bereit einzuräumen, dass es vielleicht doch einen Gott gibt und dass Er vielleicht diesen Ort hier erschaffen hat, aber vielleicht geht es dabei nicht um uns, vielleicht sind wir nicht die Heldinnen der Geschichte. Vielleicht sind wir nur ein Nachtrag, weil Gott wusste, dass Seine Schöpfung Zeugen braucht: die Sterne, die Erde, die Berge, die leere Weite, dass das alles nur so verdammt wunderschön ist, weil der Mensch es nicht verdorben hat.

*

Ein Jahr nachdem wir uns kennengelernt hatten, beschloss Dave, nach Ohio zu ziehen. Er habe hin und her überlegt, sagte er, monatelang, aber erst als er es aussprach, wurde uns beiden die Unumgänglichkeit seines Umzugs bewusst; die Aussicht auf Nähe ließ ein weiteres Jahr auf Distanz unmöglich erscheinen. Ich bot an, in seine Nähe zu ziehen – wenn auch zögerlich –, doch er meinte, er habe Respekt vor meiner aussichtsreichen Anstellung, die man woanders kaum finden würde, wohingegen es für Lehrer Jobangebote im Überfluss gab. Er würde mich keine Stelle aufgeben lassen, um die sich andere jahrzehntelang bemühen mussten, und obwohl er die Möglichkeiten für Auftritte in Kalifornien liebte, sehnte er sich auch nach Jahreszeiten und Einfachheit, nach Schnee und seiner ersten richtigen Freundin.

Ein paar Wochen später packte er seine Umzugskisten.

Die ersten gemeinsamen Wochen in Ohio hätte ich ihn am liebsten nur beschützt, aber wie bei jedem Umzug gab es allerhand Pannen. Erst verspätete sich der Umzugswagen, dann fiel ihm auf, dass er seine Sozialversicherungskarte und seine Geburtsurkunde in einem Aktenschrank gelassen hatte, der auf der Ladefläche des Wagens stand. Ohne Identitätsnachweis bekam er keinen neuen Führerschein, somit würde ihn auch kein Vermieter akzeptieren.

Die Arbeitgeber, bei denen er Vorstellungsgespräche hatte, würden ihn nicht einstellen. Dave widerstrebte es, bei mir einzuziehen, was an den strikten Regeln seines Glaubens lag, aber er hatte keine andere Wahl, solange der Umzugswagen sich gemächlich zu uns durchkämpfte und unsere Kontostände schrumpften.

Ich nahm an, dass unser Zusammenleben – so kurz es auch war – Daves Glauben zusätzlich unter Druck setzte, auch wenn ich es nicht ganz verstand. Ich hielt mich an das, was er mir gesagt hatte: dass er aufgrund seiner großen Liebe und des großen Respekts quer durchs ganze Land gezogen war. Ich wusste nicht, wie er es in Wirklichkeit sah: Der Umzug war ein Experiment, ein geografisches Zugeständnis, das er bereitwillig machte, in der Hoffnung, ich würde in Bezug auf seinen Glauben Kompromisse machen.

Ich war abgelenkt, schwelgte in seiner Nähe. An manchen Abenden machten wir Musik. An anderen wirbelte er mich durchs Wohnzimmer. Wir sahen uns gern im Spiegel auf meinem Kaminsims zu. Egal wie albern sie aussahen, ich liebte diese Leute, die ich da sah, liebte ihre Liebe, ihren Großmut, die Freundlichkeit, die sie einander entgegenbrachten.

Wir schmiedeten Pläne, eine Familie zu gründen. Wir schmiedeten Pläne, ein Haus zu kaufen.

Stattdessen legten wir uns einen Hund zu, aus dem Tierheim, einer von dreizehn, die aus einem Messiehaus eine Stunde weiter südlich befreit worden waren. In jenem August, als der neue Welpe zu unseren Füßen herumtollte, pflanzten wir Zucchini, grüne Bohnen und große, kräftige Tomatenpflanzen, deren gelbe Blüten sich emporstreckten und immer höher in Richtung Sonne wuchsen.

Ich liebte ihn mehr, als ich für möglich gehalten hatte.

Er kam mir heilig vor – mehr als heilig.

Dave ging auf Wohnungssuche. Als der Umzugswagen endlich da war, bezog er eine Wohnung drei Häuser weiter. In jenem Sommer hatten wir endlos viel Zeit, also suchten wir uns neue Hobbys, wenn wir nicht zusammen waren, von deren Beherrschung wir beide profitierten. Ich lernte süße Teilchen backen – Schichten von Butter und Teig mit frischer Beerenmarmelade, die zerbrechlich aus dem heißen Ofen kamen. Dave fing in meinem Garten an zu tischlern – ein Hobby, das kleine Wohnungen und hohe Grundstückspreise in San Francisco ihm bisher nicht erlaubt hatten. Ich betrachtete gern seine Unterarme und sah zu, wie er das Holz bearbeitete, wie das goldene Sägemehl im Licht der Sommersonne umherflog. Jeden Nachmittag, wenn er hereinkam, roch seine Haut nach Orangenöl und Zedernspänen, während er an meiner Spüle stand und kaltes Wasser aus dem Hahn trank.

Zu der Zeit, in unserem ersten gemeinsamen Herbst, kam mir – zum allerersten Mal – in den Sinn zu beten. Mein Leben lang hatte ich Religion nur als Mittel der Ausgrenzung gekannt. Aber mit Dave in Ohio wollte ich das Gute daran sehen.

Als ich zum ersten Mal betete, waren wir auf einer stark befahrenen Straße in Columbus unterwegs und kamen gerade vom Frühstück. Ein Mann hantierte an seinem liegen gebliebenen Wagen herum. Dave fuhr mein Auto rechts ran. Es war einer der gefährlichsten Orte überhaupt: als Fußgänger am Straßenrand, wenige Zentimeter neben dem Highway. Der zweitgefährlichste Ort war meiner: in einem Auto am Straßenrand zu sitzen, zuzuschauen, fassungslos, gefährdet, hilflos. Bei jedem sich nähernden Auto schloss ich die Augen und betete.

Noch nie in meinem Leben hatte ich so sehr einen Gott beschwören und ihn anflehen wollen, den Mann zu beschützen, den ich liebte, wie in diesem Augenblick. Mit jedem Wort, das ich betete, wollte ich weitermachen, und es kam mir natürlich vor, *sicher*, war sozusagen das friedlichste Gefühl, das ich je erlebt hatte.

Das Gebet – oder der Akt des Wünschens – verlieh mir mit einem Mal die Gewissheit, dass wir in Sicherheit waren. Ich weiß, wie schräg sich das anhört. Aber ich weiß genau, wie stark ich es gespürt habe. Seit Monaten sah ich zu, wie Dave seine Sicherheit und seine Zeitpläne aufs Spiel setzte, um anderen zu helfen. Er ging so freigiebig mit seiner Zeit um, mit seiner ungeteilten Aufmerksamkeit – durch alltägliche Taten, durch die Liebe, die er Fremden mit beinahe absurder und selbstverständlicher Regelmäßigkeit zuteilwerden ließ –, dass es mir in diesen ersten Monaten in Ohio leichtfiel, seinen christlichen Glauben zu akzeptieren. Er war so erfrischend anders als die verdrehte Version des Christentums, von der ich als Kind einen flüchtigen Eindruck erhascht hatte.

Es ist wahr – und das nach wie vor –, dass ich in Daves anfänglichem Handeln das erkannte, was er als Gottes Gnade bezeichnete.

Ich betete und sah zu, wie Dave dem Mann half, seinen Wagen eine Böschung hinauf in Sicherheit zu schieben, und kurz darauf erschien ein Abschleppwagen. In den Monaten nach jenem Morgen begann ich, überall und völlig ungeniert zu beten: für die bevorstehende OP einer Kollegin, für Hunde, die auf dem Rasen an Pflöcke gekettet waren, einmal auf einer dunklen schneebedeckten Straße, als ich sicher war, dass ich gleich die Kontrolle über mein Auto verlieren würde, bis ein Schneepflug aus dem Nichts auftauchte und mir mit seinen Scheinwerfern und Streusalz den Weg wies.

Schließlich betrachtete ich sogar unsere Verbindung als das Wirken der langen feinen Finger Gottes, als hätte Er die Hand durch die Wolken Alaskas hindurchgestreckt und uns beiden einen Schubs gegeben. Als hätte Gott trotz meiner Skepsis gewusst, dass Dave mir helfen würde, durch ihn zu Ihm zu finden.

*

Wir fingen an, in allem eine Art Zeichen zu sehen. Die Wildblumen zwischen den Kieselsteinen, die Taquería im kalifornischen Stil, die in unserer Kleinstadt in Ohio eröffnete, der Stellenaushang an einer benachbarten Grundschule – alles schien ein wissender Wink in Richtung unserer miteinander verbundenen Leben zu sein, ein himmlisches Signal, das nur wir wahrnehmen konnten.

Die Vorstellung einer doppelten Bedeutung – das Gefühl, *Zeichen von Gott* zu empfangen – war von jeher ein wesentlicher Teil von Daves Leben. In einem unserer ersten Gespräche erzählte er mir, dass er einmal mit dem Fahrrad durch die Straßen San Franciscos gefahren war und Gott gefragt hatte, wann er wo abbiegen sollte. Zunächst dachte ich, ich hätte mich in jemanden mit einem zweifelhaften Geisteszustand verliebt. Aber mit der Zeit kam mir seine Überzeugung irgendwie zart, offen und liebenswert vor. Was war so schlimm an einem jungen Mann auf dem Fahrrad, der bei Sonnenuntergang durch San Francisco strampelte, während die Palmen reglos in den Himmel ragten? Ich begann, das Bild seiner weichen stoppeligen Wange zu lieben, sein Ohr ein feiner Empfänger, der, umgeben von Häusern mit Dachziegeln aus Ton und bei hoher Luftfeuchtigkeit, auf himmlische Botschaften horchte.

Ich stellte mir vor, wie er fragte: *Was nun, Gott? Was nun?*

Er dachte, vielleicht sei ich sein »*Was nun?*«. Das wollte ich auch sein. In seiner Nähe war ich so glücklich. Es war wirklich ganz einfach. Ich wollte alles an ihm, also beschloss ich zu versuchen, auch seinen Glauben zu teilen.

Später würde ich ihn als den liebsten und zugleich grausamsten Mann beschreiben, den ich je gekannt habe.

Aber genau wie Joy – genau wie viele Frauen – lernte ich erst seine liebenswürdige Seite kennen.

5.

Unter stahlblauem Mittagshimmel und zwischen den ansteigenden Bergrücken der Brooks Range bringt Joy mir bei, wie man die Straße liest. Sie deutet auf die Felsbrocken, die den Highway säumen und vom letzten Regen zeugen oder auf überflutete Straßenabschnitte und Lawinen hinweisen. Sie zeigt auf den Horizont, die Wolken, erzählt mir, wie sie ihre Namen gelernt hat, wie sie herausgefunden hat, welche tatsächlich Regen in sich tragen und welche nur so tun, als ob. Sie sei keine Meteorologin, witzelt sie, aber jeder Normalo könne die Sprache der Wolken lernen – und wenn man dann noch die Tageszeit beachtet oder die Außentemperatur und ihre Dichte, ihre Farbe, dann können sie einen vor Schnee oder Nebel oder Hagel oder Gewittern warnen.

»Ich halte immer nach Tieren auf dem Seitenstreifen Ausschau«, sagt sie. »Ich frage mich: Stehen sie aufrecht auf den Hinterbeinen? Oder ducken sie sich? Das alles kann dir sagen, was passieren wird, und darauf sollte man besser achten.«

Sie deutet sogar auf die Dinge in ihrem Pick-up, die im Fußraum hin und her rollen – das Bärenspray und die Leuchtraketen, die Rettungsdecken und den Campingkocher.

»Alles sagt dir, worauf du achten musst«, sagt sie, »und genauso ist es bei den Männern auch. Also, Männer sind natürlich keine Gegenstände.« Hier lacht sie ein wenig und kneift die Augen zusammen, um in mein Notizbuch zu schielen. »Für sie gibt es keine

Bedienungsanleitung, man muss keine Etiketten abziehen, und für sie gibt es keine nervigen Flyer, aber es gibt Warnsignale. Absolut. Anzeichen, so schwach sie auch sein mögen, dass etwas nicht stimmt.«

Bei Jake, erzählt mir Joy, war es seine Neigung, sie zu manipulieren und zu kontrollieren: zu Hause und bei der Arbeit und sogar durch ihren eigenen Körper.

Werd noch einmal schwanger.

Schenk uns ein weiteres Leben.

»Er hatte mehr als deutlich gemacht, dass ich zwischen ihm und der Navy wählen musste, und ich hörte auf ihn, was hätte ich auch sonst tun sollen?«

Ich lasse den Blick über die Tundra schweifen. Bei mir waren es andere Warnsignale. Mein Warnsignal, wenn es überhaupt eines gab, war Daves zunehmend zwanghafter Wunsch, zu ändern und zu verbessern, was er als meine falsche Weltsicht betrachtete, seine ständige Forderung, ich solle leichter formbar sein.

Wenn ich Dave in San Francisco besuchte, hatte ich ihn immer zum Gottesdienst begleitet, der in einer riesigen hippen Kirche stattfand, mit Neonbeleuchtung, einem unverschämt gut aussehenden Pastor und einer Band in Lederkluft. Die Frauen, die mitsangen, waren hübsche San-Fran-Feger – langhaarige Töchter mit roten Lippen, exquisiten Tattoos und Wildlederstiefeletten. Die braun gebrannten Männer mit schnittigen Frisuren strichen sich die Haare aus der Stirn, während sie Seinen Namen lobpreisten. Die vielen Bankreihen wirkten, als wäre man in einem Stadion. Die Taufbecken waren aus Holz gedrechselt. Alle hoben Gott zu Ehren die Hände zur Decke, und in der partyhaften Atmosphäre wirkte es, als suchten die Scheinwerfer nach Seelen, die es zu retten galt. Hinterher aßen wir auf der gegenüberliegenden Straßenseite Ramen und sprachen kaum über die Predigt, stattdessen schlürften wir *Tonkotsu* mit Nestern aus selbst gemachten Nudeln, in denen die weich gekochten Eier wie feucht glänzende Kugeln saßen.

In meiner Kirche in Ohio lag Teppichboden mit Flecken vom Instantkaffee, und dort war es immer dunkel. Die Pfarrer waren gute, ernsthafte Männer, deren Haar schütter wurde, den Bauch voller Bratwurst, Sandwiches von Arby's und Auflauf. Die Bühne war ungleichmäßig beleuchtet, die Musik anheimelnd, und auf der Heimfahrt kamen wir an zwei traurigen Burger Kings, einem Handarbeitsgeschäft und einer Laptop- und iPhone-Werkstatt vorbei. Ich wusste, dass Dave die Welt seines Glaubens mit mir teilen wollte, doch ich fürchtete mich davor, offen zu sprechen, fürchtete, was sich in meiner Brust regte, wäre nicht Anerkennung und Verstehen von Jesus Christus, sondern Liebe und Bewunderung für einen Mann.

Ich wollte jede Woche mit Dave in der Kirche sitzen.

Ich wollte an Gott glauben.

Doch in diesen frühen Tagen meiner Glaubenssuche fühlte ich mich unzureichend und fake, mir war nicht wohl in meiner Haut. Zu beten fühlte sich gut an, aber immer auch ein wenig merkwürdig. Beim Tischgebet *war* ich dankbar – nur nicht für Gott oder den christlichen Glauben, sondern den Mann aus Fleisch und Blut, der mir gegenübersaß, für unsere Liebe und die Bedeutung, die sie unserem Leben gab, für seine Wärme und sein freundliches Gemüt. Mir wurde immer deutlicher, dass ich mich dazu zwang, gläubig zu sein, um meinen Freund nicht zu verlieren. Doch vielleicht, dachte ich, bräuchte ich auch nur ein wenig mehr Zeit, und dann könnte ich dort ankommen, wo er mich haben wollte.

Jeden Abend saß ich neben ihm auf dem Sofa, neigte den Kopf und sagte es:

Wir bitten dies in deinem Namen, Herr. Amen.

Doch jedes Gebet zeigte mir nur umso deutlicher, dass Dave sein ganzes Leben lang gelernt hatte, seinen Glauben so eifrig zu lieben, wie ich es niemals könnte. Beinahe täglich plagte mich die Sorge, dass ich nie so unumstößlich glauben könnte, wie Dave es tat, ganz gleich wie viel Zeit verging, und dass er mich verlassen würde, wenn er es erst einmal herausfände. Ich versuchte, mit Gott zu sprechen, doch ich war ein junges Mädchen, das in einem Zimmer saß und sich Mühe gab, in einem Gespräch zu bestehen, das Dave schon geführt hatte, als er noch gar nicht auf der Welt war.

*

Sein Umzug nach Ohio war noch keine vier Monate her, da saß Dave eines Abends mit seiner abgewetzten, in Leder eingebundenen Bibel im Schoß auf meinem Sofa, mürrisch, zusammengesunken, und sorgte sich darüber, dass er Gott enttäuschte.

»Weil wir nicht bis zur Ehe gewartet haben«, sagte er. »Das geht mir einfach nicht aus dem Kopf.«

»Gott liebt dich«, versuchte ich ihn zu trösten und streichelte seine Schulter.

Doch mir wurde immer klarer, dass mein Körper – den Dave berührt und mit seiner Berührung befleckt hatte – nicht mehr für unsere Liebe stand, sondern ihn ständig an die niedere, abstoßende, widerliche Versuchung erinnerte, der er nachgegeben hatte. Wochenlang biss sich die Scham in ihm fest, er stürzte in eine emotionale Landschaft, in die er noch nie einen Fuß gesetzt hatte und für die er keine Karte besaß. Was blieb ihm anderes übrig, als sich auf den moralischen Kompass zu verlassen, der ihn seit jeher durchs Leben führte? Doch die Frauen in Daves Bibel waren hauptsächlich Objekte, ihre Körper Werkzeuge: für Arbeit, Bestrafung oder Sünde. Frauen wuschen Jesus die Füße, gebaren unbefleckt den Sohn Gottes oder waren Huren, die manchmal einem Mann halfen, indem sie ihn versteckten. Die biblischen Frauen waren unterwürfig. Sie gaben keine Kurse zu zeitgenössischem Feminismus. Und auch wenn Dave vorgab, meine Arbeit zu respektieren, missfiel ihm plötzlich, was ich schrieb, er fand meine Ideen abgedroschen und überflüssig. Eines Morgens rief die BBC an und bat mich um ein Interview zu meinem Artikel über die Notwendigkeit von Emojis für Frauen in der Arbeitswelt, der Google dazu inspiriert hatte, 13 Emojis von Frauen unterschiedlichster Professionen zu kreieren – darunter eine Chemikerin, eine Ärztin, eine Klempnerin und eine Pilotin. Dave verdrehte die Augen und nannte meinen Artikel »albern«.

Einen Monat später tagte ein internationales Komitee, um die neuen Emojis weltweit der neuen iOS-Software hinzuzufügen, und sie beriefen sich ausdrücklich auf meinen Artikel.

»Ballaballa«, sagte Dave und malte mit dem Zeigefinger vor seiner Stirn Kreise in die Luft.

Ich konnte nicht fassen, wie gemein er sich verhielt. Die meiste Zeit war Dave respektvoll, doch er verpackte seine Kritik an dem, was ich tat, oder an den Frauen, über die ich schrieb, oft in Vergleiche mit biblischen Frauen, die er bewunderte: wie viel heiliger diese Frauen waren, wie selbstlos und gottesfürchtig. Jedes Mal wenn er eine Passage zitierte, wurde ich daran erinnert, dass diese Frauen keine gleichwertigen Partnerinnen, keine Gegenstücke waren, sondern unterwürfige Dienerinnen. Schlimmer noch, er kam immer wieder auf die Geschichte der viel zu neugierigen Verführerin zurück, durch deren Schuld Adam aus dem Paradies verbannt wurde, das ich mir zunehmend als ein sonniges San Francisco vorstellte, in dem Dave jungfräulich geblieben war und allein auf Gott gehört hatte.

Ich dachte häufig an Eva und daran, wie schwierig es war, die Schlange, die einer Frau die Versuchung einflüsterte, nicht als eine Frau zu interpretieren, die eine Idee in ihren Körper ließ.

Und ich war eine Frau mit vielen Ideen.

Je häufiger Dave seine Bibel zur Hand nahm, desto größer wurde seine Scham.

Und desto mehr ließ er diese Scham an mir aus.

Im Spätherbst saßen wir schließlich zu dritt am Tisch: Dave und ich und sein spürbarer Ekel, der uns wie ein Schatten verfolgte. Ich dachte an die Antidrogenkampagne meiner Jugend, die personifizierte Sucht, die überall mit dabei war, eine Silhouette, die wisperte: *Ich brauche mehr, mehr, mehr.*

Nur dass Dave keine Drogen wollte. Er wollte, dass mein Körper in seinen jungfräulichen Zustand zurückkehrte.

Doch ich hatte oben im Schlafzimmer neben ihm gestanden und gesagt, ich wäre bereit – wenn er wollte, wollte ich auch. Nun, Monate später, war es eine Sünde. Wo ich Liebe sah, sah er Fäulnis.

Ich konnte es so nennen, wie meine Freunde es nannten: Frauenhass. Punkt.

Oder ich konnte es eine schreckliche, immer größer werdende Scham nennen, von der ich überzeugt war, dass er sie überwinden würde.

Oder ich konnte es einen spirituellen Zusammenbruch nennen, eine Existenzkrise oder den Anfang vom Ende eines gläubigen Mannes.

Doch wie auch immer man es nannte: Dave bekam Wutanfälle, schrie mich an, und immer befand ich mich im Zentrum seiner Scham, im wilden Auf und Ab seiner Launen, während sich seine Ablehnung meines Körpers und der Dinge, die wir mit ihm getan hatten, zu *Ekel* wandelte.

*

Ich finde keine Worte dafür, um treffend zu beschreiben, wie sehr ich selbst meinen Körper zu hassen begann, da ich spürte, wie sehr Dave ihn hasste. Und ich wusste nicht mehr, wie ich formulieren sollte – nach Dutzenden Variationen ein und derselben Melodie –, dass der Sex mich nicht verändert hatte oder wenn, dann auf schöne Art. Er war für mich ein natürlicher Schritt in Richtung einer gefestigteren Beziehung.

Da ich nicht in Daves Kirche aufgewachsen war, fiel es mir schwer, seine Scham und seinen Groll nachzuvollziehen. Ich verstand nicht, warum er Gott enttäuscht hatte, wenn Gott ihn doch nach Seinem Ebenbild erschaffen und *mich* angeblich aus *seiner Rippe* geformt hatte und uns beide zusammen auf diese verschlafene Fischerinsel in Alaska gesetzt hatte, in der Hoffnung, dass wir zueinanderfinden würden. Je mehr ich mich bemühte, Dave dort abzuholen, wo er stand, desto intoleranter und fundamentalistischer wurde er, als wäre diese Unbarmherzigkeit der einzige Weg, mit seiner Scham umzugehen. Erst waren wir uneins über Sex, doch zunehmend wurden wir uneins über alles.

Die Sünde, so Dave, war der Ursprung und Nährboden für die gleichgeschlechtliche Ehe.

Kinder sollten ausschließlich die Werte der Kirche mit auf den Weg bekommen.

Und Frauen waren zum Teil selbst schuld, wenn sie vergewaltigt wurden, wenn sie betrunken in einer Studentenverbindung auftauchten oder Kleidung trugen, die »zu freizügig« war.

»Ich *arbeite* mit diesen Studentinnen«, sagte ich. »Wie kannst du so etwas behaupten?«

Ich schäme mich dafür, nicht einfach gegangen zu sein, doch ich fühlte mich für seinen Lernprozess verantwortlich, wollte, dass er umdenkt. Ich wollte um meiner selbst willen zu ihm durchdringen, aber auch um unser aller willen. Ich fühlte mich wie ein straucheln- der Christen-Neuling, ging im Kopf immer wieder Bibelpassagen durch, machte Eselsohren in seine Bibel, hoffte, diese Seiten, die Geschichten könnten mich retten. Wenn ich doch nur einen Beweis für mein Denken bei Jesus finden könnte. Wenn ich doch nur in Daves eigener Sprache mit ihm reden könnte. Wir wurden zu zwei Menschen, die einander unbedingt ändern wollten, damit der andere die Wahrheit erkannte.

Ich untersuchte seine Bibel wie ein Beweisstück, die Sternchen, mit denen er Passagen markiert hatte, die ihm Kraft gaben, welche Fragen er Gott gestellt hatte, welche Gedanken ihm Kopfzerbrechen bereiteten. Ich wollte wissen, wie seine privaten Gespräche mit Gott waren, wie er erkannte, dass Gott ihn oder uns leitete.

Doch alles schien mir in einer Sprache verfasst, die ich nicht beherrschte und die ich, so fürchtete ich zunehmend, auch niemals lernen würde.

Trotzdem gab ich beim Gebet alles, was ich hatte. Wir fingen an, gemeinsam zu beten, häufig mehrmals am Tag, denn wenn wir das Gefühl haben, bestraft zu werden, ist unser Bedürfnis nach Gott wohl am größten. Der Himmel über dem Mittleren Westen war zu weit für Dave, zu offen. Er fürchtete, Gottes Blick wäre ständig auf ihn gerichtet, und hier draußen sah Gott tatsächlich alles. Also beteten wir im frühen Morgenlicht und wenn die Nacht hereinbrach. Manchmal sogar in der Mittagspause – über unsere Handys gebeugt, Dave im Auto, während er die Zeit bis zum Vorstellungsgespräch totschlug, ich bei verschlossener Bürotür in der Uni.

Ich wusste nie, was ich sagen sollte, doch ich versuchte es trotzdem.

Die Wahrheit ist, dass meine Gebete in diesen frühen Tagen hauptsächlich aus Entschuldigungen bestanden. Doch ganz gleich wie häufig ich betete, ganz gleich wie oft ich auf die Knie fiel und diese Worte aussprach, fand ich in Daves Religion einfach kein Zuhause für mich. Mir tat alles einfach nur leid. Es tat mir leid und machte mich traurig. Ich war noch immer der Überzeugung, Daves Scham und sein Gefühl der Gottlosigkeit wären etwas, für das ich um Vergebung bitten sollte. Also schob ich kleine Nachrichten in seine Hosentaschen. Ich steckte den Schokoriegel in seine Tasche, den er am liebsten aß. Ich war es, die mit unserem jaulenden Welpen in den kältesten, dunkelsten Morgenstunden aufstand und geduldig wartete, während sie in unserem Garten ihre Runden lief und es mit dem Pinkeln ganz und gar nicht eilig hatte.

»Mach schon!«, rief ich schlotternd, erschöpft, und das nicht nur körperlich.

Unser Hund hieß Oosk, um uns an Alaska zu erinnern, an den winzigen Fischerhafen, in dem wir uns kennen- und lieben gelernt hatten. Das Wort sollte für den Ursprung unserer Liebe stehen, *Oosk*, ein Wort der Tlingit. Wie uns ein Tlingit-stämmiger Freund erzählt hatte, gab es im Englischen ein derartiges Wort nicht. Eigentlich bedeutete es *süß* und bezog sich auf das Gesicht von Babys oder Tierjungen, doch wenn man am Ende ein *a* dranhängte, bedeutete es *böse* oder *sündig*.

Mir gefiel diese Dualität – dass durch eine winzige Veränderung ein völlig gegensätzlicher Sinn entstand. Außerdem mochte ich, wie mir das Wort über die Lippen ging.

Oosk, die durch das frisch gefallene Laub in unserem Garten flitzte. *Oosk*, die Wildäpfel fraß und anschließend über unserem Heizungsrost wieder hochwürgte. *Oosk*, die im Schlaf mit ihren Hinterpfoten strampelte, wenn sie in der Nachmittagssonne lag und träumte.

Oosk, *Oosk*, *Oosk*, das jüngste Mitglied unserer Familie, unsere neue Liebe, der Samstagmorgen im Bett, ihre Pfoten, mit denen sie die Decke und unsere Nasen betastete und unsere Liebe zu ihr erfühlte und dabei leise jaulte.

Doch ihr Name stand auch dafür, dass etwas beides gleichzeitig sein konnte, gut und schlecht.

»Oosk oder Ooska?«, fragte ich unseren kleinen Hund jeden Morgen, wenn er durch das Wohnzimmer tapste, mit dem Schwanz wedelte, die Augen groß und glänzend, die gefüllte Blase ein drohendes Unheil.

Bekommen wir heute dein erstes niedliches Geheul zu hören oder kackst du Mami auf ihr Kissen?

Oosk oder Ooska? Welcher Welpe bist du heute?

Eine ähnliche Frage stellte ich mir immer häufiger auch in Bezug auf Dave. Wer war ich für ihn? Die Frau, die er liebte, oder die personifizierte Sünde, das Böse?

*

Auf dem Dalton Highway geht es steil bergauf, und Joy erzählt mir, das Gefährliche an ihrer Beziehung zu Jake sei gewesen, dass sie im Grunde immer nur mit Jake zusammen war.

In jenen Tagen in Alaska hatte sie nicht viele Freunde. Und Jake begleitete sie überallhin: in den Supermarkt, das Einkaufszentrum, zur Tankstelle, zur Post. Jahrelang hatte sie alles in seiner Begleitung getan und nun – frisch getrennt – führte sie ein einsames Leben. Ihre kleinen Kinder weinten. Die Winter waren lang und dunkel – ein halbes Jahr lang war es nur sechs Stunden am Tag hell –, und im Sommer gab es so viele Mücken, dass ihre Haut mit entzündeten Quaddeln überzogen war und sie die Kinder ins Haus holen musste.

»Aber ich musste ihn einfach verlassen«, sagt sie. »Das musste ich wirklich. Es ist eskaliert, verstehst du? Ich konnte es ertragen, es war nicht *schrecklich*, aber ich hatte das Gefühl, wenn ich es zulasse, dann gibt er es weiter. Immerhin hatten wir zwei kleine Söhne.«

Sie hält inne, sieht mich jedoch nicht an, wie ich es erwartet hätte.

»Es tut mir so leid«, sage ich, »so …«

»Mir war damals wichtig«, unterbricht mich Joy, »dass meine Söhne nicht aufwachsen und denken, dass man Frauen *auf diese Weise* behandelt.«

Also verließ sie Jake. Doch einfach war es nicht.

»Nicht nur alleinerziehend zu sein«, erklärt sie. »Alle haben Jake *vergöttert*. Und ich meine wirklich *alle*. Als wir frisch verheiratet waren, kamen Leute nur bei uns vorbei, um *ihn* zu sehen, weißt du, was ich meine? So war er einfach. Seine Energie war *ansteckend*. Die Leute haben seine Nähe gesucht.«

Als sie ging, schob man ihr den schwarzen Peter zu.

»Wenn man nicht viel Geld hat und dann seinen kontrollsüchtigen Ehemann verlässt«, sagt Joy, »tja, dann ist man ein wandelndes Klischee. Ich glaube, die Leute fühlen sich nicht wohl damit. Denn wenn es dir passiert …« Sie spricht es nicht aus.

Besuche von Freunden wurde seltener. Die anderen sahen sie an, sahen ihre Kinder an – jung und wild, wie sie im Vorgarten miteinander rangelten – und dachten: *Schätzchen, du bist verrückt.*

»Aber lieber bin ich verrückt«, sagt sie, »als von einem Mann kontrolliert zu werden, auf welche Art auch immer. Nur war ich nun arm. Ich hatte wegen Jake meinen Job gekündigt. Ich hatte zwei Jungs und keine Kohle.«

Joy fand in der Fort-Knox-Goldmine Arbeit, fuhr Bulldozer, zweifelsohne *Männerarbeit*, wie sie mir erzählt. Um das zu bewältigen, das wusste sie, musste sie sich auf Gott stützen. Und welcher Ort wäre dafür besser geeignet als Alaska – unberührt, wie Gott ihn schuf? Reißende Flüsse, Gletscher und Berge, die Tundra wie ein Geburtstagskuchen – weich und gelblich und süß taute der Boden in jedem Frühling aufs Neue wieder auf.

»Ich hätte auch zurück nach Hause ziehen können«, sagt sie. »Das wäre wohl einfacher gewesen, mit meinen Eltern in der Nähe. Aber nein danke, auf keinen Fall. Ich weigerte mich, zurück nach Arizona zu gehen, in die Lower 48. Ich hatte mir endlich ein Leben in Alaska aufgebaut, und ich wollte einen Teufel tun, das wieder aufzugeben.«

Als Siebenten-Tags-Adventistin war es Joys größter Wunsch, den Sabbat einzuhalten. Sie beschloss, ihre Suche nach Gott zu ihrer obersten Priorität zu machen. Sie nahm ihren Kalender aus der Schublade und kreuzte mit einem dicken Filzstift jeden einzelnen Samstag aus.

»Das waren die Tage«, sagt sie mir, »an denen ich beschlossen hatte, nicht mehr zu arbeiten.«

Doch die Leitung der Goldmine wollte nichts davon hören. Wenn sie Bulldozer fahren wollte, musste sie sich an den Schichtplan halten, und der sah auch Samstage für sie vor.

»Ich glaube«, sagt sie, »Gott wollte mich auf Seine Art auf die Probe stellen. So nach dem Motto: ›Nun, mein Mädchen, wie ernst ist es dir?‹«

Wie sich herausstellte, war es ihr sehr ernst. Sie nahm den einzigen Job in der Mine an, bei dem man am Samstag freihatte, und wurde Hilfsmechanikerin. Nun wusch sie die Fahrzeuge, die sie vormals gesteuert hatte.

»Das war – wie sagt man noch gleich – in vielerlei Hinsicht eine Degradierung. Ich verdiente am wenigsten von allen.«

Sie wendet sich um und greift nach einer Dose Bohnen von der hinteren Sitzbank, dann nimmt sie einen Dosenöffner aus einem Fach im Armaturenbrett, öffnet die Dose und kippt den Inhalt in eine rote Plastikschale, von der ich nicht wusste, dass sie sie eingepackt hat. Wieder greift sie nach hinten: Rucola, Tortillachips, Koriander. Sie zupft die zarten Blättchen mit ihren kurzen bohnenverschmierten Fingern ab.

»Das hier«, lacht sie, »sind gesunde Dalton-Highway-Nachos.«

Ein blauer Truck überholt uns mit einem Heidentempo, und Joy erkennt die Transportfirma an der Farbe.

»Carlile«, sagt sie treffsicher.

Der Fahrer hupt einmal und hebt eine Hand, um *Danke* zu sagen. Joy greift nach dem Mikro vom Funkgerät.

»Kein Problem, Kumpel!«

Sie belegt sich einen weiteren Nacho. Der blaue Truck vor uns schwankt und glänzt im Sonnenlicht.

Ich ziehe ebenfalls einen Chip aus der Tüte, die zwischen uns liegt, und spritze Sriracha-Soße darauf. Joy reicht mir eine Avocado und deutet auf das Handschuhfach, in dem ihr Taschenmesser liegt. Sie will dünne Scheiben für den Salat, die unausgesprochene Antwort auf meine frühere Frage im Supermarkt: *Wie will sie die während der Fahrt essen?*

Nun wird mir klar, dass sie sich auf meine Hilfe verlassen hat.

»Unterm Strich denke ich: Gott gibt uns Zeichen«, sagt Joy, als ich ihr einen Schnitz Avocado reiche. »Und ich glaube, dass Er uns auf die Probe stellt. Er hat mir diesen Waschjob gegeben, und als ich durchgehalten habe – als Er gesehen hat, wie hart ich arbeitete, wie wenig ich brauchte, wenn ich Ihn nur an meiner Seite hatte –, da hat Er sich etwas überlegt, um mich zu belohnen.«

Sie lässt fröhlich einen Chip in ihrem Mund verschwinden, und ich reiche ihr ein weiteres Stück Avocado.

»Jup«, sagt sie. »Mhm. Ich denke, Er wusste genau, was Er tut.«

*

Falls Gott auch Dave und mir Zeichen schickte, konnten wir Seine düstere Prognose kaum noch ignorieren.

An einem Morgen Ende September bemerkten wir, dass aus unserem Baum im Garten – einer vormals kraftstrotzenden, gesunden Ulme – schwarzer Pflanzensaft aus knorrigen, dunklen Wülsten auf Blättern und Ästen lief. Der Stamm war von Wolken von Stechfliegen befallen, die unseren kleinen neuen Welpen bissen, bis sich eitrige Pocken auf ihrem Rücken, ihren flauschigen Beinen und ihrem Nacken bildeten.

Wir riefen einen Fachmann, der uns sagte, unser Baum verrotte von innen und müsse gefällt werden – aber der Stamm war so riesig und tief verwurzelt, dass der Vermieter ihn sicherlich nicht ausgraben lassen würde. Für mich wurde der Stumpf im Garten zu einer Art Symbolbild dafür, dass selbst innere Fäulnis irgendwann zutage trat.

Wir gaben uns alle Mühe, die letzten Sonnentage im Garten zu genießen, doch auf unserer Haut juckten noch immer fiese Stiche von den letzten Fliegen, die dort auf der Suche nach ihrem früheren Zuhause verwirrte Runden drehten. Am meisten machten sie uns nachts zu schaffen, sodass wir immer schlechter schliefen und mit jedem Tag ruheloser wurden. Und wenn uns doch die Müdigkeit übermannte, träumte ich davon, wie sich die Fliegen in unseren Körpern einnisteten. Dave träumte, dass das Haus abbrannte.

Schon am Morgen lag Spannung in der Luft. Dave hatte es in die letzte Auswahlrunde für eine Stelle als musikalischer Leiter an einer ranghohen Privatschule geschafft. Bei seinem Talent, sagte man ihm, hätte er die Stelle sicher, wenn er seinen Wohnsitz hierher verlegen könne. Als er eines Abends seinen Führerschein und seine neuen Nummernschilder für Ohio abholte, kam er sichtlich niedergeschlagen wieder und hielt sie mir wortlos hin.

Fassungslos las ich: *GPS 6666*.

Die vierte sechs, sagte er, sei Zufall. Doch die Aussage war klar.

Willkommen in der Hölle.

Ich machte Witze darüber, dass im Reich des Teufels auffallend viele höfliche Menschen aus dem Mittleren Westen lebten, die bei Bob Evans oder Quaker Steak & Lube aßen, doch Dave war nicht nach Lachen zumute. Seiner Ansicht nach befand er sich tatsächlich in der Hölle. Sein Nummernschild war nur ein weiteres Zeichen dafür; wie der Befall unseres Baumes oder die Bisse auf der Haut unseres Hundes.

Ich versuchte, mich in meinem Glauben voranzutasten, doch ganz offensichtlich ging es nicht schnell genug, war ich nicht überzeugt genug, nicht sicher. Ein Teil von mir meinte, ohne Dave wäre ich besser dran, doch der andere Teil sah die Welt bereits, wie Dave sie sah: Es gab deutliche Zeichen für unser Versagen, also wurden wir bestraft. Es war ein Teil von mir, der sich düster, real, abergläubisch und paranoid anfühlte. Das Einzige, was schlimmer war, als Gott nicht finden zu können, dachte ich, wäre es, ihn nicht finden zu können und Dave dadurch zu verlieren, was nur dazu führen würde, für immer an diesem Ort der Bestrafung – und der Dunkelheit – ausharren zu müssen, für immer allein.

Meine erste Reaktion auf Daves zunehmende Reizbarkeit und darauf, dass er mich immer häufiger anschrie oder körperlich einschüchterte, war, dass ich seine Wut zunächst ebenfalls als ein Zeichen betrachtete und vor allem als einen Beweis dafür nahm, wie wertlos ich war, sündig und unzulänglich.

*

»Hier ist noch etwas, das mir am Dalton Highway gefällt«, sagt Joy und deutet nach draußen. »Dieselben Berge, die du auf dem Hinweg spät am Nachmittag passierst, warten am nächsten Morgen auf dich, wenn du zurückfährst.«

Doch wir wissen beide um die Gefahren, die darin lauern, in Altbekanntem Trost zu suchen. Plötzlich stellt man fest, dass man in Mustern feststeckt – in der Vergangenheit, in Beziehungen zu Männern, denen man das eigene Leben anpasst.

»Tief in mir«, sagt Joy, »wusste ich ganz genau, dass Jake total kaputt war. Schon vor unserer Hochzeit wusste ich es. Das Problem ist ganz einfach, die Leute rechnen damit, dass Frauen die Arbeit für die Männer erledigen. Jake war durch, völlig kaputt – aber er und alle anderen gingen davon aus, dass ich ihn schon irgendwie wieder hinbekäme.«

All das kenne ich nur zu gut. Jahre zuvor hatte ich in einem Motel neben einem Mann gesessen, den ich seit einer Ewigkeit liebte, und mir mit ihm zusammen Liveaufnahmen eines Tornados angesehen, der dreihundert Meilen südlich ganze Häuser verschluckte und als Kleinholz wieder ausspuckte. Ich liebte diesen Mann und hatte es ihm oft gesagt, auch wenn er es in unseren gemeinsamen fünf Jahren nicht ein einziges Mal über sich gebracht hatte, es zu erwidern. Ich war mir sicher, dass er mich liebte, es jedoch aus irgendeinem Grund nicht zeigen konnte. Er betrog mich, sagte fiese Dinge. Und kam wieder zurück. Jedes Mal. An diesem Abend im Motel hatte er zu viel Bier getrunken, er sah mich an und sagte, dass er mich liebe. Es war das erste und einzige Mal, dass er es sagen sollte. Er hoffe wirklich, sagte er, ich wisse das.

Wir sahen uns im Fernsehen an, wie Holzverkleidungen zerbarsten, ganze Supermärkte verschwanden, die Highways meilenweise aus dem flachen Erdboden gerissen wurden. Meine Gedanken waren bei den Menschen dort unten, und ich konnte mich nicht überwinden, auf seine Worte einzugehen.

Fünf Jahre lang hatte ich geglaubt, ihn retten zu können – vor seinem Alkoholkonsum, vor seiner Vergangenheit, dieser einsamen und düsteren Unterströmung, die alles durchtränkte. Doch an jenem Abend, an dem ich las und er weitertrank, warf er das Sofa um, auf dem ich lag, urplötzlich wie der Tornado und ebenso heftig. Ich spürte, wie mein Körper einen Augenblick lang in der Luft hing, bevor mein Knie gegen den Tisch knallte. Sofort bildete sich eine Beule, und ich wusste, was los war: Er wollte eine Reaktion von mir provozieren.

»Ich dachte irgendwie«, sagte er, »das wäre lustiger.«

Ich brauchte noch mehrere Monate, um ihn endlich zu verlassen und einen Mann zu finden, der weniger einem Sturm glich, weil ich glaubte – das tue ich manchmal noch immer –, mit ihm mehr wert zu sein als alleine.

Joy sagt, sie wolle eines klarstellen: Frauen sollten Hunde retten, keine Männer.

»Und ein Mann«, sagt sie, »ist kein Haustier.«

Tatsächlich waren Tiere das Erste, worüber Joy und ich zu Anfang am Telefon sprachen. Ich entschuldigte mich wegen unseres adoptierten Welpen, der im Hintergrund jaulte, was mir verriet, dass sie gerade ein Eichhörnchen in unserem Vorgarten erspäht hatte. Joy lachte nur und sagte: *Ich bitte dich,* denn sie war gerade dabei, ihren Samojeden dazu zu bringen, draußen zu pinkeln, indem sie ihn mit einem mit Erdnussbutter gefüllten Spielzeug bestach.

In ihren ersten Jahren auf dem Dalton Highway, erzählte sie mir, wurde sie häufig nur von ihrem Schäferhund Bullet begleitet.

Sie wirft mir einen kurzen Blick zu, und ich will ihr sagen, dass ich diesen Wunsch, einen Mann zu retten, nur zu gut kenne. Dass ich es *nachempfinden* kann. Dass es mir auch passiert ist.

Und nicht nur einmal.

»Ich hatte auch meine Jakes«, beginne ich. »Nur bekam ich kein Kind mit ihnen.«

Dann denke ich: *Sie haben mich noch nicht mal geheiratet*, und was eigentlich eine Erleichterung sein sollte, wird irgendwo tief in meinem dunkelsten Innern nicht nur als Zeichen dafür gedeutet, wie wertlos diese Männer waren, sondern vielleicht auch ich selbst.

*

In jenem Herbst baute Dave mir Bücherregale und einen Couchtisch aus Spaltholz und Untersetzer aus Baumscheiben, deren Jahresringe man zählen konnte.

Die Zeit wurde greifbar, so wie seine Geschenke.

Doch als er mich das erste Mal anschrie, zwischen den roten Felsen von Mesa Verde und der Wüste Colorados, die sich dahinter erstreckte, kauerte ich in unserem Zelt. Es war unser erster gemeinsamer Urlaub, das erste Mal seit seinem Umzug, dass wir Ohio den Rücken kehrten, und auch das erste Mal, dass ich mir über seine Wutanfälle Sorgen machte. Zu Beginn war ich wie vor den Kopf gestoßen. Es schien mir, ein anderer Mensch sei in ihn gefahren. Ich konnte nicht glauben, dass da Dave vor mir stand. Doch mein anfängliches Staunen wich schnell der Realität: Ich war eine Frau in der Wüste, auf engstem Raum zusammen mit einem wutschnaubenden Mann.

Ich durchwachte die Nacht, lag völlig reglos da, horchte, ob er endlich eingeschlafen wäre, gab keinen Ton von mir. Nie im Leben habe ich mich so klein gemacht, wie ein Vogel, der sich im Unterholz versteckt. Draußen vor dem schmalen Lüftungsnetz glühte noch unser Lagerfeuer, doch wir waren nicht mehr dieselben Menschen. Als sich schließlich die morgendliche Wärme im Zelt staute, schien es so, als hätte die Nacht den Schrecken mit sich genommen, als hätte der Himmel sie mitsamt der letzten Dunkelheit verschluckt. Dave wandte sich zu mir um, entschuldigte sich.

»Ich weiß auch nicht«, sagte er, »was das sollte.«

Das war ein Ausrutscher, sagte ich mir.

Ich wünschte, ich könnte zu dieser Frau in der Wüste zurückkehren. Ich wünschte, ich könnte ihr sagen, dass es keine Ausnahme bleiben würde.

Was in Colorado passiert war, passierte auch in New Mexico und in Oklahoma und wenn wir nach Kalifornien zurückkehrten, und zunehmend häufiger passierte es auch in unserem kleinen Haus mitten in Ohio, wo wir gerade dabei waren, uns ein gemeinsames Leben aufzubauen. In unseren Blumenkübeln wucherte das Basilikum, in unserer Speisekammer wartete der lokal hergestellte Honig, im Garten standen sich die Adirondack-Stühle für einen Plausch gegenüber, direkt unter dem Fenster zu unserem Schlafzimmer, in dem er mich anschrie.

Eines Abends, als er mir gerade dabei half, oben das Gästebett frisch zu beziehen, fing er an zu weinen, zu schreien, sagte mir, ich sei eine gefallene Frau, er ein gefallener Mann, dass wir auf dem Weg zur Hölle seien. Dann schluchzte er und betete, bevor er sich vor Erschöpfung zusammenkrümmte.

»Ich will dich nicht hassen«, klagte er.

Eine gefallene Frau, wiederholte er immer wieder, als wäre ich eine faule Frucht, eine überweiche Nektarine, in der die Fliegen nisteten.

*

Jedes Mal wenn ich versuche, in Worte zu fassen, was nach dem ersten, größtenteils schönen Jahr mit Dave passierte, muss ich an eine Gewitterwolke denken, die ich einmal vom Flugzeug aus gesehen hatte.

Es waren weniger dunkle Grautöne und *offensichtliche Wut,* sondern es handelte sich eher um eine gebündelte, in sich geschlossene Spannung, die in den Wolken pulsierte. Nie schlugen die Blitze irgendwo ein, sie wurden immer nur auf sich selbst zurückgeworfen.

Von außen betrachtet – vom Boden aus gesehen – bemerkte niemand, dass wir geladen waren, dass Dave ausbrach und alles in gleißend weißes Licht tauchte, dass mein Körper in seinen Augen zu etwas geworden war, das bestraft werden musste, schmutzig und abstoßend. Er wurde mir gegenüber kühler, distanzierter, *feindselig*. Ich wusste immer weniger, was in seinem Kopf vor sich ging. An manchen Abenden sagte er so gut wie gar nichts. An anderen jede Menge, was häufig schlimmer war.

»Ich liebe dich nicht«, beharrte er. »Das habe ich nie.«

Eines Nachmittags brachte ich den Müll raus und sah eine meiner Karten für Dave, die ich ihm geschenkt hatte, aus einem der Säcke ragen. Wie von Sinnen riss ich das Plastik auf, wühlte animalisch und voller Scham darin herum, bis ich weitere Erinnerungsstücke fand: eine abgerissene Theaterkarte, ein Weihnachtsfoto von uns, auf dem ich neben dem Baum in Daves Arm lag. Nun klebten daran Eier- und Orangenschalen und der Abfall unserer gemeinsamen Tage. Nacheinander fischte ich die Sachen aus dem Sack und wischte den Kaffeesatz ab.

Ich steckte alles in die Tasche, als wäre das die Lösung.

Ich weiß nicht, warum er nie gegangen ist – oder mich *endgültig* verlassen hat –, doch vermutlich waren es ähnliche Gründe wie die Scham, die mich immer wieder dazu brachte, zu ihm zu halten. Wir sehnten uns beide nach einer verdienten Absolution: Dave für das, was er als fleischliche Sünde betrachtete, und ich für das Urteil, das er über mich gefällt hatte. Ich wollte ihm zeigen, dass er sich geirrt hatte, dass ich es wert war, geliebt zu werden, dass ich es *verdiente*.

Ich hasste die Art, wie ich sein Verhalten – und meinen Umgang damit – entschuldigte. Es war das Gegenteil von dem, wie ich meinte, dass Frauen behandelt werden sollten. Hätte mir eine Freundin erzählt, dass sich ihr Partner ihr gegenüber so verhielt, ich hätte darauf bestanden, dass sie sich trennen. Ich wusste, niemand hatte es verdient, sich derart ungeliebt zu fühlen, doch Dave war für mich wichtiger als jeder andere Mensch zuvor, und seine Meinung von mir war mir wichtig – wichtiger als die von Freunden oder Familie, von Nachbarn oder Kollegen. Gleichzeitig war mir noch immer peinlich, dass ich in seiner Wohnung in San Francisco über ihn gelacht hatte, als er zum ersten Mal von seiner Jungfräulichkeit sprach, wie ich dagesessen und grausam die Augen verdreht hatte. In jenem Moment hatte ich ihn nicht respektiert, und nun drehte er den Spieß um.

Und dann war da noch etwas: Ich meinte, ihm eine Eingewöhnungsphase schuldig zu sein. Dave war wegen mir quer durchs Land gezogen, es schien mir also das Mindeste zu sein, nun seine Wutausbrüche zu ertragen, die einem tiefen Gefühl der Reue und des Selbsthasses zu entspringen schienen. Als jedoch der Winter anbrach, rückte er von mir weg, wenn ich seine Schulter berühren wollte, und mir wurde klar, dass ich seine gewaltvollen Ausbrüche auf dieselbe Art rechtfertigte, wie ich bereits andere gewaltvolle Ausbrüche mir gegenüber gerechtfertigt hatte. Ich erkannte ihn nicht mehr wieder, und es fiel mir zunehmend schwerer, nicht an die vielen Männer vor ihm zu denken, die mich gut behandelt hatten, obwohl sie zuvor – manchmal sogar *währenddessen* – zu anderen Frauen schrecklich waren.

*

Dave war nicht der erste Mann, vor dem ich mich fürchtete. Wie viele andere Frauen fürchtete ich seit Jahren um meine körperliche Unversehrtheit. Ich hatte, wenn ich ehrlich bin, häufig Angst davor, was Männer mir antun könnten.

An diesem Morgen mit Joy in Fairbanks ist es beispielsweise genau acht Jahre her, dass mich ein guter Freund aus dem College – ein Mann, den ich als sanftmütig beschreiben würde, ruhig, mit einer hellen Stimme wie der eines Folksängers und zarten Pianistenhänden – auf dem Heimweg aus unserer Stammkneipe begleitete und anschließend in seine eigene Wohnung zurückkehrte, wo er in dem Versuch, sich selbst das Leben zu nehmen, die Frau brutal ermordete, in die er verliebt war.

Emily Silverstein war neunzehn Jahre alt und in einer On-off-Beziehung mit Kevin, der sie angerufen hatte, da er an Depressionen litt. Als sie zu seiner Wohnung kam, sagte er ihr, er habe Suizidgedanken. Er hielt sich ein Messer an die Kehle. Als Emily es ihm abnehmen wollte, stach er siebenundzwanzig Mal auf ihren Hals und Oberkörper ein. Dann weinte er, über ihren leblosen Körper gebeugt, rief die Polizei und sagte: *Es tut mir leid, können Sie vorbeikommen?*

Im darauffolgenden Jahr traf ich den reuelosen Säufer mit dem rastlosen Blick, der für die Beule an meinem Knie verantwortlich war, und klammerte mich emotional an ihn. Danach war ich mit einem Outdoor-Enthusiasten zusammen, den ich an einem lauen Sommerabend in einem nahe gelegenen Nationalpark beim Campingtrip mit einer Freundin kennengelernt hatte, als ich gerade das Lagerfeuer schürte. Er wohnte im Nachbarzelt, und als ich ihm Fragen zu seinem Leben stellte, erzählte er plötzlich, dass seine Ex-Freundin, mit der er zusammengelebt hatte, ihn monatelang betrogen hatte.

»Ich konnte so nicht mehr leben«, sagte er dramatisch, »in ihrem Haus aus Lügen.«

Ein schöner Satz, poetisch, und das sagte ich ihm auch, sodass er lächeln musste.

Wir verbrachten einige Wochen zusammen, in denen ich ihn schätzen lernte, glaubte, er habe mich irgendwie geheilt, mich endlich daran erinnert, dass nicht alle Männer darauf aus waren, Frauen zu schaden. Wir verbrachten die heißen Abende in diesem Sommer auf den Terrassen von Restaurants und Bars, umgeben vom Zirpen der Grillen und der Hitze und dem noch heißeren Asphalt, bestellten eine Runde nach der anderen, und plötzlich fühlte es sich so an, als würde das Gute kein Ende nehmen. Wir waren uns einig, dass uns das Universum zusammengebracht hatte und eine notwendige Atempause voller Zärtlichkeit und romantischem Knistern schenkte.

Doch später erfuhr ich, dass er einer Frau einen dreifachen Schädelbruch zugefügt hatte, und das nur einen Monat, bevor ich ihn kennengelernt hatte. Er hatte sie gegen eine Wand geschleudert.

Nachdem ich davon gehört hatte, brauchte ich zwei Stunden, um den notwendigen Mut zu fassen, ihn zu fragen, ob das stimmte.

»Also irgendwie schon«, sagte er zögerlich, »aber hör dir erst mal an, was sie vorher mit *mir* gemacht hat.«

Nie im Leben hatte ich mich so sehr geschämt, da ich ihm offenbar wie eine Frau vorkam, vor der man derartige Gewalt rechtfertigen konnte.

All diese Beziehungen bildeten das Fundament, auf dem Dave später aufbaute. Und die Erlebnisse reichten zurück bis in meine Kindheit, zu einem lang gestreckten Fertighaus an einem Waldrand in Pennsylvania.

Das Haus, in dem meine Freundin Amanda wohnte, lag am äußersten Rand unseres Schulbezirks, nahe einer verlassenen Tankstelle, einem dichtgemachten Restaurant und einer aufgegebenen Mühle. An einem Ort, den die urbane Gentrifizierung noch nicht erreicht hatte, aufgekauft und planiert. Wir machten manchmal Witze darüber, dass Amanda an einem Ort wohnte, an dem niemand sonst wohnen wollte.

»Noch nicht mal mein eigener Vater«, sagte sie dann.

Er hatte sich aus dem Staub gemacht, als sie noch ein Baby war.

Doch die Dinge besserten sich. Amandas Mutter hatte wieder geheiratet, und Amandas Stiefvater, Tim, arbeitete als Mechaniker. Er baute die Dinge, die sich Amandas Mutter nicht leisten konnte: eine Schaukel und eine Terrasse, auf der die Mutter sich am Wochenende in einem pinkfarbenen Tankini sonnte und mit aufgesprungenen Lippen an Virginia Slims zog.

Kurz vor Halloween lud Amanda mich zum ersten Mal ein, bei ihr zu übernachten, und wir machten Kekse mit Kürbisgesichtern aus schnittfertigen, in Plastik verpackten Teigrollen. Die Kekse schmeckten scheußlich, das einzig Gute war die noch etwas rohe Mitte, die wir warm vom Backpapier kratzten und mit der Zunge gegen unseren Gaumen drückten. Erst bissen wir das eine Auge ab, dann das andere, bis nur das Grinsen mit den Zahnlücken übrig blieb.

Es wurde spät, und wir saßen auf der riesigen Plüschcouch und sahen uns *Jeopardy!* an, während Amandas Mutter und Tim Kette rauchten. Das Zimmer war grau und rauchverhangen, das Licht war gedämpft wie unter Wasser, verhüllte die Reibeputzdecke und zeichnete weiche Ränder um die mit Flanell bezogene Sitzgarnitur. Meine Augen brannten, wenn ich blinzelte, und mit der Zunge fuhr ich über belegte Zähne. Ich war noch nie in einem so stark verrauchten Raum gewesen, schon gar nicht in einem so kleinen, und irgendwie schien Tim das zu wissen. Er sah ständig zu mir herüber und beobachtete mich.

Bevor der Acht-Uhr-Film begann, machten Amanda und ihre Mutter in der Küche Popcorn. Tim rückte auf dem Sofa näher an mich heran, sank in die weichen Kissen, sodass mein Körper gegen seinen rutschte, und legte mir eine große raue Hand auf den Oberschenkel. Er drückte zu, als wolle er sehen, wie weich ich war, als wolle er meine Güteklasse prüfen.

»Ich freue mich so, dass du heute Nacht hier schläfst«, sagte er. Es bedeute Amanda so viel und ihm selbst noch mehr. Ein Stückchen Normalität, wie er sagte.

Ich saß dort auf der Couch und hätte schwören können, dass Amandas Mutter in der Küche sich bewusst wegdrehte, um nichts zu sehen.

Als sie wenige Momente später mit Amanda und den Schälchen mit buttrigem Popcorn auftauchte, hustete ich und sagte, ich hätte Schmerzen – irgendwo in meinem Körper, ich war zu aufgelöst, um mir etwas Konkretes auszudenken.

»Ich fühle mich nicht gut«, sagte ich, »ich glaube, ich muss nach Hause.«

Amanda und ihre Mutter sahen mich mit langen Gesichtern an. Tim warf mir einen scharfen Blick zu.

Weinend rief ich meine Eltern an: *Es tut weh, es tut weh, es tut weh.* Ich wusste nicht, wie ich das, was mir soeben angetan worden war, in Worte fassen sollte, sodass ich nur *es tut weh* sagen konnte. Und das war alles, was ich in den folgenden Jahrzehnten sagen würde.

Tim bestand darauf, mich nach Hause zu bringen, und sagte Amanda, sie solle ruhig dableiben. Sie wolle doch den tollen Film nicht verpassen und auch nicht das Finale von *Jeopardy!,* sie wolle doch sehen, wer die krakeligste Handschrift hatte und wer diese knifflige Frage zu den alten Griechen beantworten konnte.

Im Truck legte er mir wieder eine Hand auf den Oberschenkel. Doch diesmal klang er wütend.

Ist es, weil wir arm sind?

Weil wir nicht studiert haben?

Weil unser Haus so klein ist und unsere Couch so winzig, genau wie unser Fernseher?

Zwischen meinem Elternhaus und dem von Amanda lagen etwa vier Meilen Wildnis und das, was die Menschen daraus gemacht hatten, bevor sie aufgegeben haben. Wir kamen an verlassenen, verrammelten Gebäuden und leeren, zum Verkauf stehenden Häusern vorbei. Als wir endlich unsere Auffahrt erreichten und meine Mutter die Tür aufmachte, rannte ich an ihr vorbei und die Treppe hoch. Tim zuckte nur die Achseln und sagte etwas Belangloses, während er von einem Fuß auf den anderen trat.

Vielleicht ein andermal, schlug er vor. Vielleicht war ich noch zu jung.

Das war ich auch – zu jung. Zu jung, um mich zur Wehr zu setzen, zu jung, um zu wissen, dass sein Verhalten verachtenswert war, zu jung, um zu verstehen, dass die größte Bedrohung unseres gesellschaftlichen Lebens nur selten von Fremden auf der Straße ausgeht.

Es sind die Männer, mit denen wir zusammen sind und die wir heiraten, Männer wie Tim, die in unseren Gärten die Schaukeln aufbauen.

*

In Joys Truck weiß ich nicht, was ich erzählen soll und wann das Schweigen mehr sagt als Worte.

»Männer sind keine Haustiere«, wiederhole ich ihre Worte, »aber wenn es darum geht zu meinen, man könne sie retten, bin ich genauso schuldig im Sinne der Anklage wie du.«

Meine Beziehungen waren wie Dominosteine, die der Reihe nach fielen. Eine ausbeuterische Erfahrung führte zur nächsten, bis von meinem Leben nichts mehr übrig blieb. Monatelang hatte ich mich auf Daves Güte konzentriert: mein süßer Freund, der in der Küche zu Mariachi-Musik eigenhändig Tortillas machte, der im Haus eigenwillige Figürchen aufstellte, die gegen Arbeit am Samstag protestierten oder gegen Klausurkorrekturen nach neun Uhr abends.

Dave, hatte ich gedacht, *ist gut*.

Doch das Prädikat *gut* hatte sich nun zu *Angst einflößend* gewandelt, wurde stattdessen zu einem harten Kieselstein der Furcht.

6.

Draußen öffnet sich die Landschaft, mit jeder Meile wird der Baumbestand weniger. Wir sind aus dem Nichts emporgestiegen und an einem Ort namens Yukon River Camp angekommen, einem beigefarbenen Containerbau am Yukon River knapp einhundertzwanzig Meilen die Straße aufwärts. Dickes Eis klammert sich stur an die Ränder des Gebäudes, und auf dem Parkplatz wirbeln gelbe Staubwolken auf, als wir ihn befahren. ESSEN, ZIMMER, BENZIN, SOUVENIRS! steht auf einem Schild. Der Eingangsbereich ist leuchtend türkisfarben gestrichen.

Joy schaltet den Pick-up-Truck in den Parkmodus und fängt an zu pfeifen, als wir aussteigen. Meine Schnürsenkel sind sofort staubbedeckt. Das gefällt mir. Tatsächlich fesselt mich dieser Anblick, ein physischer Beweis meiner Reise mit Joy, derart, dass ich die ganze Zeit nach unten auf das staubige Leder schaue, bis Joy mir die Tür aufhält, erst da bemerke ich den lebensgroßen Bärenhintern, der auf ein vernageltes Fenster gemalt ist.

»Hier ist mal ein Bär eingebrochen«, sagt Joy und beantwortet die Frage, die ich noch gar nicht gestellt habe. Sie zeigt auf das Bild. »Der Hintern stellt die Situation nach.«

Drinnen ist es warm und riecht nach Zimt. Es ist Vormittag in der Arktis, und es werden Zimtschnecken gebacken. Nachdem ich die hochmoderne, nach japanischem Vorbild entworfene Aluminiumtoilette benutzt habe – alles ist aus Metall, in dem man sich spiegelt, und funktioniert vollautomatisch –, treffe ich Joy vorn an der Theke wieder, wo sie einzeln verpackte Teebeutel durchsieht.

»Her mit der Kräuterenergie!«, sagt sie und schnappt sich ein Tütchen Kamille. Ich frage etwas verwundert nach der scharfen Suppe, die in Schnörkelschrift hinter der Kasse angepriesen wird.

»Ja, komisch, was?«, erwidert die Kassiererin. Sie heißt Ann und trägt ihr dunkles Haar in einem hohen Pferdeschwanz zusammengebunden, bis auf zwei Ringellocken, die ihr Gesicht einrahmen wie Luftschlangen. »Früher hatten wir nicht viel zu essen im Angebot«, erklärt sie. »Hauptsächlich Sandwiches. Aber wir sind eine Haltestation für die Boote, die den Yukon River rauf- und runterfahren. Ganz zu schweigen von«, sie lächelt in Joys Richtung, »all unseren Truckern, und die haben ordentlich Appetit. Außerdem sind da noch die Japaner. So viele Japaner. Die sind ganz wild auf das Nordlicht. Oder wollen den Polarkreis sehen. Deshalb haben wir neuerdings auch asiatische Suppen. Dachten, ein Schild draußen würde sie vielleicht neugierig machen. Und die scharfe Suppe, das kann ich dir sagen, die ist ein wahrer Segen für uns.«

Ich schlage eine Skala von eins bis zehn vor, und Ann meint, ihre Suppe sei eine elf.

»Perfekt für dich!«, neckt Joy.

Ich habe keinen Hunger, bestelle aber trotzdem eine, weil man Ramen in der Wildnis einfach nicht ablehnen kann.

Ann dreht sich um und schöpft frische Nudeln und frischen Fond in eine Schale, badet alles in schmackhafter Brühe. Als sie die Schüssel vor mich auf ein Tablett stellt, bin ich überrascht, wie voll und heiß und herzhaft sie ist, mit fein geringelten, authentischen Ramennudeln, die sich an Baby-Pak-Choi und Rettichscheiben schmiegen.

»Oh, Babysalat!«, flötet Joy und deutet auf meinen Pak Choi.

Ich entdecke einen Drehständer mit Würzsoßen an der Wand – Sriracha, Chiliflocken und scharfes Chiliöl. Ann erklärt, die Touristen hätten gern eine Auswahl.

»Aber das ist toll«, fährt sie fort, »so mussten wir nämlich eine Schippe drauflegen.«

Ich nehme ein bisschen von allem. Ich spüre, wie meine Geschmacksknospen zu kribbeln beginnen.

»SPICE GIRL!«, ruft Joy von ihrem Platz an der Wand aus herüber. Sie reißt die Arme hoch und vollführt einen unbeholfenen Dab-Dance.

»Spice up your life«, stichele ich zurück. Ich setze mich neben sie und lehne mich schwer an ihre Seite.

Im Yukon Camp, umgeben von Postkarten mit glänzenden Fischen und Bergen, die aussehen wie steifes weißes Baiser, bläst Joy in ihren Kamillentee, fächelt sich den aromatischen Dampf ins Gesicht und sagt: »Ich habe schon ab und an ein paar Hiebe und Schläge gekriegt. Aber mir war es dann wichtig, stärker wieder aufzustehen, als ich vorher war.«

Ich sehe sie an und warte.

»Mein ganzes Leben«, fährt sie fort, »habe ich mich an Männer gehalten und gedacht, das macht einen eben aus als Frau.«

Weniger Anatomie oder Biologie als eine bestimmte Art unerschütterliches, dogmatisches Erdulden.

»Aber als Jake abgehauen ist, war ich allein. Eine Weile habe ich das gut hingekriegt. Nicht nur hingekriegt. *Gemeistert.*« Sie trinkt einen Schluck Tee und streicht mit dem Finger über den Tassenrand. »Aber ich war nicht geübt darin, so zu denken, dass ich es auch alleine konnte. Das ist keine Frau, glaube ich. Als ich dann James kennenlernte – du weißt schon.«

James, ein Kollege von der Fort-Knox-Goldmine und der Mann, der sich in der Kirche mit den Worten zu mir rübergebeugt hatte: »Die Frau ist eine Legende.«

Ich mag James sehr gern.

Joy mochte ihn ebenfalls auf Anhieb. James war selbst frisch geschieden und hatte Kinder, hatte mit ihr die Mittagspause und den Familiensinn gemeinsam. Joy gefiel es, dass er sich seine Mahlzeiten von zu Hause mitbrachte und nicht mit den anderen zum Essen ging. Dass er manchmal Babykarotten, Trauben oder Kirschtomaten dabeihatte, was zeigte, dass er sich um seine Gesundheit kümmerte.

»Ich lernte James kennen und dachte: *Da!*«, erzählt mir Joy. »Als sei er Gottes Art und Weise gewesen, mir nach einer Weile etwas Gutes zu tun. Gott sah, was ich alles gemacht hatte – Er ließ mich im Maschinensaal rummatschen und schmieriges Zeug abspülen, hart arbeiten, damit ich mein Versprechen halten konnte, dass der Samstag dem Gottesdienst vorbehalten war –, und Er wusste, dass die Zeit mich demütig machen würde. Und als es so weit war, dachte ich: *Er hat mir James geschickt.*«

James ermutigte Joy, den Führerschein als Berufskraftfahrerin zu machen. So konnte sie selbst über ihren Zeitplan bestimmen, waren sie sich einig, bekam mehr Geld, und überhaupt hatte sie ohnehin etwas Besseres verdient, als Dinge sauber zu machen, die Männer benutzt hatten.

»Er hat mich unterstützt«, sagt Joy, »und wollte mich draußen in der Welt sehen. Ich hatte nicht wirklich eine Ahnung, was ich da machte, aber es gab noch *eine* andere Truckerin – sie hieß Tina –, und das war die einzige Frau, die ich in dem Job kannte, also begleitete ich sie und lernte von ihr. Sie meinte, ich würde es schon schaffen, und irgendwann hab ich das auch.«

Dank ihrem neuen Job als Truckerin konnte Joy den Sabbat halten, und nun brachte sie James mit. Sie saßen gemeinsam auf der Kirchenbank und gingen danach mittagessen. Meistens scharf und koreanisch, sagt sie und grinst.

»Ich dachte, das war Gott«, fährt Joy fort, »ich dachte, Gott will mich belohnen – für meine Geduld und meinen Einsatz für meinen Glauben.«

»Ja«, sage ich, aber ich bin mir nicht sicher. Einerseits stimme ich ihr zu, aber ich weiß aus Erfahrung, wie gefährlich es sein kann, alles als Belohnung oder Strafe Gottes zu deuten.

»Ich lernte James kennen«, erzählt Joy weiter, »und ich dachte,

Gott würde meine harte Arbeit würdigen, dass ich Jake verlassen und meine Jungs allein aufgezogen habe, dass ich wusste, was ich wert bin.«

Ich stelle mir Joy damals vor etwa zwanzig Jahren vor, wie sie am Picknicktisch in der Werkstatt sitzt. Ich stelle mir vor, wie Joy lacht, zum ersten Mal seit langer Zeit, und wie es sich angefühlt haben muss, als James mit ihr ausgehen wollte, nach so viel Alleinsein. Die Kinotickets und das Popcorn, das unter ihren Füßen knirschte. Die Heiterkeit bei ihrem ersten Date, dann einem zweiten, dann einem dritten. Wie Dave mich zum Bayfront Park gefahren hatte, damit wir den Flugzeugen zusehen konnten, wie sie starteten, wie er meinen Körper an sich zog, die Luft um uns herum wehte kühl von der Bucht herüber. Wie ich nirgendwo anders sein wollte.

»Das verstehe ich«, sage ich.

»Aber jetzt erkenne ich den Fehler an meiner Denkweise«, sagt Joy. »James – hatte auch seine Probleme.«

»Was meinst du?«, frage ich.

»Ich meine …« Joy zögert. »Ich meine, als Frau wird man so oft rumgeschubst, da denkt man irgendwann, eine Art von Schubsen ist besser als die andere.«

Sie bewegt schweigend die Hände, sucht nach den richtigen Worten. Bevor ich weiter nachbohren kann, greift sie nach dem Truckschlüssel.

»Ich weiß, ein Anhänger Christi zu sein, heißt leiden«, sagt sie mehr zu sich selbst als zu mir. »Und mit dem Leiden habe ich auch kein Problem. Es geht eher um den Unterschied, was das *richtige* Leiden ist: das Leiden Christi oder das menschliche.«

Ich will nicht, dass Joy glaubt, ihr Leid sei eine Prüfung Gottes. Ich will nicht, dass sie oder der Rest der Welt ihre Misshandlung als charakterförderlich ansieht.

Was dich nicht umbringt, macht dich stärker. Aber wie selten ist das der Fall, vor allem bei denjenigen unter uns, die sich gut auskennen mit Gewalt in der Partnerschaft, oder den Millionen Amerikanern, die marginalisiert, kriminalisiert und ausgebeutet werden. Es scheint ein besonders präskriptives, versöhnliches weibliches Mantra zu sein: Gerade unser Schmerz macht uns stärker, und die Welt hält immer noch mehr davon für uns bereit. Unsere Körper – tot, verstümmelt, verschwunden – sind Ausgangsmaterial zahlloser Filme und Bücher, eröffnen reißerisch True-Crime-Formate, und wir sehen wunderschön aus, selbst wenn wir verletzt sind. Unser Schmerz hübscht uns erst richtig auf. Mir kommt es meistens so vor, als würde einen das, was einen nicht umbringt, nicht stärker machen, sondern einen Makel hinterlassen, mit dem man für immer zu leben haben wird.

»Ich glaube, das Problem ist«, sage ich schließlich, »dass ich nicht religiös erzogen wurde, von daher kann ich das ziemlich gut unterscheiden.«

Leid ist einfach Leid. Es ist gefährlich, es zu glorifizieren.

»Aber?«, bohrt sie nach.

»Aber ich handle nicht danach«, gestehe ich, »schon ziemlich lange nicht.«

Zurück im Pick-up lasse ich mich auf den Beifahrersitz sinken.

»Ich weiß auch nicht, was das soll«, sage ich.

Joy nimmt einen großen Schluck aus ihrem Styroporbecher. Ich frage mich, ob sie es genauer wissen will. Aber sie nickt nur. »Amen«, sagt sie. »Du hast recht, glaube ich. Du hast recht. Und das ist die Last unseres Geschlechts – dass wir es besser wissen, *aber dafür gemacht sind zu lieben.*«

Dieses Verb hätte ich nicht gewählt. Dennoch lächle ich und nicke, und Joy nickt und steckt den Schlüssel ins Zündschloss.

Wir fahren zurück auf die Straße, und plötzlich dreht Joy sich zu mir um, ihr Gesicht ganz ernst, als sei ihr etwas Entscheidendes klar geworden.

»Weißt du, was ich manchmal denke?«, fragt sie. »Ich glaube, Frauen sind alleine besser dran.«

*

Glücklichsein ist ein radikaler Akt, und ich verlor langsam die Fähigkeit dazu. Tatsächlich war das Glücklichsein das Erste, was verschwand. Wenn du einmal davon überzeugt bist, nichts wert zu sein, lässt du dich nicht mehr so leicht vom Gegenteil überzeugen oder davon, dass du etwas Besseres verdient hast oder dass dein Leid überhaupt irgendeine Rolle spielt.

Zurück in Joys Pick-up lasse ich mir ihre Worte durch den Kopf gehen.

Als Frau wird man so oft rumgeschubst, da denkt man irgendwann, eine Art von Schubsen ist besser als die andere.

Ich hielt meine Schubserei durch Dave für erträglich und vergrub mich immer weiter in unserer Isolation – teilweise aus Selbstschutz, in erster Linie aber, um ihn zu schützen. Ich ließ vier Hochzeiten und drei Einladungen zu Baby-Showers aus. Denn so überzeugend ich anderen gegenüber auch im Alltag meines turbulenten Lebens sein konnte, wusste ich doch, dass es mein Untergang sein könnte, von neugierigen, hübschen jungen Frauen in Brautjungfernkleidern gelöchert zu werden oder von hübschen jungen Frauen auf Babypartys, die pastellfarbene, selbst gehäkelte Decken hochhielten. Niemand durfte wissen, wie unser Privatleben aussah, weil sie mir andernfalls raten würden, ihn zu verlassen. Ich fürchtete, dazu wäre ich nicht in der Lage. Also erlitt ich jeden Abend die Folgen seiner Scham und sein Schweigen sowie die körperlichen Probleme, die sie mit sich brachten: Zähneknirschen im Schlaf – so schlimm, dass mir in einem Jahr fünf Zähne kaputtgingen, Kopfschmerzen, die den ganzen Morgen über andauerten, und so heftige Magenschmerzen, dass ich mich krümmte, während ich geistesabwesend in meinem Essen herumstocherte.

Auf dem Heimweg von der Arbeit saß ich jeden Abend mit dem Wissen im Stau, dass ich zu einem Mann fuhr, dessen Laune ich nicht vorhersagen konnte, dessen Zorn ich nicht begriff, dessen Abscheu vor mir mich allmählich mit Abscheu vor mir selbst erfüllte. Ich war dankbar für jede rote Ampel, jede Minute *hier*, *hier* oder *hier*, die ihm Zeit gab, seine Stimmung zu ändern. Jedes Wort von mir konnte ihn auf die Palme bringen; jedes Zeichen konnte von Gott sein. Ich musste an die Puritaner denken, die alles und jeden wegen angeblicher »Zeichen und Wunder« verfolgten, wie sie Frauen enthaupteten, die der Hexerei beschuldigt waren, wie sie sie aufhängten, bis sie erstickten.

Ich hatte meinen Kopf noch, ich konnte durchatmen. Manchmal kam ich nach Hause, und es gab Tacos – Flankensteak mariniert in koreanischer Barbecuesoße mit hauchdünnen Frühlingszwiebelringen, scharfem Ingwer, eingelegten Chilischoten und glänzenden gelben Maiskörnern –, süßes Gold für all meine Geduld. An anderen Abenden war er außer sich und machte mir unablässig Vorwürfe, dass ich Gott nicht kenne. Dann schrie er und zitterte und brüllte und verzog sich schließlich nach nebenan.

»Ich bin nicht mehr der Mann, der ich früher war«, sagte er einmal.

Ich brachte es nicht fertig zu widersprechen, und solche Eingeständnisse fühlten sich an wie Durchbrüche, doch er hielt sich nie lange damit auf.

Manchmal drohte Dave damit, seine Sachen zu packen und zu verschwinden. Manchmal tat er es. Und ich hätte wohl erleichtert sein sollen. Aber in seiner Abwesenheit hatte ich einfach Angst. In den Nachrichten wurde es immer so dargestellt, als habe die Welt draußen es darauf abgesehen, Frauen zu schaden und sie zu töten, also müsse man das Alleinsein fürchten. Das Geschrei in meinem eigenen Wohnzimmer war zumindest *vertraut*, *wiedererkennbar*, und es hörte immer auf, bevor es noch schlimmer wurde.

*

Wir sind eine halbe Stunde schweigend weitergefahren – vordergründig bestaunen wir die Natur, alles da draußen ist graublau –, als Joy mich fragt, was ich unterrichte, und ich sehe mich zur präventiven Selbstzensur gezwungen. Ich weiß nicht, was Joy wählt, welcher Partei sie anhängt, aber mir ist bewusst, dass meine Antwort uns voneinander entfernen könnte.

»Ich gebe hauptsächlich Schreibkurse«, sage ich. »Ich bringe den Studenten bei, schöne Sachen zu schreiben.«

Joy schmunzelt und schlägt gegen ihr Lenkrad. »Ich hab immer gedacht, ich wäre bestimmt eine gute Lehrerin«, sagt sie. »Ich liebe Menschen – sie kennenzulernen, ihnen auf Augenhöhe zu begegnen.«

Ich sehe sie aufmerksam an. Als Alaskanerin und Ölfeldzulieferin sind ihre politischen Ansichten womöglich berechenbar, aber sie betont gern – jetzt und auch sonst –, dass sie großen Wert auf ihre Unabhängigkeit legt, auf ihre Handlungsfähigkeit, ihre Autonomie. Würde Joy sich als Feministin bezeichnen? Oder würde sie sich sträuben und den Begriff ablehnen?

»Das mit der Augenhöhe ist wirklich toll«, sage ich. »Vor allem bei Studenten in dem Alter, das ich unterrichte.«

»Garantiert«, sagt Joy. »Ich wette, die schauen zu dir auf!«

Aber was soll ich über all die Nachmittage in Ohio erzählen, an denen ich fast ausschließlich junge Frauen in meinem Seminar über feministische Gegenwartsliteratur sitzen hatte? Wie das Licht auf ihre Gesichter fiel und sie sich sorgfältig Notizen über das machten, was ich sagte, weil sie zu glauben schienen, dass meine Bildung, mein Fachwissen mich zu einer starken Frau machten, meiner eigenen Fürsprecherin?

Ich plante den Kurs um weibliche und nonbinäre Autor*innen herum, die ich liebte und schätzte – setzte Essays auf die Leseliste, die sich mit intersektionalen feministischen Ansätzen beschäftigten, wie von Rebecca Solnit, Tressie McMillan Cottom, Lacy M. Johnson, Lidia Yuknavitch, Terese Marie Mailhot und anderen. In dem Winter, als meine Beziehung mit Dave eskalierte, gingen wir Passagen durch, deren Wahrheiten ich kannte, aber verleugnete: dass Frauen am häufigsten zu Hause angegriffen und getötet werden, in den meisten Fällen von Männern, die sie kennen, in dreiundneunzig Prozent der Tötungsdelikte von einem aktuellen oder früheren männlichen Partner.

Freunde, Ehemänner, Liebhaber.

Wir lasen, dass das Risiko für Frauen of Color größer ist, noch größer für Frauen, die sich als LGBTQI+ identifizieren, am größten für diejenigen, die trans sind – ganz zu schweigen davon, wenn man zu mehr als einer dieser Kategorien gehörte.

Dreißig Prozent aller Schwarzen Amerikanerinnen, lasen wir, sind von einem männlichen Partner vergewaltigt, geschlagen oder gestalkt worden.

Fünfundvierzig Prozent aller Amerikanerinnen asiatischer Herkunft.

Fünfzig Prozent aller indigenen Amerikanerinnen.

»All diese besonders gefährdeten Gruppen«, lehrte ich sie, »nehmen viel seltener als weiße Frauen Hilfe in Anspruch, suchen seltener Kranken- oder Frauenhäuser auf, in erster Linie, weil sie zwar wissen, dass die Verbrechen gegen ihre Körper zählen, aber eben auch, dass die bestehenden Machtstrukturen ihnen das absprechen werden.«

Meine Studierenden hörten konzentriert zu und schrieben mit. Sie verfassten eindrucksvolle Essays über unsere Kultur, darüber, wie allgegenwärtig Gewalt gegen Frauen war, dass sie systembedingt war und es dabei letzten Endes um Macht ging.

Jeden Nachmittag nach dem Seminar sah ich zu, wie meine Studierenden gingen, packte meine Sachen und machte mich bereit, zu meinem Partner zurückzukehren, der mich verbal und emotional misshandelte. Vielleicht noch größer als mein Drang, die immer fundamentalere Spaltung zwischen meinen und Daves moralischen Grundsätzen zu ignorieren, war mein Drang, nicht zu glauben, dass ich in die Lage geraten war, in die ich geraten war, trotz des Wissens, das ich jahrelang angehäuft hatte, trotz der feministischen Texte, die ich gelesen und studiert hatte, trotz der dynamischen Studierenden, die ich jeden Tag unterrichtete und die – da hatte Joy recht – zu mir aufschauten.

Aber als die MeToo-Bewegung Fahrt aufnahm und die nationale Berichterstattung immer mehr die Geschichten von Frauen in den Mittelpunkt stellte, fand ich langsam etwas Halt und begann, eine notwendige Brücke zwischen meinem Beruf und meinem Privatleben mit Dave zu sehen. Mir wurde absolut klar, warum es so wichtig, geradezu essenziell war, dass unser Land Frauen aus jeder Schicht und jeder Branche sah, die Beschämung und Konsequenzen riskierten, wenn sie Belästigung, Missbrauch und vor allem die Täter outeten.

Dave allerdings verglich die MeToo-Bewegung mit Thunfischfang.

»Klar erwischt man so ein paar miese Typen«, erklärte er einmal – den *Thunfisch* –, »aber es gehen halt auch eine Menge Delfine ins Netz.«

Und manchmal, verkündete er, seien diese Delfine nette Kerle, die sich mal kurz nicht unter Kontrolle gehabt hätten oder gerade nicht bei Sinnen gewesen wären.

»Jeder macht mal Fehler«, sagte er. »Deshalb sollte man nicht gleich alles verlieren.«

Als hätte eine Frau, die vergewaltigt, belästigt, tätlich angegriffen wurde, eine Frau, der all ihre Würde und ihre Autonomie genommen wurde, nichts von vergleichbarem Wert verloren, oder als sei sie verantwortlich für die Konsequenzen dieser Verbrechen.

Dann, eines Abends, während eines besonders schlimmen Streits, äußerte Dave die Sorge, ich könnte eines Tages *ihn* der Vergewaltigung bezichtigen.

»Was?«, fragte ich fassungslos. Ich war mir sicher, mich verhört zu haben, aber natürlich – *natürlich* – war dem nicht so.

Aber für Dave war ein Vergewaltigungsvorwurf etwas, mit dem Frauen ankamen, wenn sie einem Mann unbestreitbar schaden wollten. Persönlich oder beruflich. Ob es nun stimmte oder nicht.

Manchmal, erklärte er, gab es wirklich eine Vergewaltigung, *sicher*. Aber in anderen Fällen war es einfach eine Möglichkeit für die Frau, einen Streit für sich zu entscheiden. Der ultimative Schachzug.

»Okay«, sagte ich und blinzelte.

Daves Sorge, ich könne ihn fälschlicherweise beschuldigen, bestätigte eine intuitive Vermutung: Dave traute mir nicht, traute Frauen nicht. Er hielt mich für eine gefährlich tickende Zeitbombe. Seine Anschuldigung machte mich zum absoluten weiblichen Bösewicht und zugleich schlimmsten Archetyp: einer Frau, die behauptete, Opfer eines sehr realen und weitverbreiteten Verbrechens zu sein, um Macht zu gewinnen oder billige Rache zu üben.

Dave hat mich nie vergewaltigt.

Aber das Gespräch war ein Katalysator, der erste Moment, in dem ich es wirklich beenden wollte, wenn auch seltsamerweise nicht um meiner eigenen Sicherheit oder Unversehrtheit willen. Die ganze Zeit hatte ich mich so hinter meinem Nicht-wahrhaben-Wollen versteckt, dass ich es immer noch für möglich gehalten hatte, dass seine Güte zurückkehren würde, dass er aufhören würde, mich anzuschreien, dass wir eine Familie gründen würden – die Tochter, die wir förmlich im Geiste erschaffen hatten, als wir einander kennengelernt und darüber gesprochen hatten, wie wir sie erziehen würden, was wir sie über die Welt lehren würden. Wir scherzten, sie würde das Charisma ihres Vaters haben, den unerschütterlichen Ehrgeiz ihrer Mutter und natürlich ihre speziellen Eigenheiten, die sich darin zeigten, dass sie für uns Kunstwerke aus geschmolzenem Plastik formte.

Aber wie sollte ich mir jemals ein Leben mit ihm aufbauen? Wie sollten wir jemals eine Tochter aufziehen oder von mir aus auch einen Sohn? Ich war inzwischen so weit, dass ich mich kaum noch selbst wertschätzte, aber ich sah den Wert unseres potenziellen Kindes. Nur indem ich meinen Blick von mir selbst abwandte – und auf etwas richtete, das es noch nicht gab –, konnte ich erkennen, wie schlecht ich behandelt wurde. Wenn Dave auf mich so wütend werden konnte, die Frau, die er angeblich über alles liebte, und wenn er mich gefallen und sündig nennen konnte, mich anschrie, bis ich zitterte, was würde ihn dann davon abhalten, sorgte ich mich, zu einer hypothetischen Tochter grausam zu sein oder unserem Sohn die gleiche Scham einzuimpfen, die seine komplette Weltsicht durchdrang?

Was spielte es für eine Rolle, wie lange seine Liebenswürdigkeit anhielt? Wie großzügig er mit anderen umging? Was würde er zu ihnen sagen, zu *seinen eigenen Kindern*, über ihre Körper, in unserem Haus?

7.

Die Tagessuppe in Coldfoot Camp – hundertsiebzig Meilen den Dalton Highway hinauf gelegen – ist eine scharfe Cajun-Suppe mit Bohnen und Reis, ab und an erwischt man mit dem Löffel ein Stückchen Wurst. Coldfoot besteht nur aus diesem Restaurant mit seinen wenigen Tischen und einer Reihe rustikaler Zimmer entlang des staubigen Parkplatzes. Für zweihundert Dollar die Nacht bekommt man ein Doppelbett, Toilette und Dusche sowie acht Stunden verlässliche Wärme. Wir sind irgendwo im Nirgendwo, und es riecht nach Hamburgern.

»Eins muss man über die Leute aus Alaska wissen, da sind sich alle einig«, sagt Joy, als wir hereinkommen. »Wer aus Alaska kommt, weiß eine gute Suppe zu schätzen. Hol dein Notizbuch raus. Schreib's auf.«

Am Tresen lerne ich Chelsea kennen, sie ist sechsundzwanzig und hat braune Haare mit Pony. Im letzten Mai ist sie nach Coldfoot gezogen. Ihr Job besteht darin, die Suppe auszuteilen, die Zimmer zu putzen und den Truckern und Touristen riesige Teller mit Pommes zu bringen. Als ich sie anspreche, arrangiert sie gerade die Art Chocolate-Chip-Cookies in zwei säuberlichen Reihen, vor der mich Joy gewarnt hat – sie sind so groß und rund wie mein Gesicht.

Chelsea ist etwas jünger als ich und lebt an einem Ort, an dem sonst niemand lebt, sodass ich mich frage, was sie den ganzen Tag über macht.

»Abgesehen von der Arbeit?« Sie lacht. »Eigentlich arbeite ich rund um die Uhr. Ich wandere. Gehe spazieren. Ich beobachte. Keine Ahnung. Mir wird's nicht langweilig.«

Das Leben in einer Stadt ist nicht so anders, erklärt Chelsea: Du wachst auf, du arbeitest, du isst zu Abend. Ein Leben gleicht dem anderen, ein Tag hier ist derselbe Tag anderswo, nur dass es hier keine Bank und keinen Supermarkt gibt, kein Einkaufszentrum und keinen McDonald's. Im Grunde gibt es überhaupt keine Geschäfte, keine Stadt, keine Kirche und keine Häuser. Es gibt nur Kunden. Sie sind immer hungrig und manchmal dreckig. Sie wollen Kaffee, Kaffee, Kaffee. Sie wollen wissen, wann sie das letzte Mal das Nordlicht gesehen hat oder ob es gerade Wildtiere gibt, die es zu fotografieren lohnt. Immer schälen sie sich aus mehreren Schichten Jacken. Im Winter sind es locker dreißig Grad unter null, im Sommer klettert das Thermometer mit Glück auf plus fünf Grad Celsius.

Ich frage Chelsea, was ihr am meisten Spaß macht. Sie lächelt. Manchmal trampt sie.

»Hier oben gibt es nur zwei Orte, an die es einen verschlagen kann: Entweder man fährt zurück nach Fairbanks, oder man fährt gen Norden nach Prudhoe Bay.«

Als sie zum ersten Mal zu trampen wagte, konnte sie nicht aufhören zu lächeln.

»Ich saß da wie ein Idiot«, sagt sie und zieht eine Grimasse wie ein völlig durchgeknallter Insasse einer psychiatrischen Klinik im Film. »Ein Grinsen von hier bis da, als wäre das mein größtes Abenteuer, verstehst du? Obwohl man sich bei den Leuten hier oben … irgendwie sicherer fühlt. Alle sind ausschließlich hier, um zu arbeiten, keiner würde seinen Job dafür riskieren, eine Frau anzugehen. Also trampe ich. Ich hatte keine Angst. Ich dachte: *Ich fahre in die Stadt*. Ich war so lange isoliert. Ich hatte ein freies Wochenende. Wer würde da nicht wieder unter Menschen wollen? Ich ging ins Kino«, sagt sie. »Und in ein paar Bars. Es war Dezember, ich war hier oben ein paar Monate eingeschneit gewesen.«

Dann ging sie in den Supermarkt.

»Ich hab Gemüse gekauft. Vorher hatte ich eine Liste gemacht, mit den ganzen Sachen, die ich den anderen mitbringen sollte – hauptsächlich Bier und ein paar Snacks –, und dann bin ich mit einem anderen Trucker zurückgefahren, einem alten Mann, der gerade einen Hamburger und Kroketten auf dem Schoß hatte, als er mich mitnahm. Der war total nett, das war super. Manchmal bin ich etwas nervös beim Trampen – du weißt ja, wie das ist.«

Das weiß ich tatsächlich.

Auch weiß ich durch die vielen Abende, die ich mit der Vorbereitung dieses Trips verbracht habe, dass es in Alaska für eine Frau gefährlicher ist als irgendwo sonst in Amerika. Der Bundesstaat führt immer wieder die Liste mit den meisten gemeldeten Vorfällen häuslicher Gewalt an, und hierbei handelt es sich am häufigsten um Gewalt gegen indigene Frauen. Laut einem Bericht des Justizministeriums von 2010 werden vier von fünf indigenen Frauen in Alaska während ihres Lebens Opfer von häuslicher Gewalt. Die Hälfte aller Frauen wird eine Vergewaltigung, körperliche Gewalt oder Stalking erleben, eine Zahl, die mehr als doppelt so hoch liegt wie bei weißen Amerikanerinnen. Häufig ereignen sich diese Fälle häuslicher Gewalt landeinwärts, in Kleinstädten oder den Reservatsgebieten, die über keine Polizeiwache verfügen, manchmal gibt es noch nicht einmal Straßen, die dorthin führen. Es kann Tage dauern, bis man die betroffene Frau erreichen kann, häufig werden Boote oder ein Flugzeug benötigt, und das Wetter kann die Anreise verzögern. Es gibt keinen Notruf. Die Mitglieder aus der Community sind die ersten – und häufig einzigen – Zeugen bei häuslicher Gewalt oder sexuellen Übergriffen. Aus diesen und anderen Gründen ist es für indigene Frauen aus Alaska im Vergleich zu anderen Bevölkerungsgruppen besonders unwahrscheinlich, dass sie ärztliche Versorgung und Zugang zu Ressourcen erhalten oder gerichtlich gegen Täter vorgehen können.

Auf dem Dalton Highway verschwinden Frauen selten, doch das gilt nicht für den Rest von Alaska, wo dies überdurchschnittlich häufig passiert. Da kaum Daten erhoben werden und über dieses Thema wenig berichtet wird, ist es schwer möglich, eine genaue Zahl der vermissten und ermordeten indigenen Frauen in Alaska zu benennen. Die Daten des National Crime Information Center legen nahe, dass allein seit 2016 mindestens fünftausendsiebenhundert indigene Frauen vermisst gemeldet wurden, wobei Hilfsorganisationen die tatsächlichen Zahlen deutlich höher schätzen. In einunddreißig Prozent der Fälle handelt es sich um indigene Frauen, die achtzehn Jahre oder jünger sind, und etwa ein Drittel taucht erst gar nicht in offiziellen Statistiken auf.

»Wir kamen beide aus dem Mittleren Westen, der Trucker und ich«, erzählt Chelsea weiter. »Also hatten wir jede Menge Gesprächsstoff. Als er mich wieder hier in Coldfoot Camp absetzte, waren alle so happy, weil sie seit Monaten keine Cheetos mehr gegessen hatten.«

Wie dem auch sei, sagt sie, das Leben hier oben ist jedenfalls besser als ihr Leben da unten. Chelsea machte 2013 an einem College in Wisconsin ihren Abschluss und arbeitete vier Jahre lang als Kammerjägerin.

»Ungeziefer«, sagt sie. »Jede Art von Ungeziefer.«

Ihren jetzigen Job hatte sie gefunden, indem sie ein einziges Wort in die Suchmaske eingab – Alaska. Sie hatte gedacht, Coldfoot würde ein Abenteuer werden. Vielleicht wäre sie nur eine bessere Kellnerin, Hotelmanagerin und Putzfrau in einem – und wenn schon. Immerhin war sie es in *Alaska*. Und besser, als Ungeziefer zu vernichten, wäre es allemal.

»Hier oben«, erzählt sie, »lernt man jeden Tag neue Menschen kennen. Manchmal ist es ein Tourist aus einem anderen Land – aus Indien, China, Singapur –, und manchmal ist es ein Trucker, den man schon hunderttausendmal gesehen hat, aber man muss eben einmal mit ihm zurück nach Norden trampen, um zu merken, wie viel man gemeinsam hat. Und manchmal«, an dieser Stelle lächelt sie verschmitzt, »ist es ein Elch oder ein Karibu auf dem Parkplatz, der einfach da chillt, und dann sind die Touristen natürlich besonders glücklich. Aber hier ist kein Tag wie der andere. Und von jedem Menschen kann man etwas lernen.«

*

Aller guten Dinge sind drei, heißt es so oft.

Ich brauchte drei Anläufe, um zu begreifen, dass Dave im Stande war, mich körperlich anzugreifen.

Er hatte mich in Ohio angebrüllt und in einem Zelt in Colorado, doch zu Beginn des Frühlings, im März, fing er damit an, seinen ganzen Körper einzusetzen, um mich gnadenlos in die Knie zu zwingen.

Wir besuchten Freunde und Familie in San Francisco. Ich hatte uns eine Wohnung gebucht, in der alles weiß war: ein weißer Tisch, weiße Bettwäsche, weißer Teppich – wie gemacht für ein Paar, das seine Tage nicht wie wir in Dunkelheit verbrachte.

San Francisco war ein Ort ewigen Sonnenscheins, der Wärme, des endlosen Sommers. Hier waren wir auf unser erstes Date gegangen, hatten am Pier gesessen und waren Händchen haltend Riesenrad gefahren. Ich hoffte, die Reise könnte etwas von unserem frühen Glück zurückbringen; dass unsere Streitigkeiten zu Hause bleiben würden.

Eines Abends gingen wir mit einem Freund von Dave aus – ein Double Date in einem italienischen Restaurant mit Lichterketten in den Palmen, Votivkerzen und sehr hübsch arrangierten Portionen aus elegant gedrehten Nudeltürmen auf dem Teller.

Bei dem Freund handelte es sich um einen Mann, den Dave vor Jahren über die Kirche kennengelernt hatte, ebenfalls ein frommer Christ, von dem Dave hoffte, er könne ihm in dieser Zeit der Krise zur Seite stehen. Ich wollte nicht mitgehen, doch er flehte mich an.

»Das würde mir alles bedeuten«, sagte er.

Ich bestellte Pappardelle. Wir saßen an einem Tisch mit weißer Tischdecke unter den Bäumen. Die junge Frau des Mannes erzählte mir von ihrem Job als Innenarchitektin – die Sofas, die Südfenster –, während der Mann, dessen Teller keinen halben Meter von meinem entfernt stand, Dave ganz offen vor unserer Beziehung warnte.

»Ihr seid ein zu ungleiches Paar«, sagte er. Dann nickte er in meine Richtung. »Bei solchen Frauen musst du vorsichtig sein. Sie wird dich von deinem Glauben wegführen. Denk nur an Calvin.«

Calvin hatte einer Atheistin einen Antrag gemacht. Nun kam er nicht mehr zum Gottesdienst. Sie waren überzeugt, er habe sich von Gott abgewandt.

»Mit ihr«, wiederholte er, »wird das nicht gut gehen.«

Die junge Frau schwadronierte weiter von antikem orangefarbenem Leder und der Ästhetik von Kugelleuchten. Ich wollte eine Szene machen. Stattdessen sah ich einfach zu, wie der Mann, den ich liebte, schweigend nickte. Dave verteidigte mich nicht, erzählte nicht, wie ich mich für ihn verbog, von den Gottesdiensten und unseren Gebeten. Sagte nichts über mein Herz, meinen Charakter, nichts über die Frau, als die ich mich *erwiesen* hatte.

Als sie uns endlich an unserer Mietwohnung rausließen, von der ich gehofft hatte, sie würde unsere Probleme lösen, knickte ich ein. Mitten auf der Straße brach ich zusammen. »Drinnen«, sagte er. »*Geh rein.*«

Drinnen heulte ich, und er fing an zu brüllen. Es war falsch von mir, schrie er, den Ratschlag seines Freundes als gefühllos zu betrachten, kalt und grausam, falsch, ihm sein Stillschweigen vorzuwerfen, falsch, den ungemeinen Wert nicht zu erkennen, der hinter einer so vereinfachten Analyse unserer Verbindung steckte. Er schrie und gestikulierte wild, drängte mich im Schlafzimmer in eine Ecke, dann im Badezimmer in eine Ecke, bis ich hinter der

Toilette kauerte und mein ganzer Körper zu zittern begann, zu *krampfen*, da mir endgültig klar wurde, dass er imstande wäre, mir körperlichen Schaden zuzufügen.

Ich zitterte vor Angst. Ich sah hinunter auf meine Arme, meinen Oberkörper, wie mein gesamter Körper zusammenklappte, *wie er meinen Körper dazu gebracht hatte zusammenzuklappen* – und Dave sah es auch.

Nach einem Moment ging er, ohne ein Wort zu sagen, und knallte die Tür hinter sich zu.

Zurück im Schlafzimmer saß ich reglos auf der Bettdecke. Es gab jede Menge Menschen, die ich hätte anrufen können, Freunde und Familie, die mich aus dieser Situation herausholen würden, doch ich rief niemanden an.

Nichts passiert, sagte ich mir. *Er hat mir nur Angst eingejagt. Er war wütend.*

Als er Stunden später zurückkehrte, dämmerte es schon beinahe, der rosa-weiße Himmel wurde stellenweise über den Palmen sichtbar. Er zeigte mir ein Foto, das er von zwei ineinander verschlungenen Bäumen gemacht hatte. Ein weiteres Zeichen von Gott. Gott hat uns noch nicht aufgegeben, sagte er. Wir mussten einfach weiter gemeinsam wachsen.

Er hatte zwei Cappuccinos mitgebracht. Auf ihrer Oberfläche schwappte Schaum in Form eines Farnblatts.

»Ich habe hinter einem Müllcontainer mit Gott gesprochen«, sagte er, als würde das Sinn ergeben. »Er hat mir gesagt, dass gemeinsames Wachstum häufig für großes Unwohlsein sorgt.«

Er reichte mir meinen Kaffee. Ich fühlte seine warmen Hände auf meinen. Nach seinen Wutanfällen schien es ihm immer eine große Freude zu machen, sich um mich zu kümmern, als würde diese zur Schau gestellte Zärtlichkeit die Gründe rechtfertigen, weswegen sie überhaupt nötig war.

Er setzte sich neben mir aufs Bett. Ich fühlte, wie er nach meinem Arm griff, fühlte seine Finger, die über mein Dekolleté strichen, mein Schlüsselbein und schließlich mein Kinn, wie er die Haut streichelte, die er anbrüllte, aber nie schlug.

»Das Zittern war komisch«, sagte er schließlich. »Ich weiß nicht, warum dein Körper das gemacht hat.«

Aus den Texten, die ich unterrichtete, kannte ich diese manipulative Form der Gewalt: Durch Gaslighting kontrolliert der Täter deine Geschichte. Deine Beziehung zur Außenwelt. Manchmal sogar deine Beziehung zum eigenen Körper. Der Täter bestimmt das Narrativ: *Das war komisch, was dein Körper gemacht hat.*

Um unsere Füße hingen die weißen Laken.

Das war komisch, dachte ich. *Was mein Körper da gemacht hat.*

*

Ich sehe Joy im hinteren Teil des Restaurants an einem langen polierten Holztisch, der ausschließlich für Trucker reserviert ist, wie man auf einem Schild in drei Sprachen nachlesen kann.

Joy sitzt dort bei einem Trucker namens Mike, der kaum älter als fünfundzwanzig aussieht. Er hat eine Baseballmütze auf und trägt Cargohose und einen schwarzen Kapuzenpullover, auf dem *Diesel* steht. Er ist einer der »neuen Männer«, wie Joy mir später erzählt, die mit *Ice Road Truckers* aufgewachsen sind und nach Alaska fliegen, um das große Geld zu machen und sich als Teil der letzten Wildnis Amerikas zu fühlen.

»Sind schon okay die Jungs«, erzählt sie mir, »aber sie respektieren die Gesetze der Straße nicht. Sie spielen mit dem Feuer, fahren immer etwas schneller, riskanter. Und das bringt uns alle in Gefahr.«

Am Truckertisch tunkt Mike gegrilltes Hähnchen in Ranch-Soße. Er sagt, das sei sein zweites Jahr hier, so einen Job habe er noch nie gehabt, er plane, niemals in Rente zu gehen.

»Wird nie langweilig werden.«

Hinter ihm hängen gerahmte Fotos, Zeitungsausschnitte und selbst gemachte Kunstwerke zu Ehren der Trucker, die den Highway befahren. Man sieht dort Männer wie Georgie Spears, dessen Gesicht das Cover der *Trucker News* aus dem Oktober 2006 ziert.

Mit Alaskas Truckern auf dem tückischen Dalton Highway!, lautet die Schlagzeile.

Auf dem Foto trägt Georgie eine Jeanslatzhose und hält eine riesengroße Plastikthermoskanne für Kaffee hoch, auf der steht: *Filler Up*.

An einer anderen Wand sehe ich Postkarten von Reisenden aus der ganzen Welt, von Fans von *Ice Road Truckers* oder Saisonfahrern, einige von »MudD & Franny«, die ihre Grüße aus Island, Neuseeland, aus der Mojave-Wüste und Santa Clarita gesendet haben.

Ich sehe gerahmte Fotos von Eisbären und den Bergen, von Polizeiautos, die mit ihrem Blaulicht vor Karibus auf der Straße warnen. Es gibt Werbeposter der Transportfirmen mit inspirierenden Zitaten über harte Arbeit. Auf einem Poster sind zwei sich schüttelnde Hände abgebildet, weiß, aber ölverschmiert, darüber die Worte: *An die Arbeit.*

Mir wird heute nichts passieren, steht auf einem vergrößerten Foto eines Lyndon-Transport-Trucks. Darunter steht dick gedruckt: *Darauf mein Ehrenwort!*

Alles wirkt wie Propaganda, die dazu gedacht ist, die Männer die Gefahren ihres Berufs vergessen zu lassen. Doch bei einem Bild stockt mir der Atem. Darauf fährt ein Sattelzug durch die dunkle Nacht, am Steuer ein rundes lächelndes Gesicht, doch der Truck verläuft und wird zu Jesus, der mit dem Finger unmissverständlich nach vorn deutet. *Fürchtet euch nicht, denn ich bin bei euch,* steht auf einer Tafel darunter.

»Weißt du, woher der Name hier kommt?« Ein älterer Trucker hat sich zu mir gewandt. Er trägt einen grünen Filzhut und ein blaues Holzfällerhemd und ist sicher schon über siebzig. Seine grauen Haare hat er zu einem dünnen Zopf geflochten, und er hat das freundlichste Gesicht, das ich je gesehen habe.

Sein Name, sagt er, ist Rich, und er ist einer von Joys besten Freunden.

»*Allerbesten* Freunden«, sagt Joy und legt ihm einen Arm um die Schultern. »Mann, ich liebe diesen Kerl!«

»Die Geschichte dieses Ortes«, sagt Rich, »handelt von Männern, die Muffensausen bekommen haben.«

Coldfoot Camp, das ursprünglich Slate Creek hieß, wurde 1898 gegründet, als der Goldrausch seinen Höhepunkt erreichte. Es gab eine Spielhalle, zwei Gasthäuser, zwei Geschäfte und sieben Saloons. Doch nachdem überall die Furcht vor Alaskas Winter aufkam, kehrten einige Hundert Goldsucher mit leeren Händen zurück in den Süden. Sie hatten kalte Füße bekommen.

»Einige von ihnen blieben«, erzählt Rich, »und dreizehn Meilen weiter, im winzigen Städtchen Wiseman, konnten sie das Gold später mit bloßen Händen aus dem Flussbett sammeln.«

»Als wäre ihr Mut belohnt worden«, fügt ein anderer Mann hinzu. Er heißt Donald, ist etwa so alt wie Rich und isst Porridge mit Blaubeeren.

»Hier gibt es den ganzen Tag über Frühstück«, erklärt Joy. Zu Chelsea sagt sie: »Ich nehme ein Omelett mit Jalapeños, Pilzen und Tomaten. Bitte keine Paprika. Wenn Paprika drin ist, schmeckt's mir nicht. Und die hausgemachten Wedges, bitte.«

Ich bestelle Spiegeleier mit Röstkartoffeln, Roggentoast und gebratenem Speck.

»Also jetzt keine kalten Füße bekommen«, sagt Rich und deutet auf Joy. Ich muss an die SMS denken, die Joy mir am Flughafen geschickt hat, mit genau demselben Wortlaut. »Diese Lady hier sagt, sie nimmt dich mit hoch nach Prudhoe?«

»Jup.«

»Gut anschnallen«, sagt Donald. »Joy schleppt Paletten, die mehr wiegen als sie selber!«

Rich wendet sich mir zu. »Auf den nächsten Meilen kommen einige Schilder mit Frauennamen drauf. Flüsse und Hügel und

Kurven – die stehen alle für Frauen aus Wiseman, die geblieben sind und den Ort haben aufblühen lassen. Ich nenne sie nicht gern *Prostituierte*, denn damals hatte ihr Job eine andere Bedeutung, sie waren ein zentraler Bestandteil des Dorfes. Aber nun ja, das waren sie nun einmal, und die Jungs haben die Flüsse und Berge dort oben nach ihnen benannt.«

»Ziemlich cool«, sage ich. Ich sehe Joy dabei zu, wie sie ein Döschen Kaffeesahne aufreißt und daran riecht.

»Rich«, sagt sie und rührt in ihrem Kaffee, »war einer meiner ersten Freunde hier oben. Du fährst die Straße jetzt … seit wie vielen Jahren?«

»Seit es sie gibt.«

»Im Grunde hat Rich die Straße mit*gebaut*«, witzelt Joy.

»Du hast mir geholfen. Das werde ich nie vergessen. Einer meiner Lüfter war eingefroren. Ich war schon oben auf dem Atigun Pass und musste wieder zurück zur Brücke. Ich versperrte die gesamte Straße – hinter mir stauten sich schon die Trucks, und du warst die Einzige, die mir geholfen hat.«

»Stimmt.«

»Und das werde ich dir nie vergessen.«

»Wir mussten an dir vorbei!«, fügt Donald hinzu und rührt seinen Haferbrei um.

Rich lächelt. Er wendet sich wieder an mich. »Du bist ja neu dabei, also merk dir eine Regel: Wenn du jemals liegen bleibst oder im Graben landest, solltest du besser die gesamte Straße versperren, sodass niemand vorbeikann, dann wird dir garantiert geholfen!«

Er lacht. Donald lacht. Ich bin mir nicht sicher, ob sie wissen, dass ich niemals selbst fahren werde.

»Ist notiert«, sage ich.

»Das solltest du auch, das ist so eine unausgesprochene Regel, die nur wir Oldtimer kennen.«

Unsere Eier kommen, und wir essen.

»Lecker«, sage ich zu Joy.

»Superlecker.«

Hinter ihr auf dem Fernsehbildschirm sendet Fox News Warnungen vor den Demokraten. Die Kamera schwenkt auf Donald Trump, der an einem Podium steht und spricht. Er trägt einen blauen Anzug und eine blaue Krawatte und hat die Arme verschränkt. Im Newsticker lese ich in roten Buchstaben: *FOX NEWS ALERT*.

»Das werfe ich den Leuten vor, die Amerika geführt haben«, sagt er. »Ich werfe es den Präsidenten vor. Den Abgeordneten.«

Einer der jüngeren Trucker sieht hin, das Stück Hühnchenfilet noch in der Hand. Senf tropft auf den Tisch. Ich schneide das Eigelb an und sehe zu, wie Rich bei den Marmeladen seine Wahl trifft.

Dass Trump unter diesen Menschen als Held gefeiert wird – von Truckern, den Arbeitern auf dem Ölfeld und Alaskanern im Allgemeinen –, ist wohl wenig überraschend. Es handelt sich um einen Ort, der von der republikanischen Politik in höchstem Maße profitiert, es ist eine Region, in der finanzielle Vorteile für die Mehrheit wichtiger sind als die Folgen des Abbaus: für Land, Menschen und Gesetzgebung. Die Städte, die es hier oben gibt – und ganze Industriezweige –, existieren ausschließlich zum wirtschaftlichen Nutzen, und mehrere Jahrzehnte lang waren die hier erzielten Gewinne gigantisch. Prudhoe Bay, das sich über achtzigtausend Hektar erstreckt, unter denen geschätzte fünfundzwanzig Milliarden Barrel Rohöl liegen, erlebte seine Hochzeit der Förderung vor fünfunddreißig Jahren: Etwa zwei Millionen Barrel raffinierten Rohöls wurden hier täglich gefördert. Doch die Zeiten haben sich geändert, die Vorkommen sind beinahe erschöpft, und das Fördervolumen ist mittlerweile auf zweihundertachtzigtausend Barrel pro Tag geschrumpft. Auch mit den Preisen geht es bergab, während international neue Konkurrenz entsteht.

Vor einigen Jahren, erzählt Joy, war das Prudhoe Bay Hotel, in dem wir heute übernachten werden, völlig überlaufen von den vielen Arbeitern vom Ölfeld sowie den Köchen und Angestellten der

Kantinen, die für ihr leibliches Wohl sorgten. Doch nun ist es ruhig auf den Fluren, die Fitnessräume liegen dunkel und verlassen da, und man muss nicht mehr Schlange stehen, um unter die Dusche zu kommen.

»Ist schwer, sich darüber keine Sorgen zu machen«, sagt Joy. »Ich meine, *klar* steht keiner gern Schlange, um sich zu waschen. Aber es gibt einem schon zu denken. Was wird aus dem Ölfeld, wenn es kein Öl mehr gibt? Was wird aus den Männern und Frauen, die nur dieses Leben kennen? Was wird aus *mir*?«

Das ist, sagt sie, keine Sache, bei der es nur Schwarz und Weiß gibt, Öl oder kein Öl. Es geht um ihre Existenz. Ehrliche, hart arbeitende Menschen bestreiten hier ihren Lebensunterhalt, um etwas zu essen auf den Tisch stellen zu können.

»Dieser Ort hier«, erzählt sie, »wurde auf dem Versprechen von Wohlstand erbaut. Was, wenn der Wohlstand nun futsch ist?«

»Ich weiß es nicht«, sage ich.

Dann passt man sich an, sagt sie. Sucht etwas Neues. Neues Land, auf dem gebohrt wird.

»Das Arctic National Wildlife Refuge«, sagt sie. Ein riesiges, unberührtes Areal, das häufig als »Amerikas letzte große Wildnis« bezeichnet wird. Unfassbare acht Millionen Hektar groß, bietet es einigen der sensibelsten Ökosysteme der Welt ein Zuhause, in denen viele der Tiere leben, die wir am meisten schätzen: Elch und Vielfraß, Karibu, Eisbär und unzählige Zugvögel. Doch unter der Erde liegen auch geschätzte 5,7 bis sechzehn Milliarden Barrel Rohöl.

1960 erklärte Präsident Eisenhower das Land offiziell zum Naturschutzgebiet, und in den folgenden Jahrzehnten haben sich zahlreiche Präsidenten und ihre Kongresse dagegen gewehrt, die Bohrung nach Öl und Erdgas zu erlauben, unter anderem, da das unwirtliche Klima und die kurze jährliche Wachstumsphase der Flora bedeuten, dass sich die Umwelt nur langsam von Schäden erholt. Luftaufnahmen von 2018 zeigen noch immer die Spuren, die die Fahrzeuge zur Erkundung und für seismische Untersuchungen in den 1980ern hinterlassen haben.

Sie ziehen sich wie Narben durch die Tundra.

Ölbohrungen in diesem Gebiet stehen schon seit Jahren ganz oben auf der republikanischen Prioritätenliste, sodass das Naturschutzgebiet mit jeder neuen Präsidentschaftswahl in Gefahr gerät. Da die Republikaner nun den Senat, das Repräsentantenhaus und das Präsidentenamt kontrollieren, lecken sich die Befürworter der Bohrungen natürlich die Finger und sind überzeugt, die Industrialisierung von Amerikas letzter großer Wildnis läge nun in greifbarer Nähe.

»Ich weiß nicht, ob mir das gefällt«, sagt Joy, »aber es ist wenigstens etwas. Wenigstens *tun* wir nicht so, als gäbe es kein Problem und als wäre die Lebensgrundlage der Menschen aus Alaska völlig egal.« Sie nimmt einen Bissen von ihrem Omelett. »Ich kann beide Seiten verstehen. Natürlich ist das Gebiet wichtig. Aber das hier sind meine Leute. Auch ihr Recht auf Arbeit zählt.«

Ich denke über ihre Worte nach, *meine Leute*, darüber, wessen Lebensgrundlage wichtig ist.

Laut der republikanischen Senatorin von Alaska, Lisa Murkowski, würden Bohrungen in dem Naturschutzgebiet für die Menschen hier zu unzähligen Jobs und etwa einer Milliarde Dollar Gewinn durch Öl und Gas allein in den nächsten zehn Jahren führen. Ihre Gegner hingegen sagen, der Plan würde nur zu einem Bruchteil der versprochenen Gewinne führen, und das bei irreparablen Schäden, die der Natur zugefügt würden; eine aktuelle Analyse des Center for American Progress kam zu dem Schluss, Murkowskis Plan mache den Fehler, »die Produktionskosten und die sich wandelnden Marktbedingungen nicht in die Kalkulation einzuberechnen – ganz besonders die niedrigen Rohölpreise – und sich auf veraltete Schätzungen der Vorkommen zu beziehen«.

Viel schlimmer jedoch ist, dass das Projekt zu weitreichenden, permanenten Umweltschäden führen, den Lebensraum der Wildtiere und seine fragilen Ökosysteme bedrohen und die Gwich'in weiter in Bedrängnis bringen würde – eine indigene Gruppe der Bewohner Alaskas, die seit Tausenden von Jahren auf diesem Land leben.

»Wir sind das Karibuvolk«, schrieb die Gwich'in Sarah James in *Caribou Rising*. »Wir essen nicht nur Karibu, wir sind eins mit ihnen. Sie sind in unseren Geschichten und Liedern und der Art und Weise, wie wir die Welt sehen.«

Besonders die Gwich'in verteidigen ihr Land mit aller Kraft und protestieren lautstark gegen Bohrungen im Arctic National Wildlife Refuge. Sie sind sich sicher, dass Ölbohrungen auf diesem Gebiet die Karibuherden dezimieren würden, von denen ihr Überleben abhängt.

»Es ist schwierig«, sagt Joy. »Es ist schwierig. Natürlich will ich nicht, dass irgendwer sein Zuhause verliert. Sein Jagdgebiet. Und die Eingeborenen waren zuerst hier. Das verstehe ich. Das respektiere ich. Aber was ist mit uns anderen, wenn diese Ölfelder hier versiegt sind?«

Ich sehe sie und Rich und Donald vor mir und all die Gesichter, deren Namen ich noch nicht kenne. Nichts in mir will, dass ihr Lebensunterhalt in Gefahr gerät. Ich sage es nicht laut, aber gleichzeitig denke ich, dass die Gwich'in, Tanana, Koyukon und Iñupiat ebenso ein Recht auf Leben haben, mehr noch als alle anderen hier. Sie *waren* zuerst hier. Sie sind diejenigen, die mit den Konsequenzen leben müssen, wenn ihre Nahrungsquellen und Jagdgebiete schwinden, wenn die Wanderwege der Herden unterbrochen werden, wenn ihre Dörfer zerstört werden.

Joy sieht hoch zu Trump und lächelt verschmitzt. »Ich weiß nicht«, sagt sie, »ich finde, er macht das gut.«

Chelsea schenkt uns noch einen Kaffee ein, und Joy gießt ihn in zwei To-go-Becher um.

»Wir sollten uns aufmachen«, sagt sie. »Es ist später Nachmittag, und der Wetterdienst hat klaren Himmel vorausgesagt. Wenn wir jetzt losfahren, siehst du den Sonnenuntergang über der Tundra, und an Abenden wie diesen wird es Nebensonnen geben.«

Ein wenig schäme ich mich für die Erleichterung, die dieser Themenwechsel in mir auslöst. Ich frage sie, was eine Nebensonne ist.

»Eine Nebensonne«, sagt Joy, »ist eine optische Täuschung.«

Das Wort beschreibt die Art und Weise, wie die Sonnenstrahlen auf die Tundra treffen und kleine leuchtende Regenbogen erzeugen, die wie ein Heiligenschein über allem liegen.

»Strahlendes Licht«, sagt sie, »überall.« Als trüge Gott uns über die Ziellinie.

Ich stelle mir meinen kleinen Terrier vor, der über eine weite weiße Mondlandschaft tollt. Ich stelle mir Oosk vor, wie sie über den Permafrost hüpft und ihre Pfoten in das magische Blau gräbt.

»Das klingt schön«, sage ich.

Rich und Donald sind auf dem Weg gen Süden. Sie umarmen mich.

»Ich sag dir was«, raunt Rich mit seinen großen Händen auf meinen Schultern, »wenn ich eine Lehrerin wie dich gehabt hätte – eine, die sich die Mühe macht, *alle* möglichen Leute kennenzulernen –, dann wäre ich auch studieren gegangen.«

»Du hast doch was aus dir gemacht«, sage ich. »Aber das hier ist eine harte Schule.«

»Rich und ich witzeln manchmal«, sagt Joy, »dass wir tatsächlich an der Uni eingeschrieben sind. Wir gehen auf die Dalton University.«

Sie lächeln einander an. Diese Art von Freundschaft wünsche ich mir auch.

»Tschüss«, sagt Joy schließlich. Auch sie umarmt die beiden. »Vielleicht sehen wir uns diesen Monat noch mal?«

»Hoffen wir's.«

Joy lehnt sich an mich, als wir die Tür aufdrücken und die kalte Luft hereinweht.

»Donalds Dad«, sagt sie, »der war auch Autor. So wie du. Erwin S. Bourne. Schlag's nach. Der hat sieben Bücher geschrieben, und Donald redet immer davon, dass er keins gelesen hat. Hat er nie Zeit für. Wenn er in Rente geht – wenn er fertig ist als Trucker –, dann, sagt er, will er sich eine Hütte am Arsch der Welt mieten und sie endlich alle lesen, und ich hoffe, dass er das auch macht. Weil, die Jungs hier oben, die haben immer große Pläne für ihre Rente. Sie sagen, sie werden das und das machen. Aber die Wahrheit, und die ist nicht schön, ist, dass sie häufig draufgehen, bevor es so weit ist.«

Wir steigen in ihren Pick-up. Sie sprüht etwas Scheibenwaschflüssigkeit aus der Anlage und reinigt die Windschutzscheibe von Insekten.

»Dieser eine Kerl, Leon«, fährt sie fort. »Vor ein paar Monaten hat er mir erzählt, dass er sich in seiner Hütte zur Ruhe setzen und angeln gehen wird. Drei Monate später ist er von einem der Räumfahrzeuge gefallen, die hier die Straße frei machen, und ein paar Tage später ist er gestorben. Man weiß es einfach nie. So ist das.«

Ich sehe zu, wie Rich und Donald zurück in ihre Trucks klettern. Sie winken zögerlich, und ich winke zurück.

»Ich hätte nicht erwartet, dass sie so herzlich sind.«

Joy nickt und tippt zum Gruß mit zwei Fingern an die Stirn. »Jup«, sagt sie. »Die Jungs hier. Das sind die freundlichsten Männer, die ich je erlebt habe.«

Kurz denke ich an James. Joy zieht ihr Handy aus der Tasche und betrachtet es.

»Dank GCI habe ich etwas Empfang. Ich springe kurz raus und klingle zu Hause durch. James wird wissen wollen, wie es bei uns läuft.«

Sie steigt aus, stemmt eine Hand in die Hüfte und kneift vor Staub und Mücken die Augen zusammen. James geht ran, und ich höre, was sie sagt.

»*Natürlich* deine superheiße Göttergattin, wer soll denn sonst dran sein?«

Allein im Wagen tue ich so, als wäre es mein Truck. Ich stelle mir vor, es wäre der große Sattelzug und ich wäre Mothertrucker. Ich lehne mich zum Fahrersitz herüber, lege eine Hand aufs Steuer, fühle das feste Leder unter meinen Fingern. Ich nehme die Sonnenbrille vom Armaturenbrett und setze sie auf.

»Das hier ist das Land Gottes!«, sage ich.

Wer ist Joy wirklich? Ich sehe die Fächer in ihrer Tür durch, finde ein Anti-Juck-Spray vom Tierarzt, eine Bürste, ein paar schwarze Haargummis. Dann eine Zahnbürste von Colgate, eine Tube Selbstbräuner von Australian Gold.

Wer hätte gedacht, dass Mothertrucker Selbstbräuner benutzt?

Ich finde ein Päckchen Haarklammern, einen rosa Lufterfrischer in »Morning Fresh«. Einen Dauerparkschein der West Valley High School für das Schuljahr 2016–2017 – von Samantha – und eine CD mit 70er-Jahre-Hits sowie einen Behindertenausweis wegen ihres verletzten Knies.

Von draußen höre ich, dass Joy nach Samantha fragt, dann quietscht sie vergnügt.

»*Samantha!*«, sagt sie. »Samantha, 16,8! Du wirst nicht glauben, was deine Mommy geschafft hat!«

Sie ist über ihren geringen Verbrauch überglücklich. Aus einem früheren Gespräch weiß ich, dass Samantha bereits ihren vorläufigen Führerschein hat, und zwischen den beiden läuft ein inoffizieller Wettbewerb darum, wer aus dem Sprit die meisten Meilen rausholt.

»Nicht schlecht für den Dalton Highway«, frotzelt Joy. »Irgendwann musst du ihn auch mal fahren.«

Ich sehe im Rückspiegel, wie sie lacht und auflegt, sie presst das Handy an ihre Brust und seufzt. Ich sehe ihr durch die Gläser ihrer eigenen Sonnenbrille zu. Dann wendet sie sich um und steigt wieder ein.

»James sagt, morgen wird's hier stürmisch«, berichtet sie und schlägt die Tür zu. Sie nimmt mir die Sonnenbrille ab.

»Was bedeutet das?«

»Das bedeutet, dass du dich auf was gefasst machen kannst!«, sagt sie und haut einmal auf das Lenkrad, um ihren Worten Gewicht zu verleihen. »Wir müssen einfach langsam machen, vielleicht bleiben wir auch eine Nacht länger in Prudhoe, wir werden es sehen.«

Ihr Handy piepst.

»Oh, sieh an«, sagt sie. »Das ist mein Kumpel Lee Grace.«

Jeden Tag, erklärt Joy, schickt Lee Grace eine Gruppennachricht zu einem Dutzend Bekannten. Sie sagt, die Nachrichten seien spirituell.

»Meistens ist es etwas, was ich an dem Tag gebraucht habe«, sagt sie und scrollt durch die Nachricht. »Mal sehen, was es heute ist: *Aber er ist um unsrer Missetat willen verwundet und um unsrer Sünde willen zerschlagen. Die Strafe liegt auf ihm, auf dass wir Frieden hätten, und durch seine Wunden sind wir geheilt. Habt einen gesegneten Tag!*«

»So etwas schickt er jeden Tag?«

»So ungefähr«, sagt sie. »Ich mache mir manchmal Sorgen um ihn. Das Komische ist, dass ich die anderen Leute aus der Gruppe gar nicht kenne. Das sind für mich alles fremde Nummern.«

»Wenigstens weißt du so, dass Lee okay ist?«

»Oh, das ist wahr«, sagt Joy und nickt. »So habe ich das noch nie gesehen. Aber du hast recht. Wenn er schreibt, ist er am Leben.« Sie atmet geräuschvoll durch ihre zusammengebissenen Zähne aus. »Wow, weißt du, ich wüsste echt nicht, was ich ohne Lee Grace machen würde. Ich weiß es nicht. So habe ich das Gefühl, Gott wäre mit mir im Truck.«

Wieder denke ich an das Bild zurück, das in Coldfoot an der Wand hängt – an Jesus, der gen Norden deutet.

»Ich schreibe Lee Grace immer zurück oder rufe ihn an – mache ich wirklich«, sagt sie und sieht aus dem Fenster. »Man kann gar nicht vorsichtig genug sein. Man weiß nie, wann es vielleicht das letzte Mal ist.«

Dann fängt sie an, ein Kirchenlied zu singen, das ich noch nie gehört habe, was nicht schwierig ist.

Ich versuche, die Melodie mitzusummen, als schwacher Hintergrundgesang.

»Manchmal«, sagt Joy zur Erklärung, »wenn ich müde bin, dann höre ich Rock 'n' Roll. Aber wenn ich Angst habe, dann singe ich ein Kirchenlied. Das hier ist mein liebstes, es heißt ›Precious Lord, Take My Hand‹.«

Sie setzt sich aufrecht hin und beginnt zu singen, sanft füllt ihre Stimme die Fahrerkabine aus.

»When the darkness appears and the night draws near«, singt sie, »and the day is past and gone? At the river, I stand, guide my feet, hold my hand, take my hand, precious Lord, lead me home.«

Ich sehe ihr zu, lausche, lächle.

»Hier oben kann man es wirklich mit der Angst zu tun bekommen, wenn man allein ist«, sagt sie. »Ich arbeite am Sabbat nicht, weißt du, also breche ich oft am Sonntag auf, wo viele der Jungs nicht arbeiten, deshalb bin ich häufig allein auf dem Highway. Komme nicht an vielen Jungs vorbei. Also singe ich, wenn ich nervös werde. Ich singe, singe, singe. Manchmal schwirrt der Schnee so um den Truck herum, dass ich seekrank werde, kein Witz. Aber weißt du was? Ich hänge nicht fest, und ich bin nicht tot. Dafür danke ich dann Gott.«

»Wie geht es noch mal?«, frage ich.

»Precious Lord«, summt sie.

»Lead me home«, singen wir.

»Genau!«, sagt Joy.

»Hab ich's?«

»Jup!«

Sie mag absolutes Vertrauen in Gott haben, und wir wissen beide, dass sie mutig ist, doch ich sehe, wie Joys Blick aufmerksam in die Ferne schweift, und sie fängt an, ein neues Lied zu singen.

8.

Wir sind kurz vorm Rollercoaster, der »Achterbahn«, einer Reihe steiler Hügel in schneller Abfolge, die für eine heftige Geschwindigkeitsbeschleunigung sorgen, als Joy mich aus heiterem Himmel fragt, was ich von Feminismus halte. Wobei sie allerdings nicht direkt den Begriff benutzt. Sie fragt, was ich von Dr. Laura Schlessinger halte.

»Ich weiß gar nichts«, sage ich, »über Dr. Laura Schlessinger.«

Joy weiß alles.

»Oh!«, sagt sie aufgeregt. »Das ist so eine ganz zierliche Jüdin!«

Und diese zierliche Jüdin, erzählt sie mir, ist Expertin in Sachen Männer und Frauen. Sie hat zum Beispiel eine Scheidungsregel, und die kann man sich einfach merken, weil es die A-Regel ist: *Lass dich nur von einem Mann scheiden, wenn aggressives Verhalten, Abhängigkeit von Drogen oder Alkohol oder eine Affäre im Spiel ist.*

»Dr. Laura meint, Männer sind einfach gestrickt«, fährt Joy fort, »und Frauen sind schlau und müssen das ausnutzen.«

Laut Dr. Laura zeichnet sich eine erfolgreiche Ehe dadurch aus, dass die Frau sich dem Mann verpflichtet und sich um ein paar grundlegende Dinge bemüht, die für gegenseitige Zufriedenheit und ein Gleichgewicht im Haushalt sorgen.

»Männer wollen eine Frau, die sich ihnen hingibt«, rattert Joy herunter und zählt die Regeln mit erhobenen Fingern auf, »sie in Sicherheit wiegt, sich um die Kinder kümmert und um den Haushalt.«

Dr. Laura kann mir gestohlen bleiben.

An ihrer Art zu reden kann ich ablesen, dass Joy an Dr. Lauras Checkliste glaubt: Tu *dies* und *das* und *jenes, dann wird der Mann dich ewig lieben.* Ein solches Versprechen ist natürlich verlockend; vermutlich würde da jede Frau in Amerika anbeißen, wenn sie sich so ihre körperliche Unversehrtheit sichern könnte.

»Die Feministinnen *hassen* sie«, fährt Joy fort, »dabei ist sie auf ihre Art selber Feministin, finde ich, weil sie glaubt, dass Frauen wie Königinnen behandelt werden sollten. *Königinnen!* Dr. Laura sagt: ›Ein Mann sollte freiwillig durch ein Haifischbecken schwimmen, um dir eine Limonade zu bringen – so gut musst du ihn behandeln!‹ Und da können die Feministinnen so angepisst sein, wie sie wollen, weil sie damit ehrlich gesagt recht hat. Ob es einem jetzt gefällt oder nicht, Dr. Laura hat recht. Ich habe angefangen, ihre Sendung zu hören, als Samantha noch ein Baby war, aber ich hätte es schon viel früher machen sollen; das hätte mir einiges erspart.«

Was sie sich gern erspart hätte: Wenn ein Mann Alkoholiker oder drogenabhängig ist, soll man ihn laut Dr. Laura frühestens nach fünf Jahren heiraten.

»Das ist nämlich echt keine leichte Sache«, sagt Joy, »trocken oder clean zu werden. Und Dr. Laura sagt, es ist ganz egal, wer er ist. Man sollte sich erst auf ihn einlassen, wenn er es wirklich *ernst meint.*«

Sie blickt nach draußen in die Tundra, die endlos weißen Weiten.

»Frauen sind treue Seelen. Wenn sie sich einmal auf jemanden einlassen, dann richtig. Deshalb ist es auch so wichtig, dass der Mann es *ernst meint*. Und das heißt, dass man sich *Zeit nehmen* muss.«

Ich habe keine Ahnung, ob sie von Jake spricht oder von James oder von irgendeinem Mann dazwischen. Bei allem, was wir nicht sagen – weil Joy und ich unsere Männer trotz ihrer Schwächen lieben oder weil wir uns schämen oder weil uns im tiefsten Innern bewusst ist, dass wir nach wie vor praktisch Fremde sind –, entsteht doch ein Gefühl der Gemeinsamkeit zwischen uns. Eine kollektive Collage der Erfahrung, die gemeinsame Erkenntnis, wenn auch stillschweigend, dass wir beide Frauen sind, die ihr Leben lang alles für Männer getan haben, die es weder verdient noch uns gut behandelt haben.

Es gibt so vieles, was wir nicht aussprechen können, so vieles, das ich mich nicht zu fragen wage, und ich kann nicht beurteilen, ob Dr. Laura recht hat. Aber eines ist klar, so wie wir beide nach draußen auf die fahlen Berge schauen und sich Stille zwischen uns breitmacht: Uns beiden hätte etwas weniger Abhängigkeit von Männern gutgetan.

Sie nimmt mir das Versprechen ab, zu Hause auch mal reinzuhören.

»Mach ich«, sage ich. Gelogen.

Dann erzählt Joy mir von ihrem Traum – einem Traum, von dessen Erfüllbarkeit Dr. Laura sie überzeugt hat. Ein Pferd, erklärt Joy – ein Pferd, das sie bei Craigslist entdeckt hat und dessen Besitzer es loswerden wollen.

»Es ist klein«, sagt sie, »und weiß und offen gestanden total niedlich. Also bin ich ganz besonders lieb zu James«, vertraut sie mir an, »weil ich ein kleines weißes Pferd haben will.«

Das kleine weiße Pferd ist schöner als jedes andere Pferd, das sie je gesehen hat, sagt Joy. Sie stellt sich vor, wie sie auf ihm über die offene Weide neben ihrer Hütte in der Wildnis reitet.

Aber es kostet mehr, als sie sich leisten können, und zusätzlich müssten sie einen Anhänger kaufen, ihn an James' Pick-up-Truck befestigen und nach Süden ins Niemandsland fahren, wo das kleine weiße Pferd momentan lebt.

Aber sie hat es sich in den Kopf gesetzt.

»Muss nur James noch rumkriegen«, sagt sie.

Ich stelle mir vor, wie sie James draußen in ihrer Hütte in der Wildnis Frühstück macht, Pancakes mit Butter und Honigmelone, vielleicht etwas Speck. Wie sie ihm nach der Arbeit die Knie kühlt und nach dem Essen Wiederholungen alter Kriegsdokumentationen mit ihm anschaut. Ich stelle mir den Einsatz in Form von Schweiß einer Frau vor, die es dem Mann recht machen möchte, den sie liebt, auch wenn diese Liebe kompliziert ist, und den Lohn, den sie mit ihrer Liebe verdient: ein kleines weißes Pferd, das sie lieb haben, mit Karotten füttern und mit dem sie über die Felder reiten kann.

»Ich kriege es schon«, sagt Joy trocken. »James sagt zwar, wir brauchen es nicht, aber das tun wir doch. Er weiß es nur noch nicht.«

Ich spüre die Reifen unter uns wegrutschen, als wir den ersten Rollercoaster-Hügel hinauffahren, und halte mich am Armaturenbrett fest. Ich habe lange gebraucht, bis ich die Angst vor Neuem – ein notwendiges Unbehagen – und die Angst meines Körpers bei Gefahr unterscheiden konnte. Aber es gibt einen entscheidenden Unterschied. Hier neben Joy ist die Angst vor dem Neuen belebend. Der Pick-up-Truck holpert und ruckelt unter uns, und es fühlt sich an, als würden wir fliegen.

»Wuhuu!«, ruft Joy und reißt die Arme hoch. »*Das hier* ist der Dalton Highway! *Das hier* ist der Rollercoaster!«

Ich gebe ein zaghaftes Jauchzen von mir.

»Komm schon«, sagt Joy. »*Lauter!*«

Sie brüllt, dann brülle ich auch. Und dann lassen wir alles raus: ein so lauter, ursprünglicher und animalischer Schrei, dass mein Körper sich verspannt und meine Halsmuskeln kurz vor dem Zerreißen sind. Dann löst sich alles in mir, jeder Muskel erschlafft.

»Macht das nicht Spaß?«, quietscht Joy.

»Und wie!«, rufe ich. Tut es wirklich!

Sie lacht, und es ist wunderschön. Ihre weißen Zähne glänzen. Ich bin froh, dass ich über viertausend Meilen gereist bin, nicht nur, um Joy kennenzulernen, diesen Highway entlangzufahren oder von einem grausamen Mann fortzukommen, sondern weil ich irgendwie damit gerechnet habe, dass diese Erfahrung die Angst aus meinem Körper vertreiben könnte. Ich denke an Dave und die Männer vor ihm, daran, wie sie mir Angst gemacht haben – Angst vor allem und jedem.

Joy schreit erneut auf, und ich schreie ebenfalls, spüre die Angst aus mir entweichen.

Unsere Körper hüpfen, springen und landen wieder, und zum ersten Mal seit langer Zeit fühle ich mich wohl in meiner Haut. Ich fühle mich sicher genug, mich auf den Augenblick einzulassen. Ich stelle mir Joy auf ihrem kleinen weißen Pferd vor, sehe mich direkt hinter ihr, sehe uns durch die Felder voller Weidenröschen und lila Lupinen galoppieren, durch roten Fingerhut und gelben Fingerstrauch. Nichts daran ist schwer, es gibt keinen Grund zu Furcht, Kampf oder Flucht. Die Berge in der Ferne sind verschwommen und dunkelgrau. Der Truck galoppiert unter uns.

Noch eine Steigung, noch eine Abfahrt, und wir nehmen alles bewusst wahr.

*

Zu Hause in Ohio wurden aus Tagen Wochen und aus Wochen Monate. Jahr eins ging in Jahr zwei über, und der alte Dave kehrte nicht zurück, wurde nur immer wortkarger. Ich versuchte, mich anzupassen und mich auf das Gute zu konzentrieren, aber ich musste immer wieder an die Wildapfelbäume entlang des Nachbarzauns denken: wie sie unter der Last der Früchte die Äste hängen ließen, schwer wie Flusssteine.

Um mich herum gab es indessen angenehme Dinge im Überfluss, und ich nahm mir vor, besonders darauf zu achten. Die Astern blühten an der PVC-Verkleidung unseres Hauses, und darauf saßen winzige Marienkäfer, die noch zu hell und zu jung für Punkte waren. Schwalben segelten über die Felder des Mittleren Westens, über die goldenen, spröden Stangen Mais hinweg, und jede Woche verkauften Frauen in handgenähten grünen Kleidern auf dem sommerlichen Bauernmarkt in unserer Kleinstadt gebogene Chilischoten in kleinen Körbchen. Unser Kaffee war an Herbsttagen morgens immer noch heiß, unsere Pantoffeln unter den Füßen weich, und wir genossen diese kleinen Freuden zusammen. Manchmal fand ich Daves Gesicht abends im weichen rosa Licht einer antiken Lampe immer noch so schön, dass ich mit der Hand die Kluft zwischen uns überwinden und es berühren musste.

Es fällt nicht leicht, das zuzugeben, aber in diesen Momenten waren wir immer noch gut zueinander, wenn uns nach Gutsein zumute war. Hin und wieder erfüllte mich unsere Verbindung mit fantastischer Freude: wenn ich seine schwarzen Socken zusammenlegte, unsere Gartenmöbel abspritzte oder zwei Sandwiches statt nur einem schmierte. Dave machte es großen Spaß, mein Auto aufzuräumen, Charcuterie-Boards anzurichten und S'mores auf den Grill zu legen – eines Abends, nachdem der Himmel sich zugezogen hatte und unser Lagerfeuer im Garten ins Wasser fallen ließ.

Der nächste Winter kam, und wir genossen es, abends am Feuer zu sitzen. Dann der Sommer, Ohios kühle Badeseen, und ich war dankbar dafür und für alles, für all die kleinen einfachen Dinge, die Gelegenheit für Liebe und Freundlichkeit boten.

Ich brachte mir nach und nach bei, eine anspruchslose Frau zu sein.

Aber in den Räumen zwischen diesen Freuden lauerte eine Wut, die ich nicht kontrollieren konnte, eine Eskalation, die ich nicht vorhersagen konnte. Jeder Frieden zwischen uns war nichts als Illusion.

Damals begann ich, sie zu sehen – eine Frau meiner Größe und Statur, die zwischen den Zimmern umherhuschte, sich in unserem Garten sonnte. Sie war eine Version der Frau, die aus mir werden konnte, die stille, umgängliche Ehefrau, die in der Öffentlichkeit ihrem charmanten Mann das Feld überließ und zu Hause Angst vor ihm hatte. Sie war eine Mutter, für die sich alles um ihre Kinder drehte, eine Hausfrau, die mit der Hausarbeit genug zu tun hatte, eine Frau, die all ihre Freunde und Freundinnen, ihre Ideen und

Leidenschaften aufgegeben hatte. Im Lauf der Zeit sah ich ihre Welt allmählich immer kleiner, stiller und einsamer werden. Sie kümmerte sich um ihren Mann, kümmerte sich um ihre Kinder, ging in den Supermarkt und in die Kirche und lebte ansonsten in weiblicher Zurückhaltung.

Sie war ich, sie war möglich, und – kurz gesagt – sie machte mir Angst.

*

Im Frühling, als die Osterglocken aufgingen und die Tulpen leuchtend bunt blühten, fing ich an, übermäßig viel zu trinken, Dave ebenfalls, und unsere gemeinsame Zeit war von immer neuen kleinen Explosionen geprägt – wie Öl und Feuer.

Auf den Rat einer Freundin hin ging ich zu einer Therapeutin. Bei unserer ersten Sitzung erzählte ich ihr, dass ich zu viel trank, was zwar stimmte, aber nicht die ganze Wahrheit war.

»Was glauben Sie, warum Sie zu viel trinken?«

»Weil ich betrunken nichts mehr fühle«, sagte ich, »und das macht alles viel leichter.«

Ich erzählte ihr, dass ich Angst davor hatte, die Bausteine könnten sich zusammenfügen: der Mann, der mich nach Hause gebracht und dann Emily Silverstein getötet hatte; der Mann, der ein Sofa, auf dem ich saß, umgestoßen und mich dann wegen meiner blauen Flecken ausgelacht hatte; der Camper und seine Ex-Freundin; wie Dave mich in eine Ecke gedrängt hatte, bis ich am ganzen Körper zitterte, und dann mit Cappuccinos wieder aufgetaucht war.

Ich hatte Angst, dass ich diese Momente mit mir herumtrug, dass ich gewalttätige Männer mit mir herumtrug. Es waren nicht nur Männer am Rande meines Umfelds, Männer, die ich mal kennengelernt, gesehen oder wahrgenommen hatte, es waren Gestalten, die ich *in mich aufgenommen* hatte, Vorfälle, die sich in meinem Körper eingenistet hatten.

»Und was ist mit dem Mann, mit dem Sie gerade zusammen sind?«

»Bei dem bleibe ich«, sagte ich, »weil ich seine Durchgeknalltheit wenigstens kenne.«

Sie schwieg eine ganze Zeit.

»Aber ich habe Angst, dass es immer näher kommt«, sagte ich und wagte mich damit einen winzigen Schritt vor. »Als zöge die Gewalt immer engere Kreise um mich, bis sie mich ganz umschlossen hat.«

Ich war andauernd traurig, sagte ich. Ich machte mich oft klein. Ich trank zu viel. Ich erkannte die Frau nicht wieder, die aus mir geworden war. Ich hatte meine eigenen Ideale infrage gestellt. Ich erzählte ihr von Dave und unserer immer feindseligeren Beziehung – seinen schlimmen Zornesausbrüchen natürlich, aber auch, dass er so lieb sein konnte, dass es so aussah, erklärte ich ihr, als ob er es genoss, sich um mich zu kümmern, nachdem er mich so fertiggemacht hatte.

»Danach verschwindet er«, sagte ich, »und vor allem dann verwandele ich mich in jemanden, den ich nicht kenne. Ich flehe am Telefon. Ich bettele ihn an zurückzukommen.«

Es war, als sei ich leer, erzählte ich ihr, so vollkommen ausgehöhlt, dass mir ganz egal war, welche Version seiner selbst mir bei seiner Rückkehr entgegentrat.

»Die Hälfte der Zeit jagt er mir totale Angst ein, aber den Rest der Zeit, das schwöre ich, ist er der einzige Mensch der Welt, der zählt. Ist das nicht geisteskrank?«

Sie sagte, es sei nicht geisteskrank. Sie erzählte mir von einer Studie, in der Forschende festgestellt hatten, dass häusliche Gewalt die gleichen Neurotransmitter aktiviert wie Glücksspiel.

Ich war süchtig danach, Hebel zu betätigen. Ich wollte die drei Kirschen. Alles, was ich tat, diente nur noch dazu, die Güte und Großzügigkeit abzustauben, die Dave bei anderen an den Tag legte, eine Art der Liebe zu gewinnen und die andere zu meiden.

Ich dachte, zu lieben bedeute, zu leiden und dennoch zu lieben, Angst zu haben und auch dann noch zu lieben.

»Stellen Sie es sich als Casino vor«, sagte sie. »Sie betreten es mit dem Wissen, dass Sie verlieren werden, aber es gibt auch die winzige Möglichkeit, dass Sie doch gewinnen, den Jackpot knacken und alles abräumen, was Sie sich je gewünscht haben, und deshalb versuchen Sie es immer wieder.«

Deshalb versuchte ich es immer wieder.

Das ist das sehr reale und sehr trügerische Problem daran, einen Mann zu lieben, der grausam zu dir ist: Du beginnst zu glauben, die Intensität seiner Ausbrüche lasse auf die Intensität seiner Leidenschaft schließen. Dass es keine Zärtlichkeit ohne Grausamkeit geben kann und dass die Grausamkeit in Wirklichkeit kein Nebenprodukt, sondern Anzeichen seiner Liebe ist.

»Wir kriegen Sie schon noch dazu«, sagte sie und meinte *da heraus*.

Jede Woche fuhr ich in ihre Praxis auf der anderen Seite des Flusses. Nach und nach fühlte ich mich wohler, mutig genug, ihr alles zu erzählen: die netten Sachen, die Dave für mich getan hatte, aber auch das Gebrüll, das Einschüchtern, seine messerscharfen Worte. Jede Woche hörte ich auf der langen Heimfahrt immer noch ihre Stimme, die mir in den Momenten Gesellschaft leistete, wenn die Panik immer schlimmer wurde. Ihre Worte stimmten mich langsam, aber sicher wieder auf ein klügeres Empfinden, Gesundheit und Sicherheit ein.

Eines Abends geriet Dave so in Rage, dass ich mich im Schlafzimmer einschloss. Zum ersten Mal schrieb ich einer Freundin eine SMS: *Ich habe Angst.*

Ich dachte darüber nach, die Polizei zu rufen. Ich dachte darüber nach, die Schlösser auszutauschen. Ich dachte darüber nach, seine Sachen einzulagern und wie gut es sich anfühlen würde, meiner Therapeutin zu erzählen, dass ich es geschafft hatte: Ich hatte Schluss gemacht.

Stattdessen verschwand Dave an jenem Abend wie so oft und kehrte ein paar Tage später wieder zurück. Ich machte gerade Brathähnchen mit Wurzelgemüse zum Abendessen.

»Das riecht ja gut«, sagte er.

Ihm tat nach mehreren Nächten auf der Matratze seines Freundes der Rücken weh, und er sah zerzaust aus. Es sagte, es täte ihm leid.

Ich erzählte ihm von meiner Therapeutin.

»Sie findet, das ist Gewalt.«

Ich wartete darauf, dass er mich endlich schlug. Stattdessen räusperte er sich.

Ich sah in ihm den Mann, in den ich mich verliebt hatte. Ich sah, was ich in ihm sehen wollte, was zu sein er vorgegeben hatte, und dann sah ich den Mann, der er jetzt war.

Es würde nie wieder den einen ohne den anderen geben.

»Das gefällt mir nicht«, sagte er schließlich.

»Was?« Ich hatte angefangen zu weinen.

»Dass du mit ihr über mich sprichst. Und dass du glaubst, sie könnte dir helfen. Und vor allem«, sagte er, »dass sie alles nur aus deiner Sicht gehört hat.«

Da war sie: seine Wahrheit, die seiner Meinung nach solch ein Verhalten rechtfertigte.

Er zog ein Stück Haut vom Hähnchen ab und aß es.

Da war sie, sie war ans Licht gekommen, so gewöhnlich wie ein Brathähnchen.

9.

Je näher wir Prudhoe Bay kommen, desto unwirklicher wird die Landschaft. Hier, Hunderte Meilen nördlich des Polarkreises, ist alles in Licht getaucht und schneebedeckt, sodass dem Risiko eine Schönheit anhaftet, die die allumfassende Bedrohlichkeit dieser Landschaft verschleiert – ihre Unwirtlichkeit. Vereiste Pfützen und Schlaglöcher glitzern, Polarfüchse huschen über Schneeverwehungen, und Joy erinnert mich daran, dass selbst das Licht Gott ist, dass Er überall ist und jede noch so kahle Kluft ausfüllt, dass Er immer bei uns ist, selbst in unserer Angst.

»Er ist sogar hier im Truck«, sagt sie.

Gerade deshalb ist sie so glücklich darüber, das hier ihre *Arbeit* nennen zu dürfen.

»Ich darf mich Ihm nahe fühlen«, sagt sie, »und verdiene dabei noch jede Menge Geld.«

»Aber es ist *gefährlich*«, mahne ich.

»Mir passiert hier nichts«, sagt sie und winkt ab. »Außerdem tue ich es ja nicht nur für mich. Hauptsächlich mache ich es für meine Kinder. Ich vermisse sie. Wäre ich lieber bei ihnen? Natürlich. Gerade was Samantha angeht – sie ist erst siebzehn, ich muss mich um sie kümmern, sie beschützen.«

Sie kaut an einem Fingernagel herum und wirft einen Blick in den Rückspiegel.

»Doch ich weiß genug über diese Welt, um zu wissen, dass ich sie auch versorgen muss. Als Frau muss man vorsorgen. Davon bin ich überzeugt. Und die beste Art, meine Kinder zu beschützen, ist ein dickes Konto, falls etwas – irgendetwas – schiefgeht. Dieser Highway – ich befahre ihn, weil ich es will, aber ich tue es auch, weil ich es muss. Verstehst du, was ich sagen will? Ich tue es in dem Wissen, dass ich für mich und meine Lieben sorgen kann.«

Und so vertraut sie auf Gott. Sie sagt mir, dass sie es nur selten mit der Angst zu tun bekommt, und dann fühlt sie sich Gott besonders nah.

»Er begleitet uns hier oben«, sagt sie, »und ich weiß nicht, warum, aber hier fühle ich mich Ihm näher als je zuvor. Und der ganze alltägliche Kram – das *Leben* – kommt einem hier nicht in die Quere. Ich kann fühlen, dass Er auf mich achtgibt. Und ich sehe Seine Schönheit überall.«

Ich lehne mich im Sitz zurück. Auch ich fühle mich außergewöhnlich ruhig. Wie eingeschlossen in einem Kokon. Liegt es an Gott oder an Joy, dass mir die Welt hier oben weicher vorkommt, die Farben heller? Liegt es an Gott oder an Joy, dass ich das Gefühl habe, die Dinge im Griff zu haben, fähig zu sein, im Gleichgewicht, *stark*? Ich fühle mich in Joys Gegenwart so, wie andere Leute ihren Glauben an Gott beschreiben. Joy fühlt sich so an wie ein warmer Pyjama, wie die Stimme meiner Mutter, wenn sie mich in den Schlaf gesungen hat, der Erdboden, der meinen Körper an den heißesten Sommertagen gehalten hat. Joy, das ist die Erinnerung an Gutes, an Güte, bevor sie durch neue Erinnerungen ersetzt wurde.

»Woran denkst du, Spice Girl?«, fragt sie, und als sie mich so ansieht und lacht, wird mir klar, dass sie eine Flamme in mir angefacht hat, die besorgniserregend schwach geworden war.

»Nichts.« Ich lächle. Öffne eine Packung Cheetos und stecke mir einen in den Mund.

»Hau dich jetzt nicht mit dem Mist voll«, warnt sie mich. »Wir sind in null Komma nichts in Prudhoe Bay.«

Ich lehne mich an die Fensterscheibe, spüre, wie steif meine Gelenke sind. Sosehr ich mich auch auf die Ankunft freue, so kostbar ist diese Zeit zu zweit für mich. Ich will meine Joy mit niemandem teilen. Wir befinden uns genau westlich des Arctic National Wildlife Refuge, erklärt sie mir, und die Landschaft vor dem Fenster wandelt sich. Alle zehn bis fünfzehn Meilen sieht sie anders aus. Was gerade noch wie ein Ozean wirkte, endloses Graublau mit steilen Anstiegen, wird plötzlich Tundra, flach und trocken wie eine Wüste. Ein paar Dutzend Meilen weiter könnte man meinen, wir wären auf dem Mond gelandet.

»Da!«, ruft Joy und deutet auf die Windschutzscheibe. »Das ist eine Nebensonne!«

Gleißend helles Licht, als hätte Gott von eigener Hand einen goldenen glänzenden Schein über die Erde gelegt.

Joy fährt rechts ran und meint, es würde nicht lange dauern, wir müssten uns beeilen. Mir bleibt keine Zeit, um zu protestieren, ich laufe an ihrer Seite mitten in die Tundra hinein. Hinter uns liegt ein Bergschatten, doch über die Ebene zu seinen Füßen ergießt sich das goldene Licht. Der Himmel ist ein gelber Bogen vor uns, der die Strahlen bricht, weiß und unwahrscheinlich hell. Die ganze Welt um uns herum ist wie eine Schneekugel, die jemand geschüttelt hat, und wir stehen mittendrin.

»Heilige Scheiße«, sage ich.

Die Erde um uns herum scheint verlassen, doch ich weiß, dass in ihr das Leben tobt.

Das hier ist das Land der Gwich'in.

Ich schaue gen Osten über den Highway hinaus, auf die Felder, die sich durch den von den Indigenen bewohnten Canyon winden, zwischen steilen Berghängen und dem niemals ruhenden Yukon River. Die Arktis Alaskas, die uns umgibt, ist nicht nur das Zuhause der Gwich'in, sondern auch der Tanana, der Koyukon und Iñupiat, die vor vielen Tausend Jahren in diese Region kamen, sich der Landschaft anpassten und komplexe Kulturen ausbildeten, die durch die Entwicklung ihrer Sprachen und die Beobachtung des Wanderverhaltens der Karibuherden und des Klimas gediehen. Etwa neuntausend Indigene wohnen noch in dieser Region, verteilt über fünfzehn Dörfer in der gesamten Arktis Alaskas. Vielleicht können wir sie nicht sehen, doch das bedeutet nicht, dass sie nicht hier sind oder dass sie von den Entscheidungen, die bei uns getroffen werden, nicht beeinflusst werden – unmittelbar und negativ.

»So ruhig, wie es nur sein kann!«, sagt Joy. Diese Gegend mag verlassen und unbewohnt aussehen, doch sie »wird immer bereits bewohnt sein«, eine Ausdrucksweise aus der Literaturwissenschaft und Philosophie, die bezeichnen soll, was immer (bereits) geschehen ist und weiterhin (immer) passieren wird. Die Aktivistin Andrea Smith erklärt in ihrem Essay »Heteropatriarchy and the Three Pillars of White Surpremacy«, eine dieser drei Säulen sei die »Logik des Genozids«.

Diese Logik besagt, schreibt sie, *dass indigene Völker verschwinden müssen. Tatsächlich müssen sie immer im Verschwinden begriffen sein, damit nichtindigene Menschen ihr Recht auf den Erdboden einfordern können. Durch diese Logik des Genozids sind nichtindigene Völker die rechtmäßigen Erben all dessen geworden, was zuvor indigen war – Land, Bodenschätze, indigene Spiritualität oder Kultur. Wie [die Autorin] Kate Shanley schreibt, sind indigene Völker eine ständige »anwesende Abwesenheit« in der US-amerikanischen kolonialen Vorstellung, eine »Abwesenheit«, die überall die Überzeugung verstärkt, dass indigene Völker tatsächlich verschwinden und die Eroberung des indigenen Bodens insofern gerechtfertigt ist.*

In Gedanken kehre ich noch einmal nach Coldfoot zurück, zu den Argumenten für Ölbohrungen jenseits dieser Grenze.

Joy nimmt meine Hand und drückt sie.

»Das ist vielleicht etwas kitschig«, sagt sie, »aber ich wünsche mir immer etwas, wenn ich eine Nebensonne sehe. Oder ich spreche ein Gebet, wenn mir danach ist.«

Sie schließt die Augen und faltet die Hände. Ich mache es ihr nach.

Wünschen wir uns etwas, oder beten wir, oder geht, was wir tun, darüber hinaus? Ich denke zurück zur Sacred Heart Christian School, wo Joys eigener Pastor mit ernster Miene gefragt hat, wie anders die Welt aussehen würde, wenn unsere Liebe zu Gott imstande wäre, das Böse zu vertreiben. Warum geht es dabei immer um Gott, der so ungreifbar, unsichtbar ist, der nur dem Geist erkennbar wird, der Ihm ein Zuhause bietet? Wir, die Menschen, sollten genug sein. Es steht in unserer Macht, so viel Gutes zu tun.

Joy lässt meine Hand los, und wir stehen einen Moment schweigend beieinander, genießen die riesige Weite, die Nebensonne und ihr schimmernd weißes Licht. Ich denke an die frühesten, heißen Sommernächte meiner Kindheit zurück, das funkelnde Feuerwerk in einem Feld, das mein Vater dem Unkraut überlassen hatte. Ich denke an meine nackten Zehen auf den Steinen in einem nahe gelegenen Bach, an die Flusskrebse, die wir hervorholten, um ihre Anatomie zu studieren, ihre winzigen blutroten Scheren, die sich hektisch bewegten, damit man sie schnellstmöglich losließ. Ich denke, glücklich zu sein bedeutet frei zu sein und dass die Auslöschung der Menschen, die diesen Ort seit so langer Zeit ihr Zuhause nennen – ihre immer weiter voranschreitende Ausbeutung und der Missbrauch –, eine Kurzsichtigkeit beinhaltet, deren Konsequenzen wir uns gar nicht vorstellen können.

Ich sehe zurück auf die Straße, die von staubigem Geröll gesäumt wird. Ich habe an diesem Tag Dutzende Männer und Frauen kennengelernt und befragt, die Alaska ihr Zuhause nennen, die in diesem Staat ihren Lebensunterhalt bestreiten – Trucker, Bedienstete in Restaurants und Arbeiter auf den Ölfeldern, deren Flugzeuge ab und an über unseren Köpfen zu hören sind –, doch ihr Lebensmittelpunkt liegt häufig ganz woanders, in anderen Städten, sogar anderen Staaten. Die Industrie, die ihnen Jobs schafft – die Industrie, die Joys Leben so viel Bedeutung verleiht –, ist nicht nur indigener

Politik diametral entgegengesetzt, sondern auch indigener Kultur. Indigenem Überleben.

Ich bin dankbar für Joy, ganz besonders für diese gemeinsame Erfahrung, doch nun plagt mich das schlechte Gewissen, dass ich diesen Highway befahre, dass ich neben Joy im Pick-up sitze und die Wunde vergrößere, die sich durch eine Landschaft zieht, die uns nicht gehört. Für Joy ist der Highway ein Symbol der Freiheit, der Sicherheit, doch von hier aus, so weit draußen, kann ich sehen, dass er sich durch dieses Tal zieht wie eine Narbe über einen Körper.

Und was hier passiert, passiert überall. Die Wahrheit ist, dass unser amerikanischer Lebensstandard – den ich in vollen Zügen genieße – auf einer Hierarchie von Profiten aufbaut, und zwar auf Kosten der Armen: Communitys werden verdrängt, ihre Nahrungsquellen und ihr Wohnraum aufgebraucht, während ganze Landstriche schrumpfen. Pipelines werden über Amerikas ärmste Communitys hinweg gebaut, durch Nachbarschaften, die ohnehin bereits einem größeren Risiko durch Umweltgifte ausgesetzt sind und den Krankheiten, die diese mit sich bringen. Laut einem Bericht der Bürgerrechtsorganisation NAACP wird die Mountain-Valley-Pipeline, die sich über dreihundert Meilen von West Virginia bis nach Virginia erstrecken wird, die arme, ländliche, indigene und schwarze Bevölkerung am härtesten treffen, die jetzt schon unter den Schadstoffen der Industrien leidet, die sich häufig ganz in ihrer Nähe angesiedelt haben.

»Diese lebensbedrohlichen Belastungen sind das Ergebnis systemischer Unterdrückung«, berichtet die NAACP, »die von traditionellen Energielieferanten aufrechterhalten wird und ganze Communitys gesundheitlichen, ökonomischen und sozialen Gefahren aussetzt.«

Aus genau diesen Gründen – wobei offiziell die Rede von »legalen Unsicherheitsfaktoren« war – haben Dominion Energy und Duke Energy kürzlich einen Vorstoß für die Atlantic-Coast-Pipeline zurückgezogen, die sich über sechshundert Meilen von West

Virginia nach Virginia und schließlich bis ins östliche South Carolina gezogen hätte. Auch Tausende von Meilen weiter westlich wurde die Dakota-Access-Pipeline aufgrund massiver weltweiter Proteste und Sit-ins, an denen sich über fünfzehntausend Menschen beteiligten, ebenfalls stillgelegt und ihr Öl abgepumpt, nur zwei Jahre nach ihrer Eröffnung. Eine ausführliche Umweltstudie legte offen, dass die amerikanische Regierung es versäumt hatte, »die Auswirkungen der Pipeline auf die menschliche Umwelt« genauer zu untersuchen. Die Pipeline führt durch zahlreiche heilige indianische Stätten, darunter das Land der Sioux sowie die Standing Rock Indian Reservation. Allein 2017 gab es fünf Lecks, darunter ein Austritt von hundertachtundsechzig Gallonen Öl nahe dem Endpunkt der Pipeline bei Patoka, Illinois.

Ich lasse den Blick über den Highway schweifen.

Wieder und wieder stützt sich die Industrialisierung Amerikas auf die Konfliktlinien von Rassismus, ökologischem Ruin und Armut. Ganze Communitys werden verdrängt, die Menschen entwurzelt, das Land und seine Bewohner verseucht, damit reiche Amerikaner noch reicher werden.

Ich sehe Joy an, und sie sieht mich an. An alldem tragen wir beide eine Mitschuld.

»Warte kurz«, sagt sie.

Sie spurtet zurück zum Truck, lässt mich allein dort stehen, in der sonnigen Tundra, der Boden unter meinen Stiefeln wie Biskuitteig. Ich sehe zu, wie sie ihr Handy mit einem Stück Eis auf der Motorhaube positioniert, genau wie ich es ihr gezeigt habe. Das Display glänzt im gleißenden Licht. Dann flitzt sie zu mir zurück, der Countdown zählt runter, ein Licht blinkt, und ich stelle mir vor, was die Kamera einfangen wird: den rosa Sonnenuntergang in unserem Rücken, das schimmernde Licht der Nebensonne im aufziehenden Nebelschleier, zwei Frauen, die keine Fremden mehr sind.

»Bitte lächeln«, sagt sie. »Schnell!«

Sie legt einen Arm um mich, sodass die beiden Frauen auf dem Foto, das ich später ausdrucken werde, wie eine wirken, unsere Welten so verschieden und doch so gleich, wie wir dort stehen und merkwürdig blinzeln, an einem Ort, an dem wir nicht sein sollten.

*

Zurück im Pick-up lehne ich den Kopf ans Fenster. Über uns schwindet das Licht am Horizont, doch es reicht noch aus, um das Wageninnere schummrig zu erhellen. In diesem Zustand, bei diesem Wetter, vergeht die Zeit in ihrem ganz eigenen Tempo, ein Moment geht träge und verführerisch in den nächsten über, als wären die Tage und Monate nicht von Bedeutung, als hätten wir es uns in einer kleinen Nische eigensinnigen Zeitverstreichens bequem gemacht.

Schließlich wendet Joy sich mir zu. Sie will wissen, was ich anderen Menschen erzählen werde, die nach ihr fragen.

»Das weiß ich noch nicht«, sage ich. Die Frage macht mich nervös. Wenn ich etwas in den letzten Jahren gelernt habe, dann das, dass es gefährlich ist, jemandem zu versprechen, seine Geschichte so zu erzählen, wie er es will. Seit Monaten erzähle ich eine Geschichte darüber, wie es ist, mit Dave zusammen zu sein, die unserer Wirklichkeit in nichts entspricht.

»Was wirst du über mich erzählen?«

»Dass du meine kleine Professorenfreundin bist«, sagt Joy. »Die Gott zu mir gebracht hat, weil Er wusste, dass wir einander brauchen. Weil Er dein Herz kannte und meins auch. Dass Er dich hergebracht hat, um meine Geschichte zu erzählen.«

Ihre Geschichte ist die Geschichte vieler Frauen, also handelt sie von Stärke – nicht nur in einer von Männern dominierten Berufswelt, wie ich es erwartet habe, sondern auch angesichts dessen, dass Joy herumgeschubst und gebrochen wurde. Und nun ist sie geheilt, trotz allem.

»Ich bin sicher, du wirst einen Weg finden, sie zu erzählen«, sagt sie, »aber das Wichtigste ist, dass meine Freunde darin vorkommen. Sie bedeuten mir so viel.«

Sicher, sagt sie, Storys kann sie einige erzählen, aber wo soll sie da anfangen? Vor allem hier oben. Jede neue Meile bedeutet eine neue Story. Manchmal sogar mehr als eine.

Die Geschichte, die sie wählt, um die Stille zu füllen, handelt von ihrem Freund Rux.

»Mein Freund Rux«, sagt sie, »war ein richtig feiner Kerl, ein Trucker, immer für einen Plausch zu haben.«

Doch wie so viele hier oben, erzählt sie mir, wurde Rux zum Alkoholiker.

»An einem Abend, da hab ich ihn hier auf der Route getroffen, bei Coldfoot Camp, und ich konnte sehen, dass er betrunken war.«

Wer hier betrunken erwischt wird, erklärt sie, verliert seinen Job, bekommt eine Strafe aufgebrummt und wer weiß, was noch.

»Ganz zu schweigen davon, dass man sich und alle anderen in Gefahr bringt«, sagt sie. Ich kann ihre Wut, ihre Frustration fühlen. »Ich meine, du riskierst das Leben von Leuten, die du noch nicht mal *kennst*, weil sie auf der Route hier arbeiten müssen.«

Das ist egoistisch und nichts anderes. Doch Rux war nie ein Egoist.

»Der Suff macht die Leute gleichgültig«, sagt Joy. »Ich versuche, auf alle aufzupassen, aber Alkohol – der hat seine ganz eigenen Tücken.«

Sie erzählt mir, er sei wenige Monate, nachdem sie ihn sich zur Brust genommen hatte, gestorben. Er war auf dem Heimweg nach Fairbanks, wo er einem Freund beim Umzug geholfen hatte. Er fuhr sein Motorrad. Er hatte immer einen kleinen Hund hinter sich sitzen, erzählt mir Joy, und der hatte seine eigene kleine Lederjacke an.

»Stell dir das mal vor«, sagt sie. »Ein kleiner Fifi in einer noch kleineren Lederjacke. Die beiden im Partnerlook. Das war ein Bild für die Götter!«

An dem Abend, erzählt sie, trug Rux keinen Helm. Die Straßen waren rutschig und feucht, das Motorrad kam ins Schleudern. Hatte er getrunken? Joy weiß es nicht. Sie weiß nur, dass ihr Freund Rux an einem dunklen, kalten, einsamen Abend gestorben ist.

»Aber weißt du was?«, sagt sie. »Der Hund, der hat überlebt.«

»Wo ist er hingekommen?«, frage ich.

»Das weiß ich nicht«, sagt Joy, »aber ich denke, Gott hat Erbarmen mit den Unschuldigen.«

Ich denke über Rux nach, eine einsame Straße, wie sich das Vorderrad der Maschine noch dreht.

»Ich denke, Gott hat den kleinen Hund für seine Treue belohnt«, sagt Joy. »Ich hoffe, er lebt in einem großen Haus mit jeder Menge Spielkram und einem riesigen Bett. Aber am meisten hoffe ich, dass er sein Jäckchen noch trägt.«

»Das hoffe ich auch.«

Joy nickt und starrt in die Ferne, als würde das etwas nützen.

»Niemand hat je ein Kreuz für ihn aufgestellt«, sagt sie schließlich. »Vermutlich, weil er nicht auf dieser Strecke gestorben ist. Weil es unten in Fairbanks passiert ist. Aber ich denke, dass diese Straße ihn trotzdem das Leben gekostet hat. Diese ganzen langen Stunden und niemand, mit dem man reden kann. Diese ganze Einsamkeit, und keiner ist da. Kein Wunder, dass er – wie so viele andere – dem Suff verfallen ist. Das liegt an der Straße, dieser Dunkelheit – wenn man zu Hause nichts hat, was auf einen wartet. Ich meine, stell dir mal diese Stille vor.«

Und das tue ich.

Ich stelle mir einen einsamen Mann in einer Fahrerkabine vor. Ich denke an die vielen Stunden und diese klimatischen Bedingungen und das dauerhafte Gefühl des Weltuntergangs, das nur von Joys leisem Lachen unterbrochen wird, von ihrer Kameradschaft und ihren Geschichten. Ich stelle mir ganze Tage ohne das vor, ganze Monate. All diese leeren Stunden ohne einen Gesprächspartner.

In Joys Augen stehen kleine Tränen. Ich fühle, wie sehr er ihr fehlt. Auf der einen Seite weiß ich, sie hat mir die Geschichte von ihrem Freund Rux erzählt, doch in Wahrheit geht es um etwas Größeres: Der Highway ist gefährlich, das liegt auf der Hand, doch er birgt noch andere Gefahren jenseits seiner steilen Abhänge und des stürmischen Wetters, seiner Lawinen und Kollisionen. Ich betrachte den Raum zwischen Joy und mir und weiß, dass wir beide bereits in jungen Jahren gelernt haben, dass ein Mangel an Liebe ebenso gefährlich sein kann wie die Tücken dieser Welt.

Auf eine Art, denke ich, sogar noch gefährlicher.

Ich lehne mich mit der Schulter ans Fenster, und die Schwere des Tages schiebt mich sanft in eine Art Schlummer. Als ich schließlich wieder die Augen öffne, fällt Licht in einer goldenen Silhouette um Joys Gesicht, auf die zarte rosa Haut unter ihren Augen, klar und strahlend, straff und blass.

»Ich denke viel an ihn«, sagt sie.

Wie lange hatte ich meine Augen geschlossen? Zehn Minuten oder eine Stunde?

»An wen?«

»Rux«, sagt sie.

Auch wenn sie sich über mein Nickerchen gefreut hat, freut sie sich jetzt, dass ich wieder wach bin. Sie sagt, sie hat meine Gesellschaft vermisst. Und außerdem, sagt sie, braucht sie jemanden, der ihr das Versprechen abnimmt.

»Welches Versprechen?«

»Na wegen Rux«, sagt sie noch einmal. »Es wird Zeit, es endlich zu tun – ich denke drüber nach, aber ich mach es nie. Rux war genau wie wir. Er hat sich in etwas Größeres verstrickt. Wir Trucker – ich glaube, wir laufen alle vor was weg. Wir sind auf der Suche nach mehr. Und Rux war einer von uns, ist mir egal, *wo genau* er gestorben ist.«

»Wovor läufst du weg?«

»Manchmal«, fährt Joy fort, als spräche sie mit sich selbst oder Gott, »müssen wir uns an die schlimmste Seite eines Menschen zurückerinnern, damit das Vermissen leichter fällt. Aber eigentlich sollten wir ihre beste Seite vermissen.«

Ich sehe Dave, seine dunkle Armbehaarung. Rieche sein Duschgel. Spüre seine Finger auf meiner Haut.

»Ich glaube, das Problem habe ich nicht.«

»Ich auch nicht«, gibt Joy zu, »und das hat mir schon ziemliche Schwierigkeiten eingebrockt. Aber viele Menschen vergessen, dabei sollten sie sich erinnern. Ich will, dass sie sich an den Rux erinnern, der er war, nicht an den, den der Highway aus ihm gemacht hat. Verstehst du? Ich werde ein Kreuz für ihn aufstellen. Rux verdient es, dass man sich an ihn erinnert.«

»Ich werde dich beim Wort nehmen«, sage ich.

Joy nickt. »Okay, ja. Gut, gut, gut. Seine Geschichte ist nämlich wichtig, und sein Tod sollte uns eine Lektion erteilen. Über die ganzen unsichtbaren Arten, wie dieser Highway uns töten kann. Und wir müssen uns auch an unseren Freund Rux erinnern.«

Der Wagen fährt nun bergauf, und ich sehe hinaus und halte mich am Armaturenbrett fest.

»Los geht's«, sagt Joy.

Vor der Windschutzscheibe liegt der Atigun Pass, steil und Furcht einflößend. Die Straße glänzt dunkel. Schilder warnen vor Lawinen, und gleich neben dem Highway sehe ich die drei Meter hohen Kanonen der Highway Patrol, die sie auslösen sollen.

Kontrollierte Lawinensprengung, erklärt Joy, macht die Straße sicherer.

Joy reicht mir einen Kaugummistreifen, während ihr Pick-up-Truck den Hang hinaufächzt. Gleich, erklärt sie, erreichen wir die Spitze, die auf 1444 Metern liegt, also ist es ratsam, etwas zu kauen.

»Deine Ohren«, sagt sie, »werden *plooppen.*«

Die Welt um uns herum wirkt dystopisch, die herrlichen Felswände, die ich mir vorgestellt hatte, sind nirgendwo zu sehen. Wir sind nun so weit oben, dass die Sonne verschwunden ist, da sind nur graue Wolken, die um unsere Scheinwerfer wirbeln und mein Fenster vernebeln. Ich suche auf den felsigen Abhängen nach Schafen, Karibus, einer Lawine, irgendetwas – nach einem Anblick, der für uns faszinierend oder tödlich sein könnte, denn von ihnen gibt es in der überbordenden Wildnis auf diesem verlassenen, tückischen Abschnitt des Highways wahrlich genug.

»Hier passieren wir die Kontinentalscheide … genau … hier!«, ruft Joy. Sie deutet nach draußen. »Das bedeutet, dass alle Flüsse nördlich von uns in den arktischen Ozean fließen und alle südlich von uns enden im Beringmeer.«

Ich sehe hier keinen Fluss, nur das undurchdringliche Grau des Asphalts und der Wolken, die sich um die steilen dunklen Berge legen. Der Truck klettert und klettert und klingt dabei wie eine Dampflok. Langsam mache ich mir Sorgen um den Motor. Wenn er versagt, rutschen wir dann rückwärts? Und falls ja, kommen wir dann irgendwo auf der Straße zum Stehen, oder stürzen wir ab, in den Tod? Meine Finger klammern sich an den Gurt. Wer sich den Atigun Pass hinaufwagt, liefert sich dem schlimmsten Teil einer Achterbahnfahrt aus – dieser nervösen Energie im Körper, wenn es höher und höher geht und man nicht mehr sehen kann, was vor einem liegt, bis zu dem Moment, wenn man fällt.

»Ich habe Angst«, sage ich.

»Nicht nach unten sehen!«, ruft Joy.

Aber ich weiß nicht, wo ich sonst hinsehen soll. Wohin mit meinem Blick?

»Sieh aus dem Fenster!«, befiehlt Joy. »Such nach den kleinen Dall-Schafen!«

Dall-Schafe, erklärt sie mir, tauchen wie kleine weiße Wölkchen am Horizont auf. Wenn sie sich nicht regen, sieht man sie nicht. Sie sehen aus, als hätte ein Maler die Berge mit einer weißen Pinselspitze betupft.

Ich kneife die Augen zusammen und versuche, Bewegungen an den Hängen auszumachen. Ich suche nach den Dall-Schafen. Doch außer unserem Truck bewegt sich nichts.

»Vielleicht ist es ihnen heute zu kalt«, folgert Joy.

Ich versuche, meinen Blick auf den Himmel zu richten, doch sosehr ich mich auch bemühe, er wird immer wieder in die Tiefe gezogen, mit jedem Mal ein wenig tiefer, erst aufs Fenster, dann auf das Polster darunter. Als ich es schließlich tue – als ich hinuntersehe –, sehe ich nicht einmal den Boden dort unten, nur einen steilen Abhang, den es ohne Leitplanke hinuntergeht. Eine Schlucht, sonst nichts. Der Truck ruckelt hin und her, und ich spüre, wie unsere Räder nach Halt suchen.

»Wäre die Straße noch stärker vereist«, sagt Joy, »hätten wir Schneeketten aufziehen müssen. Vielleicht hätte ich Schneeketten aufziehen sollen.«

»Sag mir doch nicht so was.«

Joy lacht und haut mir auf den Oberschenkel.

»War nur ein Scherz!«, sagt sie. »Ich mach Spaß!«

Doch mir ist nicht nach Lachen zumute. Ich presse die Fäuste gegen meine Beine. Der Truck klettert weiter den Pass empor, und aus den dichten Wolken wird dünner Rauch. Ich versuche, ruhig zu bleiben. Ich kurble das Fenster runter und strecke eine Hand aus, um eine Wolke zu erhaschen.

»Siehst du?«, sagt Joy. »Das macht *Spaß*!«

Die Wolken hüllen feucht meine Finger ein und wehen bis in die Fahrerkabine. Ich mag vielleicht noch nicht wissen, was ein Gebet ist, aber ich habe eine gute Beobachtungsgabe, wie die Dichterin Mary Oliver einst schrieb. Auch ich weiß mir die Zeit zu vertreiben. Auch ich weiß, was ich mit meinem wilden und kostbaren einen Leben zu tun gedenke.

»Wuuusch!«, sagt Joy.

»Wuuusch!«, spreche ich ihr nach und sehe noch, wie die Straße vor uns auftaucht, und von nun an geht es nur noch bergab – auf beiden Seiten senkt sich die Landschaft in ein sonnenüberströmtes Tal.

Ich stelle mir den Atigun Pass als eine Grenze vor, seine steilen, gezackten Gipfel ein krasser Gegensatz zu allem, was mein Leben vorher war. Vielleicht war es nur albernes Wunschdenken, vielleicht war es die Kraft von Joys Füßen auf den Pedalen, doch beide haben mich an diesen Ort geführt, an dem der Permafrost durch die trockene rissige Erde lugt, strahlend blau unter der Tundra. Ich will aussteigen und es fühlen, meine dankbaren Hände auf den Boden pressen, doch Joy sagt mir, dass es keinen sicheren Platz gibt, um zu halten, und außerdem bleibt in Prudhoe Bay genug Zeit dafür.

Dann deutet sie auf die Berge und steigt kurz auf die Bremse.

»Da sind sie!«, ruft sie und deutet mit einem Finger in die Landschaft.

Dort draußen trotten die Dall-Schafe herum, kleine weiße Windrädchen, die sich nach den Böen drehen.

10.

Der Wind, der uns knapp dreißig Meilen südlich von Prudhoe Bay entgegenbläst, ist heftig genug, um den Pick-up ins Wanken zu bringen. Die Sichtweite liegt bei wenig mehr als einem Meter, alles andere ist nur ein weißer Schleier. Es wird langsam Nacht, und Joy heißt sie mit einem Schlaflied willkommen, klopft mit dem Fuß einen Takt gegen das Bremspedal, den sie wahrscheinlich in den letzten dreizehn Jahren gelernt hat.

»Das ist gar nichts, halb so schlimm«, sagt sie.

Sie hat eine Schachtel Bioerdbeeren geöffnet und knabbert eine bis zum Stiel ab. Aber an der Art, wie sie die Unterlippe einsaugt, sehe ich, dass es nicht *gar nichts* ist, sie ist nervös. Zum ersten Mal wirkt Joy nervös. Sie schnappt sich noch eine Erdbeere, und die Reifen rutschen unter uns weg, die schwere Maschinerie gerät ins Schlingern.

»Es ist nicht *so schlimm*«, stellt sie klar. »Aber schlimm genug, damit man es nicht *vergisst.*«

Sie meint: nicht vergisst, *sich vorzusehen.* Sie meint: *ruhig bleiben.* Sie meint: *Tod.* Ihre kleinen Fäuste umklammern das Lenkrad, als könne uns diese eine Vorsichtsmaßnahme vor dem bewahren, was, wie wir beide wissen, hier draußen passieren kann.

»Das, womit wir es hier zu tun haben«, erklärt Joy, »das nennt man Eisnebel.«

Eisnebel ist ein Geist, Eisnebel hüllt unser Fahrzeug ein, Eisnebel lässt unsere Fenster zufrieren, sodass die Straße unsichtbar wird. Joy wischt mit der Hand über die Scheibe. Eisnebel entsteht, wenn die Sonne untergeht, dann erwärmt sich die Feuchtigkeit, und die Sichtverhältnisse verschlechtern sich rapide. Die Luft ist so kalt, dass der Nebel gefriert. Sie kratzt mit den Fingernägeln über die Scheibe, wo sich im Wageninnern Eisnebel bildet.

»Das gefällt mir nicht«, sage ich.

»Mir auch nicht«, erwidert Joy.

Die Temperaturanzeige auf dem Armaturenbrett zeigt minus sechzehn Grad an, dann minus neunzehn. Dichte Schneewehen sammeln sich vor uns und bedecken immer schneller die Straße. Über den CB-Funk warnt uns rauschend eine Männerstimme, dass es weiter oben noch schlimmer ist.

»Roger«, sagt Joy. Dann dreht sie sich zu mir. »So reden wir normalerweise nicht«, sagt sie, »aber manchmal tue ich so, als ob.« Ins Funkgerät sagt sie: »Danke, Kumpel. Nett von dir.«

Das ist es, was Trucker füreinander tun, genau wie Rich und Donald und all die anderen erzählt haben, während sie ihre Pommes in Ranch-Soße tunkten, und wovon die ganzen Rettungsgeschichten auf den Schuldscheinen handeln.

Das bedeutet es, einander zu warnen, zu beschützen – und letztlich zu retten.

»Vielleicht ist auch gar keiner in der Nähe«, erklärt Joy, »aber man sendet trotzdem eine Botschaft in die Dunkelheit, weil man es halt nicht wissen kann, also hat man auch keine Ahnung, was diese Worte bewirken können. Meine Philosophie? Wenn du nicht im Graben liegst, bist du kurz davor. Also musst du immer einen klaren Kopf bewahren.«

»Gern geschehen«, antwortet der Trucker.

Meine Finger verkrampfen sich. Meine Füße pressen sich gegen den Boden. Wir gleiten in eine Wand aus Eis, und Joy nimmt erneut das Funkgerät in die Hand.

»Das kannst du aber laut sagen!«, ruft sie. »Echt übel!«

Ich versuche, ruhig sitzen zu bleiben. Ich spüre den Wind gegen das Fenster toben. Er heult wie ein Tier.

»Ich hab noch eine Geschichte für dich, aber die darf nicht in dein – die darf nicht in einem Buch landen! Erst wenn ich tot bin! Nur wenn ich tot bin, darfst du diese Geschichte erzählen!«

»Okay«, verspreche ich.

Endlich darf ich hinter die tapfere Trucker-Fassade blicken, und ich rechne mit der Geschichte, auf die ich schon die ganze Zeit warte: den ehrlichen Bericht darüber, wie es hier oben *wirklich* ist. Ich kann mir nicht vorstellen, dass Joy keine Geschichten darüber auf Lager hat, wie dieser Highway sie härter gemacht oder es zumindest versucht hat. Der Wind schüttelt die Fahrerkabine durch, und ich mache mich auf eine schonungslos offene Unterhaltung über all den Mist gefasst, den sie durchgemacht hat, all die Trucker und was sie gesagt haben, das ganze vulgäre und grässliche Verhalten, mit dem Männer ihr hier draußen das Gefühl gegeben haben, unzulänglich zu sein, als habe sie auf dem Highway nichts zu suchen.

»Irgendwann mal«, beginnt Joy.

Ich halte den Atem an.

»Musste ich echt kacken.«

Folgendes Problem, erklärt sie: Natürlich gibt es keine Raststätten und keine öffentlichen Toiletten, und Dixi-Klos sind hier draußen auch rar gesät.

»Und ehrlich gesagt«, fügt sie hinzu, »sind Dixi-Klos noch viel schlimmer.«

Ich grinse.

»Also – es ist total windig. Und ich *muss echt mal.*«

Sie sucht sich also eine Stelle, wo der Highway breiter wird, und beschließt, den Truck an den Straßenrand zu stellen, auszusteigen und sich hinter den Auflieger zu hocken.

»Keine Ahnung, was ich geladen hatte. Rohre? Irgendwas Großes, Sperriges? Jedenfalls dachte ich, dass ich so wenigstens ein bisschen Sichtschutz habe, falls ein anderer Truck vorbeikommt.«

Also fängt sie an, ihr Geschäft zu verrichten, und dann sieht sie die großen weißen Lichter eines Trucks.

»Ich versuche mich also zu beeilen«, sie lacht, »aber bei dem ganzen *Wind*, weißt du? Der Druck? Da kriege ich eine Art Lampenfieber, und es ist *echt schwer.*«

»Lampenfieber?« Jetzt muss auch ich lachen.

»Genau!«, erwidert sie. »Nennen wir es Kackfieber! *Kackfieber!* Ich versuche also hinzumachen, will mir die Hose hochziehen und meinen kleinen Popo bedecken, aber der Truck, meine Herren, der kommt immer näher. Und natürlich wird er mich erkennen. Zuerst mal wird er *hingucken*, weil ich ja in Schwierigkeiten stecken könnte. Und dann wird er mein Führerhaus und meine Farben sehen. Und meinen nackten Hintern beim Kacken.«

Joy wackelt im Sitzen mit dem Hintern, um die Situation nachzustellen. Ich lache so sehr, dass ich nicht mehr schlucken kann.

»Also wackele ich mit dem Hintern«, erzählt sie weiter, »und endlich kommt es raus, und ich ziehe meine Jeans hoch, aber *kacke*!«

Jetzt ist sie nicht mehr zu halten.

»Meine Kackwurst wird vom Wind erfasst, fängt an loszurollen und gefriert dabei. Wie bei Frosty, dem Schneemann. Meine Wurst auf Wanderschaft rollt also auf die Straße. *Direkt vor den anderen Truck!*«

»Eine Rollwurst aus Kacke!« Ich lache so heftig, dass mir die Tränen kommen, und Joy lacht ebenfalls Tränen.

»Genau!«, ruft Joy. »Ganz genau!«

Dicke Tränen rollen ihr über die Wangen, und sie versucht, sich wieder zu beruhigen.

»Ich habe nie was dazu gesagt«, fährt sie fort, »aber, alter Schwede, er hat es gesehen, meine Riesenrollwurst aus Kacke.«

Sie sieht mich an und grinst, die Fältchen über ihren Wangen voller Tränen. Sie hat noch nie schöner ausgesehen, so völlig offen und furchtlos.

»Er hat es gesehen und wusste es. Er wusste *genau*, was das war.«

Sie sagt: »Lass es mich noch mal versuchen.«

Sie wischt sich die Tränen aus den Augen. »Okay, die Geschichte hier kannst du erzählen.«

Sie deutet auf ein Schild mit Geschwindigkeitsangabe, aber wir fahren so schnell, dass ich die Zahl nicht erkennen kann.

»Ich war etwa an der Stelle da, und es war echt tiefster, dunkler Winter. Ein krasser Sturm, ein echter *Blizzard*.«

Ich richte mich auf, um den Highway sehen zu können. An den Scheibenwischern hängen Eissplitter, und ich spüre, wie fest gepresste Schneebretter unter den Rädern zermahlen werden und gegen die vorderen Radkappen krachen, wenn wir durch ein Schlagloch fahren oder die Steigung sich ändert.

»Nicht wie das hier«, erklärt Joy, die meine Nervosität spürt. »Wie gesagt, Spice Girl, das hier ist *schon einiges,* aber es ist nicht schlimm. Das ist nur Eisnebel, mehr nicht. Aber das eine Mal, von dem ich rede – da hatte ich *Angst*. Ich hab nichts mehr gesehen. Vor mir nicht, links nicht und rechts auch nicht.«

Wir fahren durch ein Schlagloch, und der Pick-up rutscht zur Seite. Joy umfasst das Lenkrad noch fester.

»Jedenfalls, in der Trucker-Ausbildung bringen sie einem bei, dass man ganz am Rand fahren soll, wenn die Sichtverhältnisse schlecht sind, weil man nicht sieht, was auf einen zukommt, und, na ja, da sind echt riesige Trucks unterwegs, und zwar schnell. Aber die Ränder sind auch ein Problem, weil der Staat Alaska sie erhöht hat. An manchen Stellen, vor allem hier oben im Norden, verläuft die Straße zweieinhalb bis drei Meter über der Tundra, weil der Sagavanirktok River – wir nennen ihn den ›Sag‹ – oft Hochwasser hat, und dann wird der Highway überflutet, und keiner kommt mehr durch, manchmal tagelang. Dann kann man nur warten, im Truck sitzen und Filme gucken. Das ist wie auf einem LKW-Campingplatz, weil wir aussteigen, uns unterhalten, Snacks teilen und so weiter. Aber da gehen jeden Tag, den der Highway dicht ist, Millionen Dollar an Umsätzen flöten.«

»Das habe ich gelesen«, werfe ich ein.

»Ja. Deshalb haben sie den Highway etwas erhöht, an sich kein Ding, aber es gibt keine Begrenzung. Eigentlich sollte es Leitpfosten geben – große Metallstangen, die anzeigen, wo die Straße ist, aber die fallen bei Sturm um oder werden gar nicht erst richtig aufgestellt. Eigentlich sollen die alle fünf Meter stehen, aber an manchen Stellen kommt nur alle dreißig Meter mal einer, was echt eine beschissene Art ist, Geld zu sparen, wenn du mich fragst. Aber was soll's, hier bin ich. Fahre ich halt blind. Ich meine, ich seh echt gar nichts.«

Sie schüttelt den Kopf.

»Ich sehe nicht, wo der Highway aufhört und die Tundra anfängt, also sag ich mir, ich fahre ganz langsam in der Mitte, schön vorsichtig, achte genau drauf, was vor mir los ist. Zum Glück ist es schon spät – da ist mein Gott wieder, weil ich an dem Tag noch Zeit mit Samantha verbringen wollte, deshalb bin ich später als sonst losgekommen. Die Verspätung hat mich wahrscheinlich gerettet, kann man nicht anders sagen, weil dadurch niemand sonst hier draußen war.«

»Du bist also ganz alleine auf der Straße«, fasse ich zusammen, »im schlimmsten Sturm aller Zeiten.«

»Ja. Es ist dunkel, furchtbar und gruselig.«

An manchen Abenden, erzählt mir Joy, hat man das Gefühl, dass man sterben wird. Irgendwie gibt die Einsamkeit der Arktis im Dunkeln – wenn man weder Sterne noch den Mond sieht, nur das strenge schwarze Himmelszelt – einem das Gefühl, dass man sterben wird.

An so einem Tag, sagt Joy, schließt du mit allem ab. Du verzeihst allen. Du betest kurz, erzählt sie, weil du es einfach weißt.

Dann wartest du darauf, dass dein Stündlein schlägt. Du denkst, Gott wolle dich prüfen. Du ergibst dich, ein kleiner Geist in einem

Universum voller Geister, dein Schmerz ist wie der Schmerz aller anderen. Deine Sorgen ebenfalls. Gott hat deinen Wert bemessen und wird dich nach Hause holen.

»Da wird man sogar *ziemlich aufgeregt*, weil es bedeutet, dass man Ihn endlich treffen wird. Man fügt sich einfach.«

So eine Nacht war das damals, erzählt sie.

»Ich dachte, ich würde sterben, da bin ich vor Anspannung fast geplatzt. Ich habe den Truck angehalten und die Hände zu Gott erhoben. Da habe ich ihn gesehen.«

»Gott?«

»Nein, nein, nein. Einen kleinen Fuchs, einen kleinen weißen Polarfuchs. Vielleicht drei Meter vor mir, und er wird von drei weißen Wölfen gejagt.«

Es war wie im Märchen, erklärt sie: ein kleiner schneebedeckter Fuchs, dessen verzweifelte Fußspuren hinter ihm verschwinden, aber leider war der Märchenfuchs blutüberströmt.

»Alles voller Blut«, sagt sie. »Ich wusste nicht, was ich machen soll. Der kleine Kerl tat mir echt leid – er war eindeutig verletzt, und sie waren in der Überzahl.«

Joy beobachtete sie. Sie fand, sie sollte das Ganze für ihn bezeugen. Als sie aus dem Truck stieg, drehte er sich um und blieb ganz ruhig vor ihren Scheinwerfern stehen, der Wind umtoste ihn aus allen Richtungen.

»Ich wusste nicht, was ich machen sollte«, wiederholt sie. Aber es war klar, dass sie ein Tier in seinen letzten Augenblicken beobachtete. »Er war völlig erschöpft, fix und fertig. Er konnte kaum noch weiterrennen.«

Dann verschwand er aus dem Scheinwerferlicht.

»Vielleicht hat er sich verabschiedet«, überlege ich.

»Nein«, erwidert Joy, »das war es nicht. Ich glaube, der Fuchs wusste ganz genau, dass die Wölfe ihn kriegen würden. Also ist er vor meinen Truck gelaufen, weil er wusste, dass der Motorenlärm ihm noch eine Minute verschafft – ich meine, die Wölfe, *die* hatten

Angst davor –, das war wahrscheinlich alles, was er wollte. Nur noch ein bisschen mehr Zeit auf dieser Welt.«

Mir zieht sich das Herz in der Brust zusammen.

»Und, haben sie?«, frage ich schließlich. »Haben die Wölfe ihn gekriegt?«

Joy sieht mich schweigend an. Sie verzieht das Gesicht.

»Ich musste weiter«, sagt sie. »Wer weiß. Aber so ist das Leben hier draußen. Der Fuchs? Der war schon ziemlich mitgenommen.«

Ich lege den Kopf ans Fenster und spüre die kalte Scheibe an meiner Haut.

»Die Welt«, sagt Joy, »kann hier oben – und ganz sicher auch da unten – schrecklich gleichgültig sein.«

Im Spiegel sehe ich unsere Rücklichter, die vom Nebel reflektiert werden.

»Jeder will leben«, sagt Joy. Anscheinend spürt sie mein Unbehagen. »Ich meine, wenn ich hier langfahre, sehe ich es ständig. Alle Lebewesen wollen überleben. Und was ich vorhin gesagt habe über die beängstigenden Nächte auf der Straße – so schenkt Gott uns einen Neuanfang. Er schenkt unserer Seele eine Tiefenreinigung. Wenn du glaubst, dass du sterben musst, vergibst du allen, die dir unrecht getan haben. Du vergibst denen, die dich verletzt oder kleinlich behandelt haben. Du lässt allen weltlichen Groll hinter dir. Du überlässt dich Gott. Du wirst viel empfänglicher für die Liebe. Und dann beschließt Er, dich am Leben zu lassen.«

Sie streckt die Hand nach mir aus, ich spüre sie über meinem Ellbogen.

»Auf dieser Straße kann man neu anfangen«, wiederholt sie. »Dieser Highway ist ein Akt des Lebens.«

Dann, wie aufs Stichwort, meldet sich rauschend das Funkgerät: Vor uns liegt ein totes Karibu, ein blutender Kadaver im Schnee, und ein Wolfsrudel hat sein Abendessen gefunden.

»Schon ein Anblick«, fügt der Trucker hinzu. »Bei Meile 33, falls jemand in der Nähe ist. Zur Linken, wenn man nach Norden fährt.«

»Halt Ausschau«, sagt Joy. »Oder lieber nicht? Keine Ahnung.«

Ich schiele aus dem Fenster und betrachte die Schatten in der Dunkelheit. Wir können kaum die Straße vor uns erkennen, geschweige denn irgendetwas, das sich daneben abspielt. Wir schleichen an Meile 35 und 34 vorbei, und Joy tritt sacht auf die Bremse, bis wir beide das Karibu sehen, keine zehn Meter neben dem Highway.

Die Wölfe heben kurz den Kopf.

»Schau mal«, sagt Joy. »Das da, so was sieht man nicht jeden Tag. Hab ich tatsächlich noch nie. Sie haben das Junge wohl von der Herde getrennt. Aber was für eine Mahlzeit bei so einem Sturm.«

»Armes Karibu«, sage ich.

»Das hängt von der Sichtweise ab«, meint sie.

Sie deutet auf die Wölfe.

»Wir wollen alle überleben, Spice Girl«, sagt sie, als die Tiere die Köpfe senken und weiterfressen. »Auf dieser Welt kämpfen wir alle nur darum, noch ein bisschen länger am Leben zu bleiben. Manche schaffen es, manche nicht. Es liegt in Gottes Hand zu entscheiden, wer auf welcher Seite ist.«

11.

Schließlich taucht Prudhoe Bay vor uns auf und sieht aus wie der Himmel, ein weißer Lichtglanz zwischen den Wolken. Am Horizont erscheint uns Gott in Form eines aufgebockten Containerbaus – eine Verheißung von Wärme, Nahrung und einem Dach über dem Kopf und darüber hinaus, lacht Joy, einer Smoothie-Bar!

Ich kurble das Fenster runter und lasse den Wind durch meine Finger pfeifen. An der Nagelhaut verfangen sich Schneeflocken.

»Mach dich bereit«, sagt Joy.

Und dann, ganz plötzlich, ertönt ein Handy, auf dem Nachrichten der Liebe eingehen: von Samantha und James und allen anderen. Wir haben noch immer gut zwölf Meilen vor uns und jeweils nur einen Balken Empfang – zu wenig, um auch nur zwei kleine Wörtchen zu verschicken, ein *sicher angekommen*, geschweige denn ein Foto von uns beiden – doch für die eintrudelnden SMS reicht es aus, jedes Piepsen eine neue Nachricht aus einer weit entfernten Welt.

»Kannst du kurz?«, fragt Joy. Fest umfasst sie das Lenkrad. »Safety first.«

Ich greife nach ihrem Handy. Sie hat Dutzende Nachrichten bekommen, von überallher, von so vielen Menschen, sie überfluten das Display.

»Die sind egal«, sagt Joy und wischt mit ihrem schmalen Finger andeutungsweise durch die Luft. Nur die von ihrer Familie möchte sie hören.

»Hoffe, du bist gut angekommen«, lese ich vor. »Die ist von Samantha. Und dann: *Bleib nicht so lange weg.*«

»Typisch James.« Joy grinst.

Die Nachrichten erinnern Joy an ihren Platz in dieser Welt, an ihren Wert, an die Bindungen, die ihr darin Halt geben. Sie sagt mir, es sei gefährlich, zu fahren und zu texten, aber manchmal – sie grinst –, *wirklich nur manchmal*, wenn die Sicht gut ist, wenn das Wetter es zulässt und die Sonne scheint, dann erlaubt sie sich, eine Nachricht zu lesen.

»Ein kleines Zeichen der Liebe!«, ruft sie. »Eine kurze Nachricht, damit ich die letzten Meilen auch noch schaffe.«

Ich muss lächeln und stelle mir vor, wie nach solch einer langen Strecke voller Dunkelheit und Todesangst der Horizont über der Motorhaube ihres Trucks blau aufreißt und wie viel ihr James' Worte bedeuten müssen.

Sein *Ich vermisse dich, little Lady.*

Ich horche auf mein Handy, doch in meinem Rucksack tut sich nichts.

Du bist so dumm, denke ich. *Dumm, dumm, dumm.*

Meine Eltern wissen, dass sie nicht zu schreiben brauchen. Ich habe sie vorgewarnt, dass ich keinen Empfang haben werde und mich erst nach meiner sicheren Rückkehr nach Fairbanks melden würde. Doch Dave habe ich nichts davon gesagt, weil ich wollte, dass er mich vermisst und dass er es mir schreibt.

Ich wollte von ihm hören, dass es ihm leidtut – dass es ihm so sehr leidtut. Er weiß, dass seine gewalttätigen Ausbrüche nicht gesund sind und nicht helfen. Ich will eine Entschuldigung und Einsicht und eine Liste all der Schritte, die er einleiten will, um seine vielen Fehltritte wiedergutzumachen. Eine Therapie und ein Anti-Aggressionstraining. Ich will glauben – noch immer, trotz allem –, dass er einen Weg findet, damit es zwischen uns wieder läuft, und dass er durch meine Abwesenheit in den letzten Tagen fester dazu entschlossen ist denn je.

Doch mein Handy bleibt still. Keine Versprechungen und keine Liebesschwüre. Einzig Amerikas Ränder sind dort draußen und das Leuchten der Industrieanlagen. Die Vorfreude auf unsere Ankunft ist riesengroß, genau wie meine Einsamkeit.

»Tust du mir einen Gefallen?«, fragt Joy. »Jetzt wo wir Empfang haben, könntest du kurz im Prudhoe Bay Hotel anrufen? Die Nummer ist auf Kurzwahl. Frag nach Joelle an der Rezeption und dann bitte sie, uns zwei Portionen Prime Rib aufzuheben.«

Schließlich ist heute Sonntag, sagt Joy: der heilige Tag des Fleisches.

In Prudhoe Bay wird sonntags traditionell in jedem Hotel und Arbeitscamp dieselbe Mahlzeit serviert: »Das dickste Stück Fleisch, das du je gesehen hast.«

Ich stelle mir heiß dampfendes, saftig glänzendes Rindfleisch vor.

Doch niemand geht ran.

»Schon okay«, sagt Joy. »Ich nehme an, wir kommen auch ohne ein riesiges blutig gebratenes Rib Eye aus.«

Nur dass ich jetzt an nichts anderes mehr denken kann als an ein Steak mit buttrig luftigem Kartoffelpüree. Dass ich eine kleine Kuhle darin mit Soße füllen könnte. Dass es hoffentlich Erbsen dazu gibt.

»Kann ich's noch mal versuchen?«

Joy lässt mich noch dreimal anrufen.

»Joelle hat wahrscheinlich zu tun. Das ist wohl Gottes Art, uns zu sagen, dass es Besseres für unseren Körper gibt.«

»Vielleicht«, sage ich, »will Gott uns auf die Probe stellen? Vielleicht müssen wir uns dessen würdig erweisen? Vielleicht will er, dass wir uns der heiligen heilsamen Kraft ergeben …«

»Von Fleisch?!«

»Und seiner Mystik.«

»Du hast ja eine schöne Vorstellung von Gott.«

»Mir wurde gesagt, seine Wege seien unergründlich.«

Joy kneift die Augen zusammen und lächelt verschmitzt. »Du bringst mich zum Lachen, das ist hier los.«

»Glaubst du, dass zumindest etwas für uns übrig bleibt?«

»Vom größten Stück Fleisch der Welt? In einem Restaurant voller Männer?«

»Schon gut«, sage ich.

Ich versuche, meine Kartoffelkuhlen-Fantasien beiseitezuschieben. Doch nun denke ich an Snacks von der Tankstelle: ein weiches Käse-Schinken-Sandwich mit Salatblatt, Senf, einer leichten Schärfe. Ich denke an eine Tüte Maischips und zwei kalte hart gekochte Eier in der Plastikverpackung. Aber ich will eine Kuhle im Kartoffelpüree, eine Prime-Rib-Festung, eine Erbsenmauer.

Ich zwinge meine Gedanken in andere Gefilde. Morgen früh werde ich in meinen türkisfarbenen Bikini schlüpfen und in den Arktischen Ozean hinauswaten. Wir steuern auf den atemberaubenden Höhepunkt unseres Trips zu. Ich werde untertauchen und vor dem eiskalten Himmel die Haare zurückwerfen, ich werde mich der Arktis schonungslos ausliefern, und ich werde Joy bitten, all das zu dokumentieren. Wir werden die Bilder beide auf Instagram posten. Auf dem ersten Foto werde ich vielleicht wie in Schockstarre dastehen, mit offenem Mund, am ganzen Körper frierend. Auf einem anderen recke ich vielleicht die Arme in die Luft, juble triumphierend. Vielleicht bitte ich Joy, eine Serie aufzunehmen, damit ich sie später auf dem Computer wie ein animiertes Daumenkino mit ein wenig Musik untermalen kann. Ich werde sie später meinen Kindern zeigen. Dass ich jung und wild entschlossen war. Eine Frau, die sich nichts sagen lässt. Dass ich einfach in den Arktischen Ozean gehüpft bin, in einem türkisfarbenen Bikini mit Pünktchen, bei minus zwei Grad. Dass ich mit vollem Körpereinsatz gezeigt habe, wie man taff ist und *Ja* zum Leben sagt.

»Wenn wir da oben ankommen«, sagt Joy, »will ich dir noch ein paar andere Frauen vorstellen. Zum Beweis, dass ich nicht die einzige bin.«

Ich soll sie nicht falsch verstehen, sagt sie, sie ist froh, dass ich sie gefunden habe. Aber es wäre nicht redlich, mir nicht einige andere Frauen vorzustellen, die sich hier eine Existenz aufgebaut haben, die ebenfalls das harsche Klima und die Abgeschiedenheit ertragen und für ihre Familien sorgen. Joy mag die einzige Big-Rig-Truckerin sein, doch in North Slope arbeitet noch eine weitere Handvoll mutiger, furchtloser Frauen.

»Als Frau fällst du hier oben auf wie ein bunter Hund«, sagt Joy, »aber das Gute daran ist, dass wir uns so gegenseitig ganz einfach finden.«

Und dass ich die anderen kennenlerne, ist wichtig, sagt sie, weil auch ihre Geschichten zählen und weil die Leute ihren Horizont darüber erweitern sollten, wer alles im arktischen Alaska sein Leben lebt.

»Du hast sicher von …«, Joy überlegt, »von wie hieß der noch gleich? Von dem Jungen mit dem Bus gehört? Und von Mr. Bear?«

Der Aussteiger mit seinem Bus und Mr. Bear sind zwei Amerikaner, die wegen ihres Überlebens in der Wildnis Alaskas berühmt geworden sind. Der eine – Christopher McCandless – floh aus seiner materialistischen dysfunktionalen Familie, reiste quer durchs Land, indem er emphatisch *JA!* zum Trampen und zu Drogen und auch allem anderen sagte, bevor er sich schließlich in der Wildnis kurz vor Fairbanks in einem verlassenen Schulbus niederließ. Einige Monate später fand man ihn tot auf, verhungert oder durch Beeren vergiftet. Doch in der amerikanischen Vorstellung wird er für immer weiterleben, ein Peter Pan im Flanellhemd, mit einem Messer am Gürtel. Er mag naiv gewesen sein, doch er war eben Idealist. Auch er war auf der Suche nach mehr.

McCandless ist so berühmt und beliebt, dass um Fairbanks herum Sightseeing-Touren zu seinem Bus und dem Ort, an dem sein Körper gefunden wurde, angeboten werden, die ein ähnlich abgeschiedenes Abenteuer umgeben von Wäldern und Flüssen, verheißen.

Ein Trip zu Bus 142, werben Backcountry-Guides aus Denali. *Bestaunen Sie Chris McCandless' letzte Ruhestätte!*

Als ich das letzte Mal nachgesehen habe, wurde die Tour mit fünf Sternen bewertet.

Mr. Bears voller Name lautet Timothy Treadwell. Er ist der andere Amerikaner, der wegen seines Tods im entlegenen Alaska berühmt geworden ist. Treadwell ließ sein Leben in den Lower 48 hinter sich, wie die zusammenhängenden amerikanischen Bundesstaaten auch genannt werden, um jeden Sommer mit den Grizzlys im Katmai-Nationalpark zu verbringen. Er war der Ansicht, die Bären wären seine Familie und ihr Schutz eine Aufgabe, der nur er gewachsen war.

Für die meisten war er ein narzisstischer Spinner, doch um ihn dreht sich mein Lieblingsfilm, *Grizzly Man* von Werner Herzog, der Treadwells ureigene Art des Bärenfiebers dokumentierte, jedoch ebenso den Grund beleuchtete, weshalb Treadwell sich vom Rest der Menschheit zurückzog – eine tiefschürfende seelische Einsamkeit.

»Ein Fall für die Klapse«, sagt Joy. »Ist mir egal, was der Typ sich gedacht hat. Bären sind Killer. Die denken nicht mal drüber nach, ob sie dich töten.«

Am Ende töteten die Bären Treadwell tatsächlich. Sie dachten nicht mal drüber nach. Doch ich weiß etwas, das Joy nicht weiß, größtenteils dank Herzog. Ich erzähle Joy, dass Treadwell dort oben nicht allein war. Er starb an der Seite seiner langjährigen Freundin Amie Huguenard. Sie war die Einzige, deren Liebe zu ihm groß genug war, um ihn für einen Sommer nach Katmai zu begleiten, trotz ihrer großen Angst vor den Bären und ihrer Überzeugung, dass sie sie beide am Ende töten würden.

Amie war großgewachsen und hatte lange blonde Haare. Auf einem Foto trägt sie ein olivgrünes Sweatshirt und ein Moskitonetz um ihren Hals. Doch in den Hunderten Stunden von Filmmaterial über Treadwell taucht Amie nur wenige Sekunden lang auf. Treadwell war so erpicht darauf, so zu tun, als lebe er allein unter Bären, dass er sich weigerte, Amie neben ihm auftreten zu lassen.

Am Ende des Filmes sinniert Herzog über Amies unzureichende Präsenz in seinem Dokumentarfilm nach – es ist eine Art Entschuldigung – und spekuliert über ihre Bedeutung für Treadwells Leben.

Ich erzähle ihr, dass Amie den Bären nicht zeitgleich zum Opfer gefallen ist, sondern erst, nachdem ihr Partner von ihnen gefressen wurde, dass sie meiner Meinung nach loyal war, bis zuletzt bei ihm geblieben ist.

»Wir sollten mehr von ihr wissen«, sagt Joy. Sie wird laut. »Wir sollten über all diese verrückten Sachen Bescheid wissen, die gute Frauen aus Liebe tun.«

Ich sage die letzten Worte des Films auf, die mir im Gedächtnis geblieben sind. Der Leichenbeschauer spricht sie: »Amie ist bei dem Mann geblieben, den sie liebte, bei ihrem Partner, ihrem Gefährten – und bei dem Bär. Letztlich blieb sie in dieser Situation bei dem Bär.«

Joy sagt lange Zeit nichts. »Das kann er sonst wem erzählen«, sagt sie schließlich. »Das ist doch eindeutig: Sie ist nicht gestorben, weil sie bei dem Bär geblieben ist. Eine Frau wie sie, wie wir? Wir sterben, weil wir bei der Gewalt bleiben.«

Doch wir beide werden jetzt andere Saiten aufziehen, sagt Joy, selbst wenn das Amie Huguenard auch nicht wieder zum Leben erweckt. Wir werden das Alaska-Narrativ umschreiben. Genau jetzt, erklärt sie mir, beginnt ihre Tour zu den Frauen Alaskas.

»Du wirst so viele treffen wie möglich«, erklärt sie feierlich. »Und die Erste, die ich dir vorstellen werde, ist Dawn. Sie arbeitet in der Kantine. Die muss man sich warmhalten.«

Dawn, erzählt sie, hat riesige runde Augen und lacht wie eine Figur aus einem Cartoon.

»Unvergesslich«, sagt Joy. »Man sieht Dawn und muss einfach grinsen. Ich weiß natürlich nicht, ob sie gerade da ist. Hängt von ihrem Schichtplan ab.«

Die Arbeiter haben in North Slope einen rigiden Schichtplan, erklärt sie mir: Zwei Wochen arbeiten, zwei Wochen frei oder zwei Monate arbeiten und zwei Monate frei. Da die Bedingungen gerade im Winter unerträglich werden können, ist der größte Vorteil an einem Job in North Slope, wie häufig man ihn hinter sich lassen kann.

»Jeder hier«, sagt Joy, »verdient sein Geld, und dann geht's ab nach Hause. Zu den Kindern, zu einem Date. Zurück zu den Dingen, die wirklich zählen. Und dann fliegen alle zurück in die Arktis, und es geht wieder von vorne los. Wenn Dawn also nicht hier ist, ist es jemand anders. Michelle zum Beispiel. Oder Jen.«

Michelle, Joelle, Jen. Das sind die Frauen, die Prudhoe Bay überhaupt erst möglich machen, die Joys Trips Bedeutung verleihen, auch wenn sie keine riesigen Trucks fahren oder tonnenschwere Lieferungen festbinden – auch sie besitzen denselben pragmatischen Spirit, sind unter ihrem Labello-Kirsch oder ihrem Modeschmuck unabhängig.

»Sie bringen den *Spaß* hierher«, sagt Joy. »Du wirst es gleich selber sehen, hier oben gibt es nur die Industrie. Nichts als Arbeit, Arbeit, Arbeit.«

Jeden Morgen wachen die Arbeiter auf und gehen raus in den endlosen Sommer, oder sie wachen auf und gehen in den endlosen Winter. Die Arbeiter auf dem Ölfeld absolvieren Zwölfstundenschichten, von Mittag bis Mitternacht oder andersherum. Zwei Wochen mögen nicht nach einer langen Zeit klingen, aber sie sind geprägt von Einsamkeit, Isolation und absoluter Erschöpfung. Und sie wiederholen sich ad nauseam.

»Sie arbeiten sogar sonntags«, sagt Joy. »Und an Weihnachten. Und Thanksgiving. Der einzige Feiertag, den Prudhoe-Bay-Arbeiter freibekommen?« Sie lacht. »Das ist der Superbowl.«

Dann gibt es ein riesiges Buffet. Krabbenbeine, Steak, Shrimps.

»Manche der Camps, die du da siehst«, sagt sie und deutet auf den Horizont, wo Gebäude blinken wie Lichterketten, »die mögen klein wirken. Aber das täuscht. Eins von denen hat einen gläsernen

Innenhof und einen künstlichen Wasserfall. Einen Wasserfall!« Sie lacht. »Und in den meisten gibt es Solarien und Basketballplätze und Kinos.«

Wir schauen in die Ferne.

»Mit Popcorn und allem Drum und Dran!«, fügt Joy hinzu.

Bespaßung gegen den eisernen Griff der Einsamkeit – die Erinnerung an die eigenen Kinder und Ehefrauen und Familien, Tausende Meilen und etliche Zeitzonen entfernt – und den schier endlosen Winter, der hier von Oktober bis Mai dauert und von Schneefällen geprägt ist und von Temperaturen, die häufig bis unter die unwirtliche Marke von minus fünfzig Grad fallen können. In dieser Gegend gibt es im Jahr nur sechs Wochen ohne Frost, und selbst im Juli kann es noch schneien. Dann folgt der Sommer mit seinem ewigen Tageslicht, die arktische Flora bricht durch den trockenen Erdboden: blaue Vergissmeinnicht und die roten Tupfer des indischen Malerpinsels und violette Weidenröschen und Sumpflorbeer. Im Hochsommer, sagt Joy, ist die Tundra grün wie das Gras der Prärie, die Luft mild und angenehm und süß, durchbrochen nur von Moskitowolken und gelegentlich einer Möwe auf ihrem Flug landeinwärts, auf der Suche nach Müll.

»Dann denkst du, du wärst im Mittleren Westen«, sagt sie. »Du denkst, gleich kommt Dorothys Tornado und nimmt dich mit.«

Aber du bist nicht in Kansas, du bist in Alaska, und der Boden wandelt sich beständig.

»Die Erde, auf der wir arbeiten«, sagt Joy. »Die sinkt immer wieder ein.«

Jedes Gebäude muss auf Betonstützen gebaut werden, weil es, wenn der Boden durch die Wärme auftaut und sich in Morast verwandelt, mir nichts, dir nichts darin verschwinden könnte.

Joys Truck rumpelt noch näher an Prudhoe heran, und selbst in der hereinbrechenden Nacht kann ich das riesige lärmende Industriegebilde spüren, um das Moschusochsen und Karibus streifen, Bären, Rot- oder Polarfüchse.

»Morgen«, sagt Joy aufgeregt, »fahren wir raus in die Tundra, damit du ein paar Fotos schießen kannst. Nicht wie auf der Fahrt. Ganz ohne Blut und Eingeweide. Ich meine Moschusochsen und Grizzlybären. Die Art Foto, die man ausdruckt und einrahmt.«

Ich blicke in die Ferne, wo am Horizont die Ölbohranlagen rot blinken. Wir fahren gemächlich in die Stadt hinein und kommen am ersten Gebäude auf Stelzen vorbei. Vor dem Tor einer Lagerhalle laufen Männer zwischen dem Eingang und der Ladefläche eines riesigen LKW hin und her, um palettenweise Kondensmilch aus dem ausladenden Innenraum zu tragen. Es ist April, und es ist dunkel, doch Straßenlaternen tauchen den Parkplatz in ein himmlisches Licht. Ich öffne das Fenster einen Spaltbreit, um zu horchen, und Joy erzählt, das wäre ihr Lieblingsmoment: ein hörbarer Beweis, dass dort Menschen sind, nachdem man so lange allein unterwegs war.

»Klingt das nicht einfach wundervoll?«

Das tut es. Die Männer um uns herum unterhalten sich, lachen, schäkern, trinken Kaffee aus Plastikbechern. Sie lächeln, als wir anrollen. Einer von ihnen winkt. Sie haben Kinnbärte und Bürstenschnitte und Handyhalter an ihren robusten Gürteln. Sie tragen Baseballmützen und dicke Arbeitskleidung, um sich vor den Elementen zu schützen. Sie rauchen in bollerigen Regenjacken, auf die das Logo ihres Arbeitgebers gedruckt ist, die Ärmel hochgekrempelt. Sie sehen mit zusammengekniffenen Augen in den Himmel und wetten auf den Tag, an dem der letzte Schnee fallen wird. So wenig wir auch gemeinsam haben mögen, wir sind an diesem Abend gemeinsam hier, in der nördlichsten Ecke Alaskas.

Joy parkt vor dem Prudhoe Bay Hotel.

»Ich glaube, es gibt einen göttlichen Plan«, sagt sie. »Was Er gibt, nimmt Er auch wieder, und ich bin einfach nur glücklich, ein Teil von dem zu sein, ganz gleich was Er vorhat. Jedes Mal wenn ich hier oben ankomme, spreche ich ein kurzes Gebet. Ich danke unserem

Gott, dass Er über mich gewacht hat, und ich danke auch meinem Körper, denn leicht ist es nicht, das ewige Sitzen.«

Sie faltet die Hände. Senkt ihren Kopf und betet.

»Heiliger Vater«, setzt sie an. »Ich danke dir auch für meine Freundin Amy. Dafür, dass du sie zu mir gebracht hast und uns beide auf der Fahrt beschützt hast.«

Ich sehe hinaus in die Welt, weiß und zauberhaft wie eine Schneekugel. Der Mond hängt tief in den Wolken. Unsere Welt aus Eis und Metall erstrahlt.

»Amen«, sagt Joy.

»Amen.«

Wir lösen die Gurte und wollen gerade aussteigen, da hält Joy inne und legt ihre Hand auf meinen Arm. »Ich bin so froh, dass Jesus uns liebt.«

Im Mondlicht sehe ich sie an. Wieder kommt mir der markerschütternde Gedanke, der mir bei unserer ersten Begegnung kam: dass ich niemals einen schöneren Menschen gesehen habe.

»Ich auch«, sage ich. »Ich auch.«

Sie lächelt.

»Bereit für einen Happen?«

»Was noch vom Prime Rib übrig ist?«, sage ich mit einem Rest Hoffnung.

»Nein!« Sie lacht. »Das ist futsch! Aber ich kenne die Jungs hier – das tue ich wirklich –, und ich verspreche dir, dass noch Salat übrig ist. Und eins lass dir gesagt sein: Nichts geht über einen Salat auf dem Gipfel der Welt.«

*

Ich weigere mich, den Gipfel der Welt bezwungen zu haben, nur um das mit einem Salat zu feiern.

Stattdessen esse ich ein T-Bone-Steak und Kartoffelpüree mit Knoblauch und ein etwas durchgeweichtes Fischstäbchen. Grüne

Bohnen mit Mandeln und cremefarbene Makkaroni mit Käse, gekocht mit Kondensmilch und frischem Cheddar. Ich bestaune den Cheesecake und die Softeismaschine. Daneben wartet in einer Ecke in kleinen weißen Förmchen eine Delikatesse aus meiner Kindheit: Gläschen, gefüllt mit Schokoladenpudding, aus dem Weingummiwürmer herauskriechen, halb vergraben unter Oreo-Krümeln.

»Mein Gott«, sage ich laut.

»Nein, Schätzchen, hierfür sind *Menschen* verantwortlich«, entgegnet Joy und grinst. Sie schiebt ihr Tablett neben meines, und ich sehe auf ihrem Teller frischen Romana-Salat, Dosenpfirsiche, Hüttenkäse.

Ich nehme einen Schluck aus einem Kakao-Trinkpäckchen. Spiele mit dem Gedanken an Key Lime oder Cherry Pie. Halbiere das Fischstäbchen und tunke es in ein wenig Dijonsenf. Joy begutachtet mein Tablett und runzelt die Stirn.

»Ist okay«, sagt sie, wie um sich selbst zu beruhigen. »Du bist jung, nehme ich mal an. Jung *genug*. Wir biegen dich noch zurecht – du hast noch Zeit.«

Mit so einer Auswahl hatte ich in der Arktis nicht gerechnet. Es gibt mit Rosmarin gebratene Schweinekoteletts. Handgerollte Hackbällchen. Entlang der Wand ein Soßenregal mit drei verschiedenen Essigsorten und vier klebrigen Flaschen Hot Sauce.

»Abgefahren«, sage ich.

Joy sagt mir, Dawn sei nicht da, also wird sie mir selbst alles in der Kantine zeigen. Sie führt mich zu einem Kühlschrank, der die ganze Wand einnimmt und ausschließlich mit alkoholfreiem Bier und Mineralwasser gefüllt ist, mit Kakao und Eistee und Energydrinks. Davon gibt es mehr Sorten, als ich mir hätte vorstellen können, nicht nur Red Bull und Rockstar, sondern Marken wie Beaver Buzz, Venom, NOS und dann noch etwas, das wenig subtil *BAWLS* heißt.

»Es ist Firmenvorschrift, dass Prudhoe Bay eine alkoholfreie Zone ist«, erklärt Joy. »Das heißt, ein Tropfen Alkohol genügt, und du verlierst deinen Job. Die können hier kein Risiko eingehen. Also versuchen sie zumindest, die Alternativen schmackhaft zu machen.«

Hinter ihr läuft auf einem Fernseher lautlos *The Fantastic Mr. Fox.*

Wir sind umgeben von Männern, die fettglänzende Nudeln mit Spargel auf ihren Tellern auftürmen und sich darüber hermachen. Es scheint eine Sitzordnung zu geben, und Joy bestätigt meinen Verdacht. Sie nickt in Richtung eines Tisches, an dem eine Gruppe aus Männern und Frauen in marineblauen Regenjacken sitzt.

»Die Lotsen sitzen unter sich.« Sie deutet mit dem Finger zu dem Tisch. »Sie sorgen dafür, dass mit den ankommenden Sattelzügen alles glattgeht. Die Fahrer der Trucks bleiben auch unter sich.« Wieder zeigt sie auf einen Tisch. »Und die Ölfeldarbeiter auch.«

Es kursieren viele Vorurteile über die Arbeiter auf den Ölfeldern, und es ist wichtig, sie auszuräumen. Die Männer, die ich während der nächsten Stunde in der Kantine treffe, sind genau wie Rich und Donald. Sie wollen mir Fotos von ihren Bohrinseln zeigen, von den schlimmsten Schneestürmen in North Slope, sie wollen unscharfe Videos teilen, wie sie eines Nachts rausgegangen sind, um das Nordlicht zu filmen, elektrisierend. Sie sprechen mit mir über ihre tollen Frauen – Ehefrauen, Freundinnen, Mütter –, die zu Hause auf sie warten, die all das hier ermöglichen. *Die die Stellung halten.* Sie sind die *Felsen in der Brandung.*

Ich hatte damit gerechnet, dass diese Männer die Nase rümpfen würden über Joy, ihre Arbeit und meinen Besuch bei ihr. Ich gebe zu, dass ich davon ausgegangen war, die Männer würden umso respektloser werden, je weiter nach Norden wir kommen. Ich hatte mir vorgestellt, dass es all diese Männer in Amerikas letzte Wildnis gezogen hat, weil hier keine Regeln gelten. Ich rechnete mit Spott und anzüglichen Witzen. Mit Kommentaren über meine Möpse, meine Lippen, Belästigungen, die ich ignorieren müsste.

Dies ist eine bittere Wahrheit hinter der Gewalt: Plötzlich rechnet man überall mit dem Schlimmsten, jedenfalls bei Personen, die dem eigentlichen Täter ähneln. Der Vertrauensvorsprung macht sich aus dem Staub, das Wohlwollen, das man in sich trägt. Der Kopf versucht, Gefahr zu wittern, schlauer zu sein und zu entkommen. Ein Flüchten-oder-kämpfen-Verhalten, das zu einer antagonistischen Weltsicht führt, und das ist weder erfüllend noch empowernd.

Stattdessen fühle ich mich sehr klein.

Doch überall um uns herum erzählen mir die Männer aus den vielen Bankreihen von den Sporterfolgen ihrer kleinen Kinder oder von den Fischen, die ihre Söhne und Töchter unten in Colorado, Mississippi oder Maine gefangen haben. Sie tragen Bärte und haben große runde Augen, und während sie ihre tätowierten Arme ausstrecken, um sich noch eine Cola zu holen, beschreiben sie den zehnten Geburtstag ihres Kindes mit der Hüpfburg oder das romantische Wochenende, das sie schon als Überraschung planen – im All-inclusive-Resort – als Entschädigung für den Hochzeitstag oder Valentinstag, den sie immer verpassen.

Hier im Prudhoe Bay Hotel ist jeder hungrig, müde und einsam. Man sucht Trost bei Ravioli. Man vermisst die normale Welt, in die man mal kurz fahren kann, um Lo Mein mit Shrimps zu bestellen. Es sei sehr hart hier oben, erzählen sie mir. So einsam und abgeschieden. Doch Joy ist immer das freundliche Gesicht, die Frau mit dem ansteckenden Lächeln. Sie sprechen ihren Namen äußerst liebevoll aus. Und alle sagen dasselbe: dass eine Freundin von Joy auch ihre Freundin sei, aber sicher.

Einer der Männer bietet uns eine Runde mit dem Flugzeug an oder Goldschürfen im Yukon River. Ich schäme mich meiner Vorurteile, meiner falschen Erwartungen.

Ich lächle und sage *vielleicht*, doch ich möchte Zeit mit Joy verbringen – nicht, weil ich mich nicht sicher fühle oder mir wie ein Eindringling vorkomme, obwohl ich damit gerechnet hatte. Ganz einfach, weil ich keine Minute mit ihr missen möchte.

Joy drückt meine Schulter, und einige der Männer klatschen. »Du hast es geschafft«, sagt sie. »Bis an den Rand der Welt.« Dann:

»Das hier ist Spice Girl. Merkt euch den Namen. Meine Freundin Spice Girl.«

Spice Girl und Mothertrucker. Wir stoßen mit unseren Bechern an – einer mit Kakao, der andere mit ungesüßter Mandelmilch –, und die Männer feiern den Moment mit uns. Plastik stößt auf Plastik, sie sagen »Cheers« und »Da trink ich drauf«.

Joy lächelt zufrieden. »Wir sollten uns ausruhen«, sagt sie.

»Sagt Bescheid, wenn ihr Mädels eure Meinung ändert«, sagt einer der Arbeiter, als wir gerade gehen wollen, und wedelt vielsagend mit seiner Hand. »Ich tank den Four-Wheeler voll und zeig euch Ladys die Tundra …«

»Ist das ein Euphemismus?«, flüstere ich in Richtung Joys Schulter, doch sie sieht mich nur enttäuscht an. Wir sind platt, erschöpft bis in die Knochen, doch als wir in die Lobby kommen, bleibt Joy vor der Rezeption stehen und linst um die Regale herum. Michelle taucht auf, und die beiden quieken vergnügt herum wie zwei Teenager, während ich geduldig abwarte, bis Joy mich vorstellt.

»Joy, Joy, Joy!«, ruft Michelle.

»*Michelle!*«, ruft Joy, und sie wanken in ihrer Umarmung. »Oh! Oh! Oh! Und das hier ist Spice Girl!«, ruft sie. »Amy! Meine kleine Professorin!«

Michelle ist wie ein warmes rosa Licht. Ihre Wangen leuchten pfirsichfarben.

Sie heißt mich in Deadhorse willkommen, am Rand von Prudhoe Bay gelegen, und sagt, hier sei es wie nirgendwo sonst auf der Welt, auch wenn ich es in der abendlichen Dunkelheit noch nicht sehen kann. Michelles Job besteht darin, die Leute ein- und auszuchecken und den Souvenirladen zu führen, in dem Süßigkeiten und Zeitschriften verkauft werden, Lavendelbad und stangenweise neonfarbige Sweatshirts. Es gibt Untersetzer und kitschige Schnapsgläser und Baseballmützen, auf denen *North Slope Militia: GOD & GUNS & OIL* steht. Auf einer anderen sehe ich den

Umriss Alaskas, Prudhoe Bay ein kleines Sternchen am Rand und darunter: *Yeah, I'd tap that!*

Während Joy und Michelle übers Eisfischen reden, stöbere ich durch die T-Shirts und halte ein grünes vor mich, auf dem ein Eisbär abgebildet ist. Er sieht gelangweilt aus oder zumindest teilnahmslos, wenig begeistert von der Welt. Darunter steht in dicken schwarzen Buchstaben *PRUDHOE BAY*.

Ich lege es neben die Kasse. Michelle dreht sich um und steckt es in eine Plastiktüte.

»Oh«, sagt sie, »die grünen mag ich auch am liebsten.«

Dann führt sie uns einen Flur hinunter, und Joy lehnt sich zu mir, aufgekratzt. Sie flüstert, als sei es ein großes Geheimnis: »Ich hab hier noch nie geschlafen!«

Normalerweise, sagt sie, schaut sie nur für zwei Stunden vorbei – eine, um zu essen und zu quatschen, und eine für den Fitnessraum, Hanteltraining, um an der »Bikinifigur« zu arbeiten. Sie fuchtelt mit dem Finger vor mir herum. »Ich bin da und wieder weg! Easy peasy!«

»Mitten in der Nacht?«

»Sicher«, sagt sie. Sie lacht. »Muss ja zurück zu Mann und Kind.«

Michelle dreht sich um und grinst. »Aber für mich hast du immer 'ne Minute.«

»Immer!«, sagt Joy und drückt sanft Michelles Arm. »Die Transportfirmen haben strenge Auflagen dafür, wie lange man fahren darf. Also schlafe ich – das tue ich schon! –, aber normalerweise unten in Coldfoot Camp. Das hier ist was Neues.«

»Tja, dann ist es eine Pyjamaparty«, sage ich. »Wir können lange wach bleiben, vielleicht schminken wir uns gegenseitig.«

»Und machen uns die Nägel«, fügt Joy hinzu. »Und reden übers Knutschen und über Jungs.«

In dem Zimmer, zu dem uns Michelle führt, stehen zwei Betten, zwei Schränke, ein winziges Regal für Bücher und ein 90er-Jahre-Fernseher – ein dicker schwarzer Klotz.

Mehr brauchen wir nicht.

Wir stellen die Taschen ab, und Joy wendet sich Michelle zu. Sie sehen einander lange an, ohne etwas zu sagen.

»Ich bin so froh, dich zu sehen«, sagt Michelle schließlich. »Lange her.«

»So lange«, sagt Joy. Sie hebt ihr Bein. »Ich konnte nicht arbeiten! Hab mich verletzt!«

»Ich weiß«, sagt Michelle. »Ganz ehrlich – ich wusste nicht, ob du zurückkommst. Das hat mir im Herzen wehgetan.«

Langsam verstehe ich, was Joy gemeint hat, als sie sagte, es gebe Frauen, die ihr Leben in Prudhoe Bay möglich machen, die ihren Fahrten Bedeutung verleihen.

Michelle lehnt sich gegen den Türrahmen, strahlt.

»Tja, ich muss dann mal weitermachen«, sagt sie. »Schau noch mal vorbei, bevor du fährst.«

»In aller Frühe!«, sagt Joy.

Als Michelle weg ist, sieht Joy sich im Zimmer um und grinst.

Wir sitzen auf unseren Betten und packen aus. Ich ziehe die Carhartt-Latzhose aus dem Rucksack, die ich extra für diesen Trip gekauft habe, ein paar Smartwool-Socken, ein T-Shirt mit Rundkragen, das noch frisch riecht, nach Blumen und Orangen aus Florida. Joy rollt eine pinkfarbene Sporthose auseinander und einen Hoodie der Fort-Knox-Goldmine. Sie zieht sich aus, zieht die pinkfarbene Shorts hoch und lässt das Gummiband einmal flitschen.

»Ich schwing mich mal im Sportraum aufs Fahrrad«, sagt sie. »Mein Kopf ist müde, aber mein Körper noch nicht.«

Ich sage ihr, ich würde duschen gehen.

»Ich rieche nach Pipi«, sage ich.

Die Duschen befinden sich den Flur runter – eine schmale Nische mit einigen Kabinen, Toiletten und einem riesigen Entlüfter, damit sich kein Schimmel bildet. Das Wasser ist heiß, doch der billige Duschvorhang bauscht sich in der Luft auf und klebt mir an den Schienbeinen. Ich strample mich mit dem Knöchel von ihm los, doch es hilft nichts.

Es ist schön, hier zu sein, denke ich – in einer Duschkabine am äußersten Rand von Amerika, wo ich genießen kann, wie es sich anfühlt, sauber, sicher, trocken und warm zu sein und sich wohlzufühlen. Es sind die menschlichen Grundbedürfnisse, und es ist so lange her, dass meine in Gänze erfüllt wurden. Dass ich mich *sicher* gefühlt habe.

Als Nächstes empfinde ich Freude – Joy –, ungefiltert, unkompliziert, eine Euphorie, die durch meine Nervenenden rauscht und mein Gehirn mit Serotonin flutet. Wann ist aus mir diese Frau geworden, die Freude empfindet, wenn sie endlich einmal allein ist und in Ruhe gelassen wird? Wann habe ich Stärke und Mut gegen einen Mann eingetauscht, durch den ich mich schwach fühle?

Ich schließe die Augen und denke daran zurück, wie ich sieben Jahre alt war, allein und fähig, wie ich vom Rand des Sees aus meine Angelrute über die schimmernden grünen Äste auswarf, die sich im Wasser spiegelten.

Ich denke daran zurück, wie ich mit elf aufs Dickicht einschlug, auf Seidenpflanzen und Rohrkolben, die mir bis an die Stirn reichten, mit meinen Brüdern auf dem Feld hinter unserem Haus.

Mit sechzehn nahm ich heimlich den Zug nach Philadelphia, um mir das Trocadero und das Mütter-Museum für Medizingeschichte anzusehen, wo ich einen Schrank mit Gegenständen durchstöberte, durch die Erstickungsgefahr ausging, mir medizinische Gerätschaften ansah, mit denen der Körper gepiesackt wurde, und eine Schädelknochensammlung bewunderte, die fein säuberlich aufgereiht ein Bücherregal zierte.

Mit vierundzwanzig zog ich wegen des höheren Studienabschlusses fünf Staaten weiter und blieb in der ersten Nacht lange wach, aß Pizza und trank Bier, hörte Popmusik und packte meine Gläser aus.

Diese Frau war ich einmal – belastbar, unabhängig, auf der Suche nach Spaß, sogar alleine. Jetzt, mit dreißig, frage ich mich, wo meine Lebensfreude geblieben ist. Ich frage mich, wie ich sie zurückgewinnen kann.

Ich spüle die Seife ab, wickle mir ein Handtuch um und stehe vor dem Spiegel. Mit den Händen fahre ich über Kurven und Falten, über die Linien, die sich unter meiner Nase abzeichnen. Die Lüftung brummt und entsorgt die Feuchtigkeit, und plötzlich ist mir eines vor allem anderen klar: Ich mag eine Frau sein, die vieles bereut – die vieles falsch gemacht hat –, doch mein größter Fehler von allen war es, einen Mann über meinen Wert entscheiden zu lassen und ihm anschließend zu glauben, als er sagte, ich hätte keinen.

Als ich von der Dusche wiederkomme, dehnt Joy ihre Beinmuskulatur, indem sie den Fuß an die Wand stemmt, während Duolingo ihr spanische Vokabeln zum Themenbereich »Tiere« vorliest. Dann und wann dreht sie sich auf den Bauch und tippt etwas in ihr Handy.

»Ich multitaske«, sagt sie.

»Das sehe ich.«

»El oso«, flötet ihr Handy.

»El oso«, wiederholt sie.

Ich erzähle ihr, dass mein Französisch hauptsächlich aus einer Lektion über Camping aus der siebten Klasse besteht, und das trotz jahrelangen Unterrichts und eines mehrmonatigen Auslandsaufenthalts.

»*Raton laveur*«, sage ich. »Das heißt *Waschbär*.«

Joy lacht und zuckt die Achseln. »Frankreich«, sagt sie. »Wollte ich immer mal sehen.«

»Du solltest hinfliegen«, sage ich geistesabwesend, als wäre das so einfach.

»Mache ich noch, bevor ich sterbe.« Joy lacht. »Aber solche Reisen kosten eine Stange Geld.«

Sie kosten eine Stange Geld, eine Tatsache, über die ich mit einundzwanzig nicht nachdachte, als ich Lavendelseife kaufte, um sie nach Hause zu schicken, und selbst jetzt habe ich es nicht auf dem Schirm.

Ich wünschte, ich könnte die Zeit zurückdrehen und Joy meine Frankreichreise schenken.

»Na ja«, sagt sie und will damit sagen: *Der eine so, der andere so*. Und tatsächlich leben wir in völlig unterschiedlichen Welten, doch hierin liegt Joys größte Stärke: Ihr scheinen die Unterschiede nichts auszumachen, sie urteilt über niemanden.

Sie rollt sich vom Bett und zieht ihren Kulturbeutel aus dem Rucksack: ein Stück Seife fürs Gesicht, Zahnseide, eine Tube Biozahnpasta, auf der in Großbuchstaben SCHÄUMMITTEL steht.

»Was sind denn Schäummittel?«

»Keine Ahnung«, sagt sie. »Sie versprechen, sie sei ohne Fluorid oder Glyzerin, aber eigentlich gefiel mir nur der Slogan: *Live your journey!* Genau das tue ich.«

»Du lebst deine *Joy*ney«, witzele ich.

Sie haut spielerisch mit dem Kissen nach mir, und ich ziehe meinen Bikini aus dem Rucksack – türkis und gepunktet und um die Taille geschnürt.

»Morgen«, sage ich ihr, »werde ich im Arktischen Ozean schwimmen gehen. Es gibt einen Shuttlebus um 8 Uhr 30 und einen um 15 Uhr 30. Du kannst mit ins Wasser kommen oder vom Strand aus Fotos machen.«

Für alle, die nicht auf den Ölfeldern arbeiten, ist der Deadhorse Arctic Ocean Shuttle der einzige Weg, um ans Wasser zu gelangen, und tatsächlich ist dies der Grund dafür, dass Hunderte Touristen von Fairbanks oder sogar Anchorage für einen einzigen Nachmittag nach Prudhoe Bay fliegen. Die Tour ist teuer – sie umfasst einen Tour-Guide, die Busfahrt und einen notwendigen Background-Check zur Terrorismusprävention, doch dafür verspricht die Homepage ein authentisches Arktisabenteuer. Ein Blick auf die Bewertungen lässt darauf schließen, dass die Tour sich besonders für ältere Reisende anbietet – hauptsächlich stammen sie von Rentnern, meist Pärchen, die monate- oder vielleicht sogar jahrelang darauf gespart haben, endlich den nördlichsten Rand Amerikas zu Gesicht zu bekommen.

»Ach Mist.« Joy schüttelt zerknirscht den Kopf. »Die Tour gibt es nur von Mai bis Oktober, Spice Girl. Ich fürchte, wir sind einen ganzen Monat zu früh. Das stand wohl im Kleingedruckten, und da kann selbst ich nicht dran rütteln.«

Ich wollte diesen mutigen Moment erleben, wollte meinen Körper unter der Kälte des Arktischen Ozeans erschaudern spüren, wollte gereinigt und wiedergeboren werden. Ich hatte es mir so oft vorgestellt. Ich wollte, dass Joy ein Foto von mir macht, wollte es auf meinen Schreibtisch im Büro stellen. Ich dachte, es würde etwas bedeuten, wäre der Beweis dafür, dass ich etwas zurückgewonnen hatte, von dem ich befürchtet hatte, es verloren zu haben.

»Ach, das?«, würde ich lässig sagen, wenn Kollegen oder Studis mich darauf ansprachen. »Da bin ich in den Arktischen Ozean gehüpft.«

Stattdessen ist acht Meilen vor meinem Ziel Schluss.

»Wie war es?«, würden die Leute fragen. Und was hätte ich darauf entgegnet? Dass die Welt hier oben überraschend gut durchorganisiert, komfortabel und malerisch ist? Dass ich für den Flug ins nördliche Alaska mehr Geld ausgegeben habe, als ich im Monat verdiene, um unfassbar gutes, perfekt gebratenes Fleisch, Käsenudeln und Kartoffelauflauf zu essen? Dass die Männer hier aus äußerst ausgefeilten Desserts wählen können, dass sie höflich und neugierig und freundlich sind und von ihren Kindern erzählen wollen? Und ja, ab und an sieht man hier Eisbären, und ja, es gibt richtig heftige Stürme, doch die meiste Zeit hat man hier muffigen Teppichboden, Zwölfstundenschichten und Teller mit Pie vor sich, Dunkaroos Cookies, und im TV laufen *Maury* und Fox News, und es gibt kratzige Laken.

Kurz will ich darüber lachen, wie dumm es mir plötzlich erscheint, so fixiert auf einen bestimmten Moment zu sein. Mit oder ohne symbolischen Sprung ins Wasser ist es ein Privileg, hier in einem winzigen Zimmer in Nordalaska zu liegen, mit ein paar Zwanzigern in den Stiefeln vor dem Bett, und ebenso bin ich privilegiert, weil ich Ohio verlassen konnte. Ich konnte einen Flug mit zwei Zwischenstopps buchen und ein Hotel, in dem ich mich sicher fühlen würde, konnte mir in dem Wissen eine Woche freinehmen, weiterhin krankenversichert zu sein, falls in der Arktis ein Notfall passiert. Und ebenso ist es ein Privileg zu wissen, dass weiße Frauen wie Joy und wie ich von geschulten Experten gesucht werden würden, die raus in die Arktis fliegen würden, wenn hier plötzlich etwas schiefging. Dass die Welt es erfahren würde, sollte das Schlimmste eintreten.

Ich klettere ins Bett und ziehe mir die Decke bis ans Kinn, spüre, wie sich meine nassen Haare auf dem Kissenbezug ausbreiten und den Stoff feucht werden lassen. Vor unserem Fenster blinken die kleinen Lichter der mobilen Ölfeld-Camps. Ich schließe die Augen und bin dankbar dafür, hierhergekommen zu sein, Distanz zwischen Dave und mich gebracht zu haben. Ich bin dankbar für unsere Betten und die Bezüge, egal wie gestärkt und kratzig sie auch sein mögen. Dankbar für Joys Freundschaft, dankbar für unser warmes Zimmer. Selbst für die Dunkelheit der Nacht bin ich dankbar, als hätte der Himmel uns ein Seil hinuntergeworfen, um endlich dem Highway und all seinen Gefahren zu entkommen.

Joy legt sich ebenfalls in ihr Bett auf der anderen Seite des Zimmers.

»Stört es dich, wenn ich ein kurzes Gebet für uns spreche?«

»Nein, gar nicht.«

Sie nimmt die Bibel aus ihrem Rucksack. Ich höre, wie sie darin blättert.

»Ein Psalm Davids«, beschließt sie.

Mit geschlossenen Augen und ruhig lausche ich ihren Worten. Jahrelang habe ich vor Dave eine Rolle gespielt, versucht, den Glauben der Menschen um mich herum zu imitieren, um geliebt zu werden, um nicht verlassen zu werden. Doch vor Joy will ich mich nicht verstellen. Sie hat sich mir offenbart – ganz offenbart –, und ich möchte dasselbe tun.

»Der Herr ist mein Hirte«, liest Joy, *»mir wird nichts mangeln. Er weidet mich auf einer grünen Aue und führet mich zum frischen Wasser. Er erquicket meine Seele.«*

Ich denke zurück an das Mädchen, das ich einmal war, an die grünen Auen, in denen es zu Hause war.

»Und ob ich schon wanderte im finstern Tal, fürchte ich kein Unglück; denn du bist bei mir, dein Stecken und Stab trösten mich.«

Ich blicke in das finstre Tal, sehe den Hund, den Dave und ich teilen, sehe, wie ihr kleiner Schwanz hektisch wedelt, sehe die Nächte, in denen sie sich wie ein Schutzwall zwischen unsere Körper gelegt hat. Ich sehe mich hinter einer Toilette kauern, sehe, wie ich auf offener Straße weine.

»Gutes und Barmherzigkeit werden mir folgen mein Leben lang, und ich werde bleiben im Hause des Herrn immerdar.«

Ich stelle mir Güte vor, Barmherzigkeit, wie einen Mantel, in den ich schlüpfen kann. Ich stelle mir vor, ihn überall zu tragen. Stelle mir vor, ihn in einem Haus zu tragen, in dem ich mich nicht von der Wut eines Mannes bedroht fühle.

Ich höre, wie Joys Matratze knarzt, als sie aufsteht, um das Licht zu löschen, ich höre den Schalter klicken und dann die statische Aufladung der Bezüge in all der Stille.

»Das war schön«, sage ich in die Dunkelheit.

»Echt?«, fragt Joy. Sie lacht. »Gott ist gut«, sagt sie.

Ich forme die Worte mit den Lippen, *Gott ist gut.*

Draußen wirbelt der Schnee im Laternenlicht. Und vielleicht ist das, was als Nächstes passiert, tatsächlich Gott geschuldet. Oder vielleicht ist es Joy, und es passiert, weil wir uns beide sicher fühlen, weil unsere Körper müde, aber warm sind, weil wir einfach zusammen sind.

»Mein Freund, Dave«, sage ich, »schreit mich dauernd an, Joy. Er drängt mich in die Ecke. Er brüllt, bis ich am Boden liege.«

Der Schnee wirbelt, tobt weiß vor dem dunklen Himmel.

»Ich bin hierhergekommen … Ich weiß auch nicht, warum«,

spreche ich weiter. »Weil ich es musste? Weil ich Abstand von ihm brauchte? Ich bin eine schlaue Frau, Joy, das bin ich wirklich, aber was das betrifft, war ich einfach lange Zeit nicht klar im Kopf. Ich dachte, wenn ich hier hochkomme und sehe, wie schön, wie riesig die Welt ist – nicht nur die Arktis oder Prudhoe Bay, sondern *alles* –, dann würde sich vielleicht etwas für mich ändern.«

Joy schweigt. Ich will ihr sagen, dass ein Teil von mir mittlerweile glaubt, dass wir unterschiedliche Versionen voneinander sind – als wäre ich Joy vor zwanzig Jahren oder als wäre sie ich zwanzig Jahre später, wenn ich mein Leben nur wieder in die richtigen Bahnen lenke, den schlechten Mann verlasse und mir einen besseren suche und das, was ich gelernt habe, in die Tat umsetze.

Wenn ich anderen Frauen helfe, wie Joy mir geholfen hat.

Ich sage ihr, dass ich mich schäme. Meine Wangen glühen in der arktischen Finsternis.

»Ach verflucht, ich weiß auch nicht«, sage ich. »Ich versuche so sehr das Richtige zu tun. Hier und früher und immer schon. Aber ich passe mich immer einem Mann an und überlasse ihm alle Macht über mich, meine Widerstandsfähigkeit und all meine Kraft. Und diesmal habe ich einen Partner ausgewählt, der besonders unberechenbar ist. Und ich verlasse ihn nicht, weil ich Angst davor habe, nicht mehr zu wissen, wie ich allein auf zwei Beinen stehen soll.« Ich halte kurz inne. »O Mann, das ist sicher das Dümmste, was du je gehört hast.«

Joys Laken reibt über die Matratze, als sie aufsteht. Ihr Gewicht drückt auf mein Bett, als sie sich zu mir setzt und näher rückt. Sie zieht die Knie an ihre Brust und legt einen Arm schwer um mich. Ich spüre ihre Hand auf meiner Stirn. Dann tastet sie in der Dunkelheit nach meiner Hand und legt ihre kleine Hand in meine.

»Nein«, sagt sie. Und noch einmal: »Nein. Ich finde, das klingt überhaupt nicht dumm.«

Neben meiner Therapeutin ist sie die erste Person, der ich verraten habe, wie er mit mir umgeht und was er zu mir sagt. Wir sehen zu, wie sich der Schnee vor dem Fenster sammelt. Ich warte auf einen weisen Ratschlag, doch Joy bleibt stumm, sie streichelt nur meine Stirn und summt ein Kirchenlied, das ich nicht kenne. Mein Körper unter der Decke ist warm. Genau wie ihre Hand an meiner Haut. Draußen, in dieser dunklen Nacht, wirbelt und wirbelt der Schnee, und wir sehen zu, bis mir schwindelig wird.

Ich schlafe schon fast, als Joy sich in die Dunkelheit zurückzieht.

»Der Highway heilt auf alle möglichen Arten«, sagt sie. »Er wird auch dich heilen.«

Ich möchte ihr so gerne glauben. Ich weiß nicht, was ich tun soll, wenn wir beide uns irren.

»Tja, und außerdem«, sagt sie, »*weiß* ich jetzt, dass Er wusste, was Er tut. Jetzt *weiß* ich, dass Gott dich zu mir gebracht hat. Und glaub mir, wenn ich sage, wir sind Seelenschwestern, so viel steht fest.«

12.

Als ich aufwache, liegt Joy nicht mehr im Bett neben mir, und einen Moment lang frage ich mich, ob die letzte Nacht nur ein Traum war, oder ob unsere Unterhaltung wirklich stattgefunden hat. Ich sehe mich in dem winzigen Zimmer um. Joys Decke liegt auf dem Boden, genau wie ihre Stiefel.

Weit kann sie nicht sein.

Ich schlage die Decke bis zu den Füßen zurück und spüre sofort einen Anflug von Kälte. Ich stehe auf und strecke mich. Da höre ich ihre Stimme.

»Joelle!«, sagt sie. »Joelle! Ich hab nach dir Ausschau gehalten! Ich hab gebetet!«

Draußen im Flur erklärt sie, sie habe gebetet, dass ihr Aufenthalt sich überschneiden würde, dass wir in Prudhoe Bay ankommen und direkt in Joelles Schicht stolpern.

»Gott wusste es!«, sagt Joy. »Er wusste es! Wir mussten uns treffen!«

Im Türrahmen stehend, hebe ich schüchtern die Hand und wünsche beiden einen guten Morgen, bevor mir auffällt, dass ich keine Hose anhabe.

»Ach, das macht doch nichts«, sagt Joy und macht eine wegwerfende Handbewegung, dann zieht sie mich an sich. »Macht doch nichts, kleine Schwester. Wir sind hier alle eine Familie.«

Ich ziehe mein T-Shirt runter bis zu den Knien, versuche den Stoff zu dehnen. »Hi«, sage ich und winke.

Joy drückt meine Schultern. »Das«, sagt sie, »ist Joelle.«

Joelle stammt aus Mississippi, das hört man auch an ihrem Südstaatendialekt. Sie putzt Zimmer, hört Musik und wischt Staub. Macht die Betten und schrubbt die Waschbecken. Ihr Job besteht darin, den Arbeitern vom Ölfeld ein bisschen Gastfreundschaft und Freundlichkeit zukommen zu lassen, damit der Ort sich ein ganzes Stück schicker anfühlt, als er ist.

»Es ist mein Job«, sagt Joelle, »dass das Prudhoe Bay Hotel sich auch *Hotel* nennen darf.« Sie lächelt verzückt. Ihr Haar ist zu einem strengen Pferdeschwanz gebunden, und ein Ohrhörer baumelt am Kabel herab, mit dem anderen hört sie anscheinend so etwas wie Jazz. »Und Joy manchmal ein Prime-Rib-Steak aufzuheben«, fügt sie hinzu.

»Wir haben es versucht!«, sagt Joy. »Wir haben es versucht!«

Ich frage Joelle, was sie in die Arktis geführt hat. Sie erzählt mir, sie habe schon immer davon geträumt, am Meer zu leben.

»Am *Polar*meer?«, frage ich. »Von allen Orten, die an der Küste liegen?«

»Ach, ich weiß auch nicht«, sagt Joelle. Sie macht eine Geste mit den Händen, die ich als *Unsinn* deute. »Ein Job ist ein Job ist ein Job – so kann ich ein paar Rechnungen bezahlen. Und hier ist es genau wie anderswo auch. Ich bin den ganzen Tag alleine, und das ist mir ehrlich gesagt lieber so. Ist einfach schön zu wissen, dass Wasser in der Nähe ist.«

Sie sieht Joy an und grinst, dann deutet sie auf das nächste Fenster, das halb von einem grauweißen Vorhang verdeckt wird.

»Joy weiß das«, gesteht sie, »aber hier oben spüre ich immer das Wasser in mir, hier will ich immer in ein Boot steigen und da rausfahren.«

»Du musst unbedingt mal raus aufs Wasser!«, ruft Joy. Das sagt sie offensichtlich nicht zum ersten Mal.

Joelle lächelt und schüttelt den Kopf. »Das werde ich nie tun«, sagt sie. »Niemals.«

»Sie hier wollte auch unbedingt ins Wasser«, meint Joy und stupst mich an. Ich versuche zu lächeln, aber die Enttäuschung ist noch zu frisch. »Allerdings nicht mit einem Boot«, stellt sie klar. »Sie wollte mit ihren eigenen Beinen darin rumstrampeln.«

»Ein Boot hört sich aber viel einfacher an«, sage ich. »Als bräuchte man nicht unbedingt eine organisierte Tour.«

Joelle lacht. »Du hast ja keine Ahnung«, sagt sie.

Sie erklärt, dass die Ölfelder und die Küste dahinter durch mehrere Checkpoints und Begrenzungszäune abgesichert sind und der Zutritt nur Mitarbeitern mit der höchstmöglichen Sicherheitsfreigabe vorbehalten ist.

»Inlandsterrorismus«, wirft Joy ein. Sie schaut mich an, und ihre Finger imitieren ein Feuerwerk. »Da braucht nur einer ein Streichholz anzuzünden, dann macht alles – und jeder – *WUMMS*!«

Bis jetzt hat es noch nie *WUMMS* gemacht.

Aber andernorts gab es tatsächlich heftige Explosionen – in West Texas und Texas City –, also sind die Ölfelder tabu. Die Arbeiter dürfen nur zu besonderen saisonalen Feierlichkeiten in den abgesperrten Bereich, zum Beispiel zum Deadhorse Dash, einem Zweimeilenlauf rund um den Holly Lake, wo man auf halber Strecke eine Wertmarke bekommt, die man gegen einen Burger und eine Handvoll Pommes, einen in glänzende Folie gewickelten Chocolate Chip Cookie und entweder einen Apfel oder eine Banane eintauschen kann.

»Es macht wirklich Spaß«, fügt Joelle hinzu. Sie sagt, die Erde ist da draußen viel geheimnisvoller als woanders, so unzugänglich und unberührt, und inmitten von Menschen, die sich unterhalten, Hamburger essen und sich Mücken vom Leib halten müssen, ist es noch seltsamer.

»Manchmal sieht man Moschusochsen«, erzählt Joelle, »und immer ganz viele Vögel.«

Joelle erklärt, viele der Ölfirmen hätten sehr beliebte Maskottchen, Carlile Transportation zum Beispiel einen Eisbären mit Cape.

»Der ist der Knaller bei Veranstaltungen.« Joy lacht. »Dann tanzt er, er *groovt.*«

Ich stelle mir den Hüftschwung eines riesigen Maskottchens vor, den hüpfenden Stummelschwanz. Dazu denke ich mir die Backstreet Boys oder den schmachtenden Gesang von Nick Lachey.

»Hier oben erfreut man sich an den kleinen Dingen«, sagt Joelle. »Weißt du?«

Joy lächelt. »Ja.«

»Schade, dass du die Tour verpasst«, sagt Joelle schließlich. »Das Wasser ist toll – na ja, es ist grau –, aber die Touristen sind das eigentlich Sehenswerte. Sie haben immer das Gleiche an: schicke, stylishe Windjacken und strahlend weiße Keds.«

»Jup. Die sitzen da im Arbeitercamp in Deadhorse zwischen den Ölfeldarbeitern mit ihren derben Hemden, Helmen und dreckigen Jeans, das ist echt – wie nennt man das? – ein ziemlicher Kontrast?«

Joy und Joelle lachen, dann wenden sie sich dem Thema Sommer zu. Joy sagt, ich soll im August wiederkommen. Sie ermuntert Joelle noch einmal, sich doch mal in ein Boot zu setzen.

»Du *musst*«, wiederholt Joy. »Dieses Jahr gibt es keine Ausreden! Man lebt nur einmal!«

Joelle lacht und schlägt sich auf den Schenkel. »Weißt du, dass ich diesen Monat sechsundfünfzig werde?«

Joy ist im Dezember fünfzig geworden.

»Wir haben schon mehr als ein halbes Jahrhundert voll!« Joelle lacht. »Na ja, war schön, dich zu sehen. Und schön, dich kennenzulernen«, sagt sie in meine Richtung.

»Das ist Gott«, sagt Joy und beschreibt mit dem Finger einen Kreis in der Luft. »Gott hat dafür gesorgt, dass du hier oben Schicht hast, und Gott wirkt in uns dreien.«

Zurück in unserem Zimmer schauen Joy und ich aus dem Fenster dem Schneefall zu.

»Wir sollten langsam los«, sagt sie. »Der Wetterbericht sieht ziemlich übel aus. Wenn wir noch bleiben, werden wir vielleicht eingeschneit, und du musst ja deinen Flug bekommen.« Sie zieht ihren Minen-Hoodie über und schüttelt sich, als sie ihn nach unten zerrt.

Ich dachte, wir bleiben den Tag über hier, und einen Augenblick lang bin ich enttäuscht, auch wenn ich nicht wusste, wie ein Tag hier oben aussehen könnte. Aber ich will auch nicht in Prudhoe Bay festsitzen, und der Gedanke an schlechtes Wetter macht mich nervös. Joy sieht mich an und mustert mein Gesicht. Ich kann erkennen, dass sie unbedingt zurück zu James und Samantha will, zu ihrem Pferd, ihren Hunden und ihren Eltern.

»Klar«, sage ich. »Okay.«

»Wenn wir zurück sind, koche ich dir ein Abendessen«, schlägt sie vor, zum Trost. »Elchbraten mit Salat. Der Elch, den Samantha und ich geschossen haben.«

Sie sieht mich an. Sie lächelt.

»Ich hab dich lieb – weißt du? Du bist wie eine Tochter für mich. Dir setze ich keinen Eisbergsalat mit Mayonnaise drauf vor. Für dich lege ich mich richtig ins Zeug.«

Ich lächele und packe meine Carhartt-Hose wieder ein. Ich dachte, ich würde sie hier oben anziehen, für den authentischen North-Slope-Look eben, aber im Pick-up wäre sie zu dick. Ich rolle meine Socken und das warme Sweatshirt zusammen. Joy schwingt sich den Rucksack auf die Schulter.

Da wird mir bewusst, dass ich mich auf der Talfahrt befinde, langsam auf dem Weg zurück zu Dave und meinem alten Leben. Ich folge ihr durch die leeren Flure des Prudhoe Bay Hotel, vorbei an den Duschen, dem Selbstbedienungsrestaurant und dem Souvenirladen neben der Rezeption – mit den kitschigen T-Shirts und Kalendern. Erst da wird mir klar, dass ich von Joy ein Wunder erwartet habe; außerdem habe ich von ihr erwartet, dass sie mir meine Arbeit abnimmt. Ich bin keinesfalls die Erste, die eine religiöse Pilgerreise unternimmt, wenn auch in die Arktis, nicht die Erste, die Gott in einem Menschen zu erkennen glaubt, aber ich bin zu ihr gekommen, gebrochen und gedemütigt und auf der Suche nach so viel mehr als Gebeten.

In Wahrheit habe ich erwartet, dass hier in North Slope etwas völlig *Unvorhergesehenes* passiert, etwas Lebensveränderndes, etwas so Tiefgreifendes und geradezu Heiliges, dass es mich aus meiner Wirklichkeit reißen und zur Vernunft bringen würde. Ich hatte den – wenn auch naiven – Gedanken, wenn ich auch nur kurze Zeit in Prudhoe Bay verbrächte, würde mir das einen Schub an Stärke verleihen, Reife oder geistiger Klarheit. Und während das womöglich weder fair noch angemessen ist, so ist es doch nichts als die Wahrheit.

In der Heiligen Schrift geschehen solche Wunder augenblicklich, die göttliche Veränderung erfolgt unmittelbar. Fische füllen die Netze hungernder Männer, Flüsse teilen sich vor den Füßen Gottes. Wasser wird zu Wein verwandelt. Blinde können wieder sehen. Dämonen werden von den Zungen der Menschen vertrieben, woraufhin diese plötzlich sprechen können. Der tote Sohn einer Witwe, die tote Tochter eines Priesters – sie werden berührt und erwachen wieder zum Leben. Aussätzige werden von Lepra geheilt. Fieber sinkt und verschwindet.

Aber draußen auf dem Parkplatz lehne ich mich an Joys Pick-up-Truck und spüre das gleiche Unbehagen, das ich oft empfinde. Die große Erleuchtung, nach der ein Teil von mir sich sehnt, habe ich immer noch nicht erlebt, die seismische Verschiebung im Denken, und jetzt geht es zurück nach Hause.

Meine Enttäuschung rührt nicht von unserer schnellen Umkehr in Prudhoe Bay her, nicht daher, dass mir der Arktische Ozean versagt geblieben ist, liegt nicht einmal an diesem trüben, grauen Tag, der jetzt schon böig und bewölkt ist, als wir uns zum Aufbruch vorbereiten. Meine Enttäuschung gilt mir selbst: Wie gering meine Zuversicht ist, dass ich das tun kann, was getan werden muss.

Joy kann mir letzten Endes auch nur geben, was sie mir geben kann: eine Fahrt auf dem Dalton Highway, ein Abendessen mit

Elchbraten und Salat und dann eine Fahrt zum Flughafen, damit ich in das Leben zurückkehren kann, das ich hasse, ein Leben, von dem ich nicht weiß, wie ich ihm entfliehen kann. Vielmehr weiß ich es doch, aber ich habe trotzdem Angst davor, ihm zu entfliehen.

»Hör mal, ich will ganz ehrlich sein«, sagt Joy. Sie lehnt sich an ihren Wagen. »Hier oben.« Sie verstummt. »Hier oben? Ehrlich gesagt geht es hier nicht um Geschichten, die man erzählen kann. Hier geht es um Geschichten, die man *erlebt*. Du warst nördlich des Polarkreises. Wie viele Mädels können das schon von sich behaupten?«

Das Problem ist, meiner Meinung nach, dass ich darauf gewartet habe, dass jemand anderes die schwierige Aufgabe übernimmt, mich zu ändern. Wenn nicht durch den Glauben, dann durch die Liebe, und wenn nicht durch die Liebe, dann durch Prudhoe Bay.

»Du darfst nicht vergessen«, fährt Joy fort. »Hier oben in North Slope – und im Leben – ist ein weiterer Tag manchmal alles, was man hat.«

»Aber deine Tage«, sage ich, »sind bemerkenswert.«

Ich sehe sie frustriert an.

»Dein Instagram-Profil hat mich angezogen, Joy, weil es deine Welt so authentisch wiederzugeben scheint, und jetzt bin ich hier und erlebe es selbst: den Schnee, den Highway, North Slope, jeder Anblick genau wie die Fotos, die du gepostet hast. Deine Bilder sind lebensecht, sie entsprechen deiner alltäglichen Wirklichkeit.«

Ich verpasse dem staubigen Parkplatz einen Tritt.

»Aber meine Fotos erzählen eine andere Geschichte, und diese Geschichte handelt auch noch von einem völlig anderen Leben als dem, das ich lebe.«

Joy schweigt, den Schlüssel in der Hand, und wir schauen zum Horizont, wo Trucks ankommen und abfahren.

»Wie blöd von mir«, sage ich mit leiserer Stimme, »dass ich dachte, der Trip könnte so etwas Grundsätzliches wie mein ganzes Leben, meine Beziehung zu Männern ändern.«

»Komm mit«, sagt sie schließlich und bedeutet mir, ihr zu folgen.

Ich schaue sie an und blinzle.

»Komm mit!«, wiederholt sie, also komme ich mit. Sie läuft am Rand des Parkplatzes entlang, tritt in den Schmutz und streckt die Hände in Richtung Himmel.

»Willst du eine Geschichte hören?«

Sie dreht sich um, sodass wir einander ansehen können. Ich betrachte ihre weiche Haut, ihre freundlichen Augen, ihr hüftlanges Haar. Ich spüre, wie mein Körper sich versteift.

»Es ist eine wahre Geschichte, eine Geschichte, die du weitererzählen kannst. Willst du sie hören?«

Die Geschichte handelt von Toby, einem Grizzlybär aus North Slope, der viele Jahre lang von der arktischen Küste herüberkam, um in den Ölfeldern von Prudhoe Bay herumzulümmeln. Er schlenderte ziellos von Lagerhaus zu Lagerhaus und beobachtete die Arbeiter. Mit der Zeit wurde er so etwas wie das Maskottchen der Stadt. Jeder kannte Toby. Sie sprachen per Funk über ihn. Er hatte richtige Fans. Er war auch gefährlich, erzählt Joy, klar, aber meistens hielt er sich fern von Menschen.

»Es herrschte eine Art gegenseitiger Respekt«, sagt Joy, »weißt du? Wir müssen hier ja alle miteinander auskommen.«

Manchmal, erzählt sie weiter, machte Toby Ärger, wie das eine Mal, als er an einer Bohrinsel Kisten mit Kaffeesahne aufriss.

Ein anderes Mal war er auf dem Rollfeld des Flughafens eingeschlafen.

Und einmal – am Morgen nach dem Walfangfest im indigenen Ort Nuiqsut – hat er sich über ein paar Beutel mit Walfleisch hergemacht, mit Barten und weichem weißem Fleisch. Das Dorf Nuiqsut liegt ziemlich abgelegen draußen am Meer, erklärt Joy, deshalb helfen die Arbeiter und lagern das Walfleisch im Landesinnern, bis es gebraucht wird, eine kleine Wiedergutmachung für die blinkenden Lichter und den Lärm der Ölindustrie.

»Sie hatten vielleicht fünfzig oder sechzig Beutel Fleisch, die

die Arbeiter lagern wollten«, erzählt Joy. »Stell dir das mal vor: das ganze Fleisch in den Beuteln, und dann hängen da noch Flossen heraus, vielleicht drei, vier Meter lange Barten. Teile vom Wal, Walfleisch – das Zeug ist riesig. Das passt nicht alles in einen Beutel.«

Aber als die Arbeiter danach sehen wollten, fanden sie einen gigantischen Bär vor, der ganz benommen und mit Walfleisch vollgefressen dalag.

»Und erst die Luft! Wie es da gestunken hat, ist unbeschreiblich.« Joy lächelt bei der Erinnerung. »Ich habe an dem Tag ein paar Paletten abgeladen, und du kannst dir den Geruch von totem Wal echt nicht vorstellen. Toby hat tief und fest geschlafen, völlig zufrieden mit der Welt. Und die ganzen Jungs um mich herum? Du weißt ja, dass ich gegen Fluchen bin, aber die haben sich alle angeguckt und gesagt«, sie schaut sich verlegen um, »sie sagten: ›Scheiße noch mal, du riesenfetter walfressender Bastard!‹«

Mir gefällt die Vorstellung des großen braunen Bergs im Walfleischkoma. Ich frage mich, ob wir ihn sehen können. Vielleicht können wir ja noch ein bisschen bleiben, herumfahren und nach ihm Ausschau halten.

»Also«, sagt Joy, »im Großen und Ganzen war er brav.«

Sie wirbelt mit dem Fuß eine Staubwolke auf, der gelbe Dunst steigt langsam empor. Ich sehe sie an und warte.

»Aber dann«, sagt sie, »ist was passiert.«

Einmal, vor ein paar Jahren, ist Toby ins Prudhoe Bay Hotel eingedrungen. Es war abends, erzählt Joy, und die Arbeiter haben gegessen, sich für ihre Schicht oder fürs Bett fertig gemacht. Es waren an die zweihundert Leute da, die sich alle in der Lobby, im Restaurant und im Fitnessraum aufhielten. Aber jemand hatte die Tür offen stehen lassen.

»Das ist von Natur aus gefährlich«, sagt sie.

Also haben die Arbeiter den örtlichen Polizisten gerufen, einen Mann namens Don, der kam und ihn erschießen musste.

»Don hat den Bären geliebt«, erklärt Joy. »Er hat ihn mehr geliebt als sonst wer. Aber er wusste auch, was er zu tun hatte. Für sich selbst, ja, und für die anderen.«

Es war herzzerreißend, erzählt Joy, das könne man nicht anders sagen, aber so ist das Leben nun mal.

»Wir haben Glück«, sagt sie, »wenn wir etwas ohne Gewalt lieben können. Aber wenn Gewalt ins Spiel kommt, ist die einzige Frage, wie lange die Liebe hält.«

Ich sehe sie an. Ich bin am Boden zerstört. Ich weiß nicht, was ich sagen soll.

»Willst du wissen, wie das Leben *wirklich* ist?«, fährt sie fort. »Wir treffen andauernd Entscheidungen. Schwierige. Unser Leben besteht nur aus Entscheidungen, eine nach der anderen. Und du kannst an einem Tag eine Entscheidung treffen und dich *richtig gut* damit fühlen. Aber das heißt nicht, dass nicht der Tag kommen wird, an dem du dich anders entscheiden musst.«

Ich schweige eine ganze Weile. Ich schaue einem Truck zu, der sich langsam und vorsichtig nähert.

»Ich ziehe dich gerade runter«, sagt sie. »Das weiß ich, aber es hat keinen Sinn, sich was vorzumachen. Es ist wunderschön hier oben, aber auch schwierig, genau wie die Welt da unten. Du kannst immer wieder die gleichen Entscheidungen treffen, oder du machst es endlich anders.«

Sie sieht mich mit einem Ausdruck im Gesicht an, der mir sagt, dass sie nicht nur über Bären spricht.

»Weißt du, was ich gehört habe?«, wechselt sie das Thema. »Sie haben Toby ausgestopft. Erst hing er in der Flughafenhalle, so à la *Willkommen in Deadhorse*. Aber dann hat Don einen Brief geschrieben, oder jemand hat ihn in seinem Namen geschrieben, und er hat Toby zu sich geholt. Er meinte, er gehöre dahin, wo er geliebt wird. Und Don hat den Bär geliebt«, wiederholt Joy. »Wenn irgendwer Toby verdient hat, dann auf jeden Fall Don, da beißt die Maus keinen Faden ab.«

»Obwohl er ihn erschossen hat?«

»Vielleicht weil er ihn erschossen hat – weil er getan hat, was getan werden musste. Liebe«, sagt sie, »ist echt kompliziert.«

Wir schweigen eine Weile. Sie nimmt meine Hand, und gemeinsam betreten wir die Tundra. Sie deutet auf ein bewachsenes Fleckchen, wo bereits ein paar rosafarbene Azaleen aus der trockenen, aufgesprungenen Erde wachsen.

»Hier draußen«, sagt Joy, beugt sich vor und deutet auf den Boden, wo sich die Wurzeln der Blumen umeinanderschlingen und sich Flechten an Steine klammern, inmitten einer ansonsten endlos leeren Fläche Erde. »Hier ist es genauso schwer wie anderswo auch«, sagt sie, »also müssen alle zusammenhalten. Männer und Frauen, Flora und Fauna.«

Sie kniet sich hin und spreizt die Blütenblätter einer kräftig violetten arktischen Blume.

»Die indigene Bevölkerung und die Jäger, die dieses Land lange vor uns bewohnt haben – und die Inuit, die immer noch da sind –, die haben Dinge verstanden, die wir nie verstehen werden«, sagt sie. »Vor allem haben sie Veränderung verstanden. Was meine ich damit? Dass sie *notwendig* ist.«

Deren Leben, erklärt Joy, ist von jeher die gelebte Reaktion auf ständige Schwankungen in ihrer Umwelt. Umherziehen, fischen, Nahrung finden. Sie haben nur überlebt, weil sie einen Weg gefunden haben, die Wildnis anzunehmen, den Wandel, den dieser Ort vollzieht.

»Schau dir diese Landschaft an, ja? Heute ist alles voller Blumen und wunderschön. Aber in vier Monaten?« Joy steht auf, wischt sich die Hände an der Jeans ab. »Alles, was du hier siehst, wird von Eis bedeckt sein. Hier gibt es immerzu Veränderung – und Gefahr. Die beiden gehen Hand in Hand.«

Eine Mücke sirrt in meinem Gehörgang. Joy zückt zwei Hüte mit Moskitonetzen und reicht mir einen. Ich setze ihn auf und schiebe das Netz hinten unter meine Haare.

»Hör zu«, sagt Joy. »Es gibt keinen anderen Ort auf der Welt, der so wechselhaft ist wie dieser hier. Und wer sich anpassen kann, überlebt.«

Darin liegt auch eine Lektion für uns, sagt sie.

»Es ist cool hier«, fährt sie fort, »anders. Und die Leute arbeiten wirklich hart. Die Männer, die hier leben? Die gehören zu den nettesten Kerlen, die ich kenne, die würden einem ihr letztes Hemd geben. Aber denk nicht, dass das hier eine ganz eigene Welt ist. Dass sie Zauberkräfte hat oder so. Alles, was es hier gibt, hast du auch zu Hause.«

Ich betrachte Joy inmitten der endlosen Weiten, wie klein sie aussieht, wie zerbrechlich. Sie beugt sich nach vorn, um die Erde zu berühren. Ich beuge mich ebenfalls nach unten. Die Erde ist weicher als gedacht, glitschig und ganz dunkelblau.

»Permafrost«, sagt sie.

Mein Handy liegt im Truck, aber ich lerne gerade, dass es nicht auf ein Foto ankommt. Es kommt auf den Augenblick an, den ich ohnehin nur unzureichend dokumentieren könnte.

»Das ist wunderschön«, sage ich.

Ein paar Sekunden lang, für einen flüchtigen Moment, berühre ich neben Joy Mothertrucker im knospenden Frühling in Alaskas Polarregion den Permafrost. Ich denke an die Frau, die ich noch vor fünf Monaten gewesen bin, vor drei Monaten, vor einem Monat: eine Frau in ihrem Garten, die Dekokissen für einen Mann aufschüttelt, der sie anbrüllt.

Wenn ich dieser Frau etwas sagen könnte – oder den Tausenden Frauen und Mädchen, denen es genauso geht –, wäre es ganz einfach: »Du verdienst so viel Liebe, und du solltest nicht erst einen ganzen Kontinent durchqueren müssen, um dich daran zu erinnern.«

Ich war stark, bin stark, *werde stark sein.*

Ich streiche mit dem Daumen über das Blau.

»Ich würde sagen, wir machen uns vom Acker«, sagt Joy. »Mal sehen, was Gott uns da draußen noch zu bieten hat.«

»Einverstanden«, sage ich und stehe auf.

Wir drehen uns um und wollen gerade zurückgehen, aber Joy zögert und mustert mich. Dann streckt sie die Arme zur Seite – wie Jesus am Kreuz mit Carhartt-Latzhose und grün-blauem Flanellhemd.

»Hör dieser Landschaft zu«, sagt sie. »Wir können sein, wer wir wollen.«

Sie dreht sich im Kreis, und ich sehe zu. Mir ist so schwindlig vor lauter Hoffnung, dass ich fast überhöre, was sie dann sagt.

»Du kannst sein, wer du willst«, sagt sie. Und: »Du kannst ihn verlassen, wenn du willst.«

13.

Der Rückweg nach Fairbanks fühlt sich kürzer an, verschlafener, als läge der Höhepunkt der Reise hinter uns und der Weg winde sich nun zurück in die Normalität. Die Welt hinter der Scheibe sieht feucht glänzend aus, das Licht wie am Weihnachtsmorgen. Ich lehne den Kopf ans Fenster und fühle, wie das Glas an meiner Stirn mit jedem Stein und jeder Unebenheit der Schotterstraße mitholpert, mit jeder Kurve und jeder Umdrehung der Räder.

Joy sitzt schweigend neben mir und studiert die Nagelhaut an ihrem Daumen.

Sie sagt mir, dass es an einem Ort wie diesem nur zwei Möglichkeiten gibt, wie der Himmel aussehen kann: grau und verhangen oder strahlend weiß im Licht der Sonne. Der heutige Himmel ist Letzteres, und der schwindelerregend schillernde Schein vertreibt die gesamte Dunkelheit des Winters.

»Es ist schön«, sagt sie. »In Licht wie diesem liegt große Hoffnung.«

In Licht wie diesem liegt große Hoffnung. Etwa zehn Meilen vor uns sehen wir einen Truck angerauscht kommen – ein tiefblauer Punkt am Horizont –, und da Joy meint, sie hätte noch viel Zeit, weil sie meint, sie habe alle Zeit der Welt, fahren wir rechts ran. Es ist für viele Meilen die letzte Haltebucht, und der Kerl kommt mit einem Affenzahn auf uns zu. Sie besteht darauf, dass wir ihm die Straße überlassen.

»Der hat es eiliger als wir. Hat wahrscheinlich am Atigun Pass Zeit verloren und ist jetzt spät dran.«

Sie deutet in die Ferne, wo die entlegenen Gipfel der Brooks Range aussehen wie ein Aquarellgemälde.

»Er kommt mit ziemlich hohem Tempo von den Hügeln runter, also werden wir ihm einfach Platz machen.«

Ich denke über die Vorstellung nach, jemandem Raum zu lassen, wie subjektiv sie sein kann und wie gefährlich sie dadurch ist. Von all meinen Freundinnen und Freunden zu Hause wissen nur zwei, wie es in meiner Beziehung mit Dave wirklich aussieht, doch selbst die kennen nicht das ganze Ausmaß. Joy und meine Therapeutin sind die einzigen Menschen, denen ich alles gebeichtet habe, hauptsächlich, weil ich mich der Rolle schäme, die ich in alldem gespielt habe – weil ich ihn häufig nach einem Streit angerufen und angefleht habe zurückzukommen oder seine Entschuldigungen angenommen habe. Trotzdem sagt eine meiner Freundinnen, ich führe ein Leben im »Zwielicht des Zweifels« – in der Grauzone zwischen dem, was wir klar und deutlich als Misshandlung betrachten, und den üblichen Reibereien, mit denen alle Paarbeziehungen zu kämpfen haben. Das Zwielicht des Zweifels mache es mir schwer, erklärte sie, in der Angst so weit bestätigt zu werden, dass ich für mich die Aussage treffen kann: *Mein Partner misshandelt mich*. Es sind Worte, die ich nie ausgesprochen habe, da meine Beziehung mit Dave nicht dem entspricht, was man mir beigebracht hat, als eine gewalttätige Beziehung anzusehen. Ich kenne die blauen Flecken aus dem Fernsehen, aus Krimis zur besten Sendezeit. Verprügelte Gesichter und aufgeplatzte Fingerknöchel. Die Opfer führen ein Schattendasein, still, introvertiert und schüchtern.

Ich dagegen wirke zumeist recht selbstbewusst. Ich bewege mich durch die Welt. Für gewöhnlich wirken Dave und ich wie ein angepasstes, höfliches Pärchen, das aus gleichberechtigten Partnern besteht.

Trotzdem besteht meine Freundin darauf, dass ich es mit Misshandlung zu tun habe, auch wenn sie zugibt, diese Art der Misshandlung niemals selbst erfahren zu haben. Ihr Ex-Mann hat einen Keramiktopf nach ihr geworfen, sodass sie einen Monat lang eine Schiene am Fuß tragen musste, damit die Knochen wieder richtig zusammenwuchsen.

»*Das* war Misshandlung«, sage ich ihr.

»Misshandlung hat viele Gesichter«, entgegnet sie. »Physische Einschüchterung führt zu häuslicher Gewalt. So was eskaliert, wie alles andere. Wenn du Angst hattest – wenn du um dein körperliches Wohlergehen besorgt warst –, dann ist das nicht nichts. Dafür gab es einen Grund.«

Ob begründet oder nicht, ich habe viel zu lange nach der Vorstellung agiert, dass für eine Misshandlung eine Verletzung vorliegen muss; dass häusliche Gewalt *körperliche* Gewalt beinhaltet. Es ist ein Trick, der uns gesellschaftlich vorgespielt wird, eine Hierarchie des Schmerzes. Doch es ist eine Hierarchie, die alles nur noch schlimmer und die Opfer zusätzlich mundtot macht. Gewalt gegen Frauen stellt sich auf so vielfältige Weise dar, und so bleibt der falsche Eindruck bestehen, manche Formen der Misshandlung seien weniger schwerwiegend als andere. Als gäben nur die schlimmsten Fälle Anlass zur Sorge.

»Er hat mich nie geschlagen«, sage ich meiner Freundin.

Doch nun sitze ich neben Joy im Truck, das Gespräch geht mir noch einmal durch den Kopf, und plötzlich bin ich mir nicht mehr sicher, ob das überhaupt eine Rolle spielt. Mir wird klar, dass ich nie wieder eine Frau sein werde, die nicht eine Nacht in der Wüste verbracht hat, aus Angst, der Mann, den sie liebt, könnte sie umbringen. Ich werde nie wieder eine Frau sein, die ihren Kopf nicht in einem Küchenflur geschützt hat. Die sich hinter einer Toilette versteckt hat. Sich hinter einem Hund versteckt hat.

Ich spüre, wie sich mein Körper anspannt. Ich krümme meine Fußzehen und kralle sie in die Sohlen meiner Stiefel.

An jenem Tag erzählte ich meiner Freundin mehr als je zuvor. Ich wagte mich nur langsam in das Gespräch hinein, das ich monatelang vor mir hergeschoben hatte. Ich erzählte von dem Vorfall mit Dave in San Francisco, wie er mich im Bad in die Enge gedrängt hatte, wie mein ganzer Körper gezittert hatte, und sie hatte mir die Macht der Worte deutlich gemacht.

»Du musst diese Erfahrungen beim Namen nennen«, sagte sie. »Wenn Frauen das tun, wenn sie ihre eigenen Erfahrungen nicht mehr kleinreden, dann können wir anfangen, darüber zu sprechen, was er deinem Körper zufügt, und das bedeutet – wenn wir über häusliche Gewalt reden – natürlich deinem physischen Körper, aber auch deinem Geist, deinen Gefühlen, deinem Denken.«

Sie sagte: »Du lebst in ständiger Angst.«

Sie wusste nichts von dem Messer, das ich immer im Handschuhfach mit mir führte, von dem Pfefferspray in meinem Nachttischschrank, das ich dort für den Fall versteckt hielt, dass ich vor ihm flüchten müsste – und zwar schnell. Sie begriff vor allem, dass er mich langsam, aber sicher ausradierte.

»Hör mir zu«, sagte sie. »Männer haben Mittel und Wege, eine Frau zu brechen, die rein gar nichts mit körperlicher Gewalt zu tun haben. Um uns gegen Gewalt von Männern zur Wehr zu setzen, müssen wir uns gegen die übliche Vorstellung davon zur Wehr setzen, wie Gewalt von Männern auszusehen hat. Sag es: *Er misshandelt mich.*«

Er misshandelt mich. Er misshandelt mich.

Damals fühlten sich die Worte nicht richtig an. An diesem Morgen schon eher. Mein Kopf stößt gegen die Fensterscheibe, als ich versuche, die Worte zu akzeptieren, die jene Welt neu definieren, die in Ohio auf mich wartet.

Er misshandelt mich. Er misshandelt mich.

Joy und ich sehen durch die schmalen Fenster zu, wie sich der Truck nähert. In unserem Führerhaus riecht es nach Heizungsluft und dem restlichen Koriander, der welk und braun auf der Rückbank liegt. Ich bewege meine Füße, um die herum verstreut Joys Taschenmesser und ein Sechserpack Wasseraufbereitungstabletten, ihre Leuchtgeschosse, diverse Taschenlampen und die orangefarbene Warnweste mit den Reflektoren liegen, die sie nur vier kurze Monate später auf dem Foto tragen wird, das die Gäste auf ihrer Beerdigung erhalten werden.

Doch an diesem Morgen ist sie lebendig, und sie wartet ab.

In Licht wie diesem liegt große Hoffnung.

Der blaue LKW kommt näher, immer näher, rauscht vorüber, und Joy lenkt uns wieder auf den Highway. Ich lehne am Fenster und döse. Jedes Mal wenn ich aufwache, ist Joy da, ihre Hände umschließen fest das Lenkrad. Sie kaut an ihrer Nagelhaut oder tritt fest auf die Bremse, winkt riesigen Männern in noch riesigeren Trucks zu, die grinsen und ebenfalls winken. Mit den Schneidezähnen reißt sie die Verpackung eines Müsliriegels auf oder sucht auf ihrem Sitz nach einer gesalzenen Mandel, die sie in die Luft geworfen, aber nicht mit dem Mund gefangen hat.

»Hier.« Sie deutet auf einen einzelnen Raben, der über den Fluss blickt, der gleich neben dem Fahrbahnrand verläuft und in dem, erzählt sie, jeden Sommer jemand ertrinkt. »Er ist nicht tief, aber man wird mitgerissen.«

Auf der anderen Seite grasen Karibus. Wir beobachten Fluss und Wildnis, bis wir beides nicht mehr sehen können. Als ich mich zu ihr drehe, reibt sie sich sanft die Augen.

*

Kurz hinter dem Atigun Pass, den der Pick-up problemlos erklommen hat, herrscht zwischen uns angenehmes Schweigen. Der Himmel ist kühl und blau. Ich suche diesmal nicht nach Schafen. Ich sehe stur geradeaus. Als die Straße endlich flacher wird, sieht Joy mich an.

»Weißt du, was ich glaube?«, fragt sie und trommelt mit den Handflächen aufs Lenkrad. »Ich glaube, diese Straße ist so *heilsam*, weil in Fairbanks, jedes Mal wenn ich wieder zurückkomme, ein Neuanfang auf mich wartet.«

Ich weiß, was sie vorhat. Sie versucht, noch einmal auf Dave zu sprechen zu kommen. Ich spiele mit einer Packung Skittles herum und stecke eines mit Kirschgeschmack in meinen Mund.

»Aber ist das nicht total frustrierend?«, sage ich. »Ich meine, das muss doch frustrierend sein. Wenn alles immer beim Alten ist? Wenn man nach Hause kommt und aus dem Truck springt und einfach wieder zurück in sein altes Leben kommt?«

»Ich mag mein Leben!«, sagt Joy. »Und ich denke, wir alle müssen einen Weg finden, unser Leben zu mögen. Wenn du dein Leben nicht magst, ist das Gottes Art, dir zu sagen, dass du etwas ändern musst.«

Ich verdrehe die Augen, obwohl ich weiß, dass sie recht hat. Auch ohne Gott sieht man mir an, dass ich unglücklich bin.

»Was wirst du tun, wenn du nach Hause kommst?«, fragt sie.

»Ich weiß es nicht«, antworte ich. »Der Sommer steht vor der Tür. Neue Pflanzen für den Garten besorgen. Den Grill aus dem Schuppen holen.«

Joy sieht mich nicht an, sie behält nur die Straße im Blick.

»Und mit Dave?«

»Ich weiß es nicht. Vermutlich … Ich weiß es nicht. Ich liebe ihn, so wie du gesagt hast.«

»Ja, das habe ich gesagt.«

Ich kann spüren, dass sie versucht, behutsam mit mir umzugehen, doch mein Körper spannt sich an. Ich fühle mich merkwürdig angegriffen. Joy hatte kaum etwas, als sie neu anfangen musste – und zusätzlich noch zwei kleine Söhne –, und ich habe Freunde und Familie, eine Gemeinschaft. Trotzdem löst der Gedanke an eine Trennung von Dave – und daran, dass der Moment näher rückt – eine Urangst in mir aus, eine Panik, ein Gefühl der Überforderung. Jahrelang war ich nichts als seine Partnerin, und wenn ich nicht mehr seine Partnerin bin, was bin ich dann?

Die Landschaft wandelt und wandelt sich. Die Berge bewegen sich, werden größer und verschwinden anschließend im Rückspiegel. Stunden fallen in sich zusammen, und Bäume tauchen langsam wieder auf – zunächst sind sie klein mit schwachen Ästen, ihr Wachstum durch den Mangel an Sonne eingeschränkt, doch dann kommen dickere Stämme, genährt vom vielen Tageslicht. Wir durchfahren ein verschneites Tal, und Joy pfeift, als sie nach draußen guckt.

»Sieh mal!« Sie deutet aus dem Fenster auf einen kahlen, von Waldbränden zerstörten Abschnitt. Ich stelle mir vor, wie es wäre, mein gesamtes Leben niederzubrennen, durch die Überreste aus Asche zu laufen und alles, was ich zuvor gekannt habe, plötzlich als Ruß unter den Sohlen zu spüren.

»Waldbrände«, sagt Joy, »sind Gottes Art, neu anzufangen.«

Dort, wo die Brände vor Jahren gewütet haben – Joy deutet nach draußen –, wachsen nun prächtige dunkle Bäume.

Ich stelle mir eine Zukunft vor, die aus völlig neuem Wachstum besteht, aus Bäumen, die bewusst gepflanzt wurden. Ich stelle mir vor, wie es sich anfühlen würde, eine Frau ohne Mann zu sein, die sich selbst genügt. Oder wie es sich anfühlen würde, in einigen Monaten oder Jahren diese Frau zu sein, wie gut es sich anfühlen würde, wie richtig, irgendwann einen neuen Mann kennenzulernen, ihn mich berühren zu lassen, ohne vor Angst zu zittern. Ich stelle mir vor, jeden Morgen meine warme Haut an seiner warmen Haut zu spüren, einen Tag, der voller Hoffnung beginnen könnte.

Joy richtet sich auf und sagt, dass eine Frau nur wirkliches Glück erleben kann, wenn sie sich aus den Krallen befreit, die sich um den dicken Stamm ihrer Identität gelegt haben.

»Männer lieben es, Frauen zu verletzen«, sagt sie, »und die Gesellschaft erzählt uns mehr oder weniger, dass wir es verdient haben. Aber von dem ganzen Kram musst du dich frei machen. Jeden Tag aufs Neue.«

Ich sage ihr, dass sie ihre Metaphern vermischt. Besserwisserisch, als wäre ich fünfzehn Jahre alt.

»Gerade warst du noch beim Feuer.«

Dann tut sie etwas, was ich niemals erwartet hätte: Sie bremst und sieht mich an. Wir halten an, mitten auf dem Dalton Highway – tun das eine, was wir niemals tun sollten.

»Jetzt reicht's!«, ruft sie wütend. »Hör auf mit dem Scheiß. Ich kenne diesen Mann nicht – wozu er imstande ist oder was er tut –, aber so eine Liebe ist hoffnungslos verloren. Es gibt keinen Grund, eure Herzen gemeinsam schlagen zu lassen. Ich sehe, was in dir ist, und es ist etwas Schönes, und er tötet es ab, da bin ich mir sicher. Du willst, dass dieser Trip etwas für dich verändert? Tja, dann musst du die nötige Kraft investieren. Du musst an die Veränderung glauben. Du musst die Vergangenheit ruhen lassen, und du musst diesen Mann hinter dir lassen.«

Sie wird laut, und ich fange an zu weinen. Doch sie gibt nicht nach, wie es die meisten tun würden. Sie ist sauer und hat jedes Recht dazu. Ich bin selbst wütend auf mich.

Joy hat recht: Meine Aufgabe ist, mich zu befreien, und ich gehöre zu den wenigen Glücklichen, die jedes Mittel dafür zur Verfügung haben.

Als Joy schließlich den Fuß im Vertrauen, dass ihre Worte zu mir durchgedrungen sind, von der Bremse nimmt, rollen wir langsam an einem bewaldeten Berg vorüber. Ihr Schweigen ist Absicht; sie will, dass ich in meinem schlechten Gewissen köchle. Ich soll verstehen, dass dieser Trip mein Waldbrand sein könnte, wenn ich es nur zulasse. Arktischer Ozean hin oder her. Dramatischer Höhepunkt hin oder her. Alaska könnte endlich der Moment sein, in dem ich neu anfange.

»Hast du das ernst gemeint, was du neulich gesagt hast?«, frage ich. »Hast du wirklich das Gefühl, dass das hier das Land Gottes ist? Dass du Ihn besonders stark fühlst, wenn du hier oben bist?«

Sie klopft gegen die Scheibe, hinter der die Welt liegt, und der Wind bläst weiche weiße Flocken die Hänge hinab.

»Absolut«, sagt sie. »Was sonst. Fühlst du nicht, wie Er da draußen am Werk ist? Fühlst du nicht, wie Er zwischen uns am Werk ist?«

Sie hebt eine Hand und wirbelt mit ihrem kleinen Finger durch die Fahrerkabine.

»Und ganz besonders genau *hier*? Genau *jetzt*? Ja, das hier ist Gottes Land. Wenn ich ganz alleine bin, im Truck? Dann höre ich Seine Stimme viel klarer. Ich kann Ihn ganz genau hören, weil nichts zwischen uns steht.«

»Sogar wenn ich dabei bin?«

»Mit dir hier ist Er sogar noch lauter«, sagt sie. »Du hast eine gute Seele, und das liebt Gott. Ich höre, dass Er mit dir reden will, absolut. Und Er redet auch mit mir. Er will, dass ich dich beschütze.«

»Was sagt Er dir?«

»Dass du meine Seelenschwester bist. Und dass ich recht hatte – *du weißt*, dass ich recht hatte –, als ich gesagt habe, dass Gott dich hierhergebracht hat, um meine Geschichte zu erzählen. Er will, dass du sie erzählst.«

»Ich kenne deine Geschichte nicht.«

»Natürlich tust du das. Du erlebst sie gerade.«

Sie sieht mich an, sagt nichts. Ich verschränke die Arme und sehe aus dem Fenster. Sie redet wie Dave – der behauptet hat, Gott hinter einem Müllcontainer gehört zu haben, als er mit dem Fahrrad durch San Francisco fuhr und das Ohr gen Himmel reckte –, doch Joys Worte klingen nicht manipulativ oder ausbeuterisch oder wie ein weiterer Versuch, mir wehzutun. Ihre Worte – ihr Glaube – fühlen sich echt an.

»Aber vielleicht«, sagt sie schließlich, »wollte Er auch, dass ich dir meine Geschichte erzähle, weil Er wusste, dass du sie hören musst.«

Plötzlich wird mir klar, wie falsch meine Enttäuschung in Prudhoe Bay war. Ich wollte den Dalton Highway hochfahren, wollte mich dem Arktischen Ozean stellen, da ich dachte, der Trip, das Wasser würden mich stark machen. Doch es war meine eigene Stärke – von Anfang an –, die mich überhaupt dazu gebracht hat, Joy Gesellschaft zu leisten.

Alles, was zählt, ist Joys Geschichte. Allein ihre Worte können mein Blitzeinschlag sein. Ihre Liebe, ihre Verletzlichkeit haben die Macht, mir dabei zu helfen, mein ganzes Leben niederzubrennen.

Joy sieht etwas in mir – etwas, das sich zu retten lohnt –, und sie will, dass ich es auch sehe, damit ich mich retten kann, wenn ich wieder nach Hause komme: zu Dave, zu unserem Leben und zu der dreißig Jahre alten Geschichte, die ich darüber geschrieben habe, wer ich bin.

»Ganz ehrlich?«, sage ich. »Ich weiß nicht mehr, was ich glauben soll. Gott oder kein Gott. Ich denke, das merkst du auch.«

»Das tue ich.«

»Ich habe so lange versucht, es zu erzwingen oder so zu tun, weil ich das Gefühl hatte, dass es davon abhing, ob ich geliebt und akzeptiert werde. Das geht schon so lange so, dass ich nicht mehr weiß, was ich fühle. Doch du sagst diese Dinge, und sie trösten mich. Du sagst, dass du Ihn hörst, und ich glaube dir.«

Joy sieht mich an und lächelt.

»Was, glaubst du, *macht* das hier zu Gottes Land?«, frage ich. Die Eiskristalle an der Scheibe funkeln wie Diamanten in der Morgensonne.

Und es ist ganz gleich, was Joy als Nächstes sagt.

Es ist mir wirklich ganz gleich, denn zum ersten Mal habe ich meine Antwort.

Gottes Land ist dort, wo Frauen miteinander sprechen, wo sie sich einander anvertrauen und wo sie frei sind.

*

Das Fairbanks, das auf uns wartet, ist in zwei Teile gespalten wie ein aufgeschlagenes Ei, das satte Licht der orangefarbenen Dämmerung legt sich feucht über die Berge und die Stadt zu ihren Füßen. Ich bestaune die Fast-Food-Restaurants, an denen wir vorbeifahren, die Tankstellen und ihr Neonlicht, den zurückkehrenden Reichtum Amerikas. Die Rückkehr gelingt mühelos. Wir kommen an Joys liebstem Koreaner vorbei, in einem orangefarbenen Gebäude mit weihnachtlichen Lichterketten. Ich sehe zu, wie die Frauen darin Gläser mit kaltem Wasser füllen, nach draußen sehen und Joys Truck erkennen, lächeln und aus dem Fenster winken, das die Lampen hell erleuchten.

»Ich liebe diese kleine Kellnerin – und die Besitzerin, die liebe ich auch.«

»Du liebst alle«, sage ich.

Wir fahren weiter in die Stadt hinein, und Joy deutet auf Häuser, in denen noch mehr Menschen leben, die sie liebt: da der Kassierer von der Tankstelle, ein Mann, der früher auch Trucker war, genau wie sie, und dort die Wirtin vom Diner an der Ecke.

»Creamer's Field«, sagt sie und deutet nach draußen. »Das ist der Rastplatz für die Kanadakraniche. Diese riesigen Vögel, die aussehen wie ein Velociraptor. Die machen hier jedes Jahr halt, eine kleine Verschnaufpause, nachdem sie Tausende Meilen von Mexiko in die Arktis geflogen sind.«

Diese Vögel, die liebt sie auch.

Das Feld besteht aus nassem braunem Matsch, es ist leer, kein Dinosauriervogel in Sicht.

»Du musst Ende August wiederkommen«, sagt sie, »und sie dir ansehen.«

»Dann nehmen wir den großen Truck.«

»Dann nehmen wir den großen Truck«, sagt sie. »Ganz genau.«

Endlich erreichen wir das SpringHill Suites, Joy parkt, stellt den Motor ab und wirft die Arme in die Luft.

»Ich hab dich heil nach Hause bekommen«, sagt sie.

»Fantastisch! Meine Mutter wird so froh sein.«

»Ich wette, du bist müde«, sagt sie, »oder?«

Ich nicke und atme tief aus.

Sie seufzt, zuckt mit den Schultern. »Nun«, sagt sie, »wir haben ja noch den Elch. Du kommst morgen zum Essen vorbei, okay?«

»Ja klar«, sage ich, »aber recht früh, mein Flug geht um Mitternacht.«

»Richtig. Weißt du«, fügt sie ganz nebenbei hinzu, auch wenn ihre Worte etwas hölzern klingen, »du kannst gerne heute Nacht bei uns schlafen.«

Doch ich habe ein Zimmer gebucht und, was noch wichtiger ist, irgendwie das Gefühl, Joy eine Pause gönnen zu müssen. Von mir, von allem. Das schulde ich ihrer Familie.

»Ich glaube, ich brauche etwas Zeit für mich«, sage ich. Ihre Worte haben sich in mir festgesetzt, und ich muss darüber nachdenken, was sie bedeuten: für mich und für meine Zukunft, ganz gleich welche Schritte ich letztendlich einleiten werde.

»Aber trotzdem danke«, füge ich hinzu.

»Okay«, sagt sie. »Aber das Elchessen steht? Morgen Abend?«

»Absolut.«

Ich sage, dass ich den Nachtisch mitbringe.

»Nein, nein, nein«, sagt sie, »auf keinen Fall. Wir haben Eis bis zum Abwinken, und ich wette, Samantha wird irgendwas backen.«

»Okay«, sage ich. »Okay.« Ich lehne mich vor und drücke ihre Schultern. »Tschüss«, sage ich.

»Tschüss, Spice Girl.« Sie stellt den Motor wieder an. »Wir sehen uns ja morgen, morgen ist auch okay.«

Und sie hat recht, morgen ist auch okay.

Nur dass mich oben in meinem Hotelzimmer das Gefühl beschleicht, dass ich hier nicht hingehöre – nicht hierhin und auch nirgendwo sonst hin. Die Laken, die Handtücher, die Kopfkissen – alles ist weiß und sauber, und all meine Klamotten sind staubig und angegilbt und riechen nach Schweiß und Pipi. Ich lege ein blütenreines Handtuch auf den Teppich, dann packe ich meinen Rucksack aus und nehme eine Bestandsaufnahme vor. Alles ist von Erinnerungen durchtränkt, die aus meinem Leben vor Alaska stammen.

Ich nehme den Aufzug ins Erdgeschoss und kaufe im Souvenirladen zu 90er-Jahre-Popmusik einen mintgrünen Pullover und eine Jogginghose. Zurück im Zimmer nehme ich die längste Dusche der Welt. Ich trockne mich ab und schminke mich, und als ich in den Badezimmerspiegel sehe, ähnle ich zum ersten Mal seit Langem der Frau, die ich war, bevor ich in Fairbanks ankam.

Der Anblick gefällt mir nicht. Ich schminke mich wieder ab.

Ich frage die Frau im Spiegel, was sie nun vorhat.

»Was wirst du tun?«, frage ich.

Sie scheint es nicht zu wissen. Ich tigere durchs Zimmer, ordne meine Pflegeprodukte neu an und lese in einer Willkommensbroschüre, dass es in der Lobby einen Waschsalon gibt und neben dem Hotel ein Restaurant.

Der beste Zeitpunkt für ein Steak ist genau jetzt.

Doch als ich das benachbarte Restaurant betrete, wird mir klar, dass Lavelle's Bistro das schickste Restaurant in ganz Fairbanks ist. Auf den mit Leinen gedeckten Tischen flackern Kerzen. Doch ich schäme mich nicht für meine Jogginghose, auf deren Hintern *ALASKA!* steht. Ich setze mich an die Weinbar, *ALASKA!* macht es sich auf dem Stuhl bequem.

Das Tagesgericht ist an diesem Abend knusprige Ente an Pilaw mit geröstetem Spargel. Ich bestelle den Black-and-Blue-Cheese-Salad mit gebratenem Steak und ein Glas weißen Hauswein. Er ist kalt und erfrischend, und ich versuche, den Highway und meine Erwartungen an ihn zu vergessen, als könnten mich zwei Tage in Alaskas Abgeschiedenheit zu einer anderen machen: mutiger, schlauer, *stärker*; entschlossen, ihre Beziehung hinter sich zu lassen. Als könnten mich zwei Tage mit Joy Mothertrucker selbst etwas mehr zum Mothertrucker machen.

Mein Handy summt, als ich den Aufzug erreiche. Es ist eine Nachricht von Joy, sie vermisst mich, und ich antworte, dass ich sie auch vermisse.

Ich muss dir von den Welpen erzählen!, schreibt sie.

JAAA!, antworte ich.

Sie sehen alle gut aus – sie sind gewachsen –, alle bis auf einen, schreibt Joy. Drei Punkte blinken und zeugen von Joys nächstem Gedankengang.

Ich mache mir Sorgen um den Winzling. Alle anderen scheinen mir jetzt doppelt so groß, aber der hier, der scheint kleiner geworden zu sein. Die anderen haben schon beinahe offene Augen, und er kneift seine so fest zu.

Vielleicht ist er einfach kleiner als alle anderen, schreibe ich hoffnungsvoll. *Vielleicht ist alles in Ordnung?*

Vielleicht. Nur ist er bei seiner Geburt größer gewesen als jetzt.

Sie fragt, ob ich morgen etwas früher kommen kann.

Natürlich kann ich helfen, schreibe ich. *Natürlich.*

Danke, schreibt sie. *Ich kann Hilfe gebrauchen! Samantha und James lachen mich aus – endlich bin ich zu Hause, umarme sie, und dann verschwinde ich direkt im Keller, um diesem armen Welpen zu helfen! Aber ich habe Angst, dass er ohne mich stirbt.*

Ich stelle sie mir allein im dunklen Keller vor, die anderen Welpen wuseln um ihre Beine herum. Ich stelle mir vor, wie der Kleine sich an ihren Pullover drückt, sein kleines warmes Herz an ihrer Brust schlägt. Stelle mir das Gebet vor, das sie für ihn aufgesagt hat, und ich weiß, ohne es zu wissen, dass sie singt und ihn ganz fest an sich drückt.

*

Am Morgen des Elchssens ruft Joy mich an, um zu sagen, dass sie mich am Hotel abholt, und als wir uns ein paar Stunden später treffen, steht sie in der Lobby und trommelt mit den Fingern auf den Check-in-Tresen.

»Du nimmst garantiert kein Uber, um zu mir zu kommen«, sagt sie auf dem Weg nach draußen. »Da wäre ich ja eine schöne Gastgeberin, du liebes bisschen.«

Ich trage eine saubere Jeans und mein neues grünes T-Shirt – der winzige Cartoon-Eisbär steht auf den Hinterbeinen und winkt. Es ist Toby, und er lebt noch.

»Neun Jahre, bevor ich dich kennengelernt habe«, sage ich Joy, als wir in ihren Pick-up klettern, »habe ich in Iowa gelebt, wo der Himmel regelmäßig im Sommer diese Farbe angenommen hat. Da gab es Stürme. Die Leute haben sie die Maschine Gottes genannt – die Art, wie die Wolken grün wurden und einen Strudel bildeten, Sekunden bevor ein Tornado schnurstracks auf die Erde runterkam und umherwirbelte.«

»Die Maschine Gottes?«

»Weil man aufschaut und genau sieht, was da passiert, und man weiß, wer hier das Sagen hat«, sage ich. »Das hat mir zumindest einer der Männer erzählt, in meinem ersten Sommer in diesem Staat.«

»Tja, sicher«, sagt Joy, »das kann ich verstehen. So geht es mir andauernd.«

»Okay«, sage ich. »Aber dann habe ich jedenfalls diese Frau kennengelernt. Kathleen Rash, eine Künstlerin. Sie malt wunderschöne riesige Leinwände – und zwar fährt sie mit dem Auto raus in die Prärie, um Iowas schlimmste Wirbelstürme zu malen. Wahnsinnsbilder – wandgroß und in Acryl, jede Menge Blau und Schwarz und Grau über einem Fitzel gelber Felder. Ich habe ihr Studio ständig besucht, einfach um ihre Bilder im Werden zu sehen. Und dann, nach ein paar Besuchen, habe ich sie gefragt: Warum machst du das?«

»Malen?«

»Solche Bilder malen. Von Stürmen. Und weißt du, was sie mir gesagt hat?«

»Was?«

»Sie hat mir gesagt, dass sie damit angefangen hat, Stürme im Mittleren Westen zu malen, nachdem ihre langjährige Partnerin verstorben ist. Ihre Frau, vielleicht waren sie verheiratet, ich erinnere mich nicht genau – entweder hatte der Supreme Court gerade die Ehe für alle legitimiert, und sie haben geheiratet, und dann ist sie gestorben, oder sie starb schon vor dem Urteil –, aber das Wichtige ist, dass sich die Gesellschaft verändert hat, und sie haben sich mittendrin trotzdem verloren.«

»Jeder sollte lieben, wen er will.«

»Jeder *sollte* lieben, wen er will.« Ich lege meine Hand in ihre. »Ihre Arbeiten – sie waren so bewegend, so ausdrucksstark und so teuer, weißt du?« Ich lache. »Also, die Preise sind angemessen, und die meisten Menschen fänden sie wohl nicht teuer. Aber für eine Studentin, für eine *Dozentin*? Ich wollte immer eines ihrer Bilder kaufen, habe es aber nie getan. Trotzdem besuche ich ihr Studio, wann immer ich kann. Jedes Mal wenn ich zurück nach Iowa komme, besuche ich sie. Und ich schreibe ihr Mails. Ich frage immer: Woran arbeitest du? Woran jetzt? Und woran jetzt? Sie war mir gegenüber so großzügig, hat ihre Geschichte geteilt. Sie antwortet mir immer. Sie schickt mir riesige Bilddateien. Und wenn ich zurück nach Iowa komme, lässt sie mich einfach in ihrem Studio stehen und ihre Werke bewundern.«

»Klingt nach einer tollen Frau.«

»Das ist sie«, sage ich. »Und weißt du, was sie mir einmal gesagt hat? Sie hat gesagt, sie weiß immer genau, dass jemand, der ihre Arbeit bewundert, gerade in Trauer versinkt. Einmal hat sie mich sogar direkt darauf angesprochen und gefragt: ›Und was ist dir Schlimmes widerfahren?‹«

»Was hast du gesagt?«, fragt Joy.

»Dass mein guter Freund ein paar Jahre zuvor eine junge Frau umgebracht hatte, dass ich seither von einer explosiven Beziehung in die nächste geriet und dass es sich irgendwie so anfühlte, als würde ich noch immer von einem Akt männlicher Gewalt zum nächsten stolpern.«

Ich erzähle Joy, wie sehr mich die Auffassungsgabe dieser Künstlerin beeindruckt hat, dass sie mich so klar durchschaute. Dass sie binnen einer Minute all die Dinge sah, die ich so sehr zu verstecken versuchte.

»Sie hat mich gesehen, genau wie du«, sage ich. »Du hast mich in meiner Vielfalt gesehen, und du hast mich deshalb nicht abgelehnt, genau wie sie mich in meiner Vielfalt gesehen hat und mich auch nicht abgelehnt hat.«

»Frauen wissen so was«, sagt Joy. »Sie wissen es.«

»*Du* hast es gewusst.«

Sie drückt meine Hand. »Als du mich angerufen hast«, sagt sie, »da war ich mir nicht sicher. Ich dachte, du wärst vielleicht verrückt. Doch dann hat Gott zu mir gesprochen – hat Er wirklich – und mir gesagt, dass ich dich treffen muss.«

Sie nickt, streicht ihre Haare hinters Ohr und begutachtet ihre Zähne im Rückspiegel.

»Eines Tages wirst du so ein Bild besitzen«, sagt sie. Sie legt mir eine Hand auf die Schulter. »Und ich will, dass du mir ein Foto schickst, wenn es so weit ist.«

Ich lächle sie an. Und nicke.

»Okay«, sage ich. »Das mache ich.«

»Ich meine es ernst«, sagt Joy. »Frauen müssen andere Frauen unterstützen. Das ist das Wichtigste.«

Ich nicke, und ich stimme ihr zu, doch ich habe noch immer mit dem Gedanken zu kämpfen, dass ich in einer Woche mit Joy mehr Wertschätzung und Anerkennung erfahren habe als in drei Jahren mit Dave.

Ich muss an Kathleen denken, an Joy.

Danke, denke ich, *dass ihr mich gesehen habt.*

14.

Wenn man schon als Truckerin mit Vorurteilen zu kämpfen hat, erzählt mir Joy auf der Fahrt zu ihrer Hütte, ist man als Frau, die Elche jagt, mit noch größeren konfrontiert.

»Manchen Männern gefällt das nicht«, sagt sie. »Die denken, wir sind nur kleine Mädchen, die mit dem Spielzeug erwachsener Männer spielen wollen. Aber Samantha und ich? Wir lieben es. Wir sehen das als eine Art Herausforderung. Warte nur ab, bis sie dir erzählt, wie wir uns den Elch gekrallt haben.«

»Den Elch, den wir essen werden?«

»Den Elch, den du *lieben* wirst«, erwidert Joy und trommelt mit Nachdruck aufs Lenkrad. Aber sie betont, dass Samantha mir die Geschichte erzählen muss.

»Das kann sie besser«, fügt Joy hinzu. »Wenn sie die Story erzählt? Dann wird sie – wie sagt man? – ganz *lebhaft*. Sie erwacht richtig zum Leben. Was *ich* dir erzählen kann? Ich kann erzählen, wie ich ihn zubereitet habe.« Sie schiebt nacheinander beide Ärmel ihres Pullovers nach oben. »Er ist jetzt seit Stunden im Topf und gart langsam vor sich hin.«

An diesem Nachmittag fällt zähflüssig orangefarbenes Licht auf die Bäume. Joy wohnt fünfzehn Meilen in Richtung Dalton Highway, und ich genieße das Licht, die Felder, die Wildnis, die Rückkehr ins Abenteuer.

Ihre Einfahrt ist steil und besteht aus Schotter, das Haus ist eine

Hütte aus Holz, versteckt hinter einem Streifen Wald. Joy parkt den Pick-up, und zwei Hunde kommen angestürzt und drehen unterhalb der Ladefläche schwindelerregende Kreise. Sie bellen, als wir die Türen öffnen. Das Grundstück ist ein Traum für jeden Naturliebhaber, es gibt sogar ein Gewächshaus und eine kleine offene Weide. Ihr altes Pferd wiehert in der Ferne, und ich stelle mir das kleine weiße daneben vor, wie es ebenfalls leise wiehert, eine Anschaffung, die Joy verdient hat.

»Der Elch!«, ruft Joy und führt mich die Treppe hoch und durch eine kleine Fliegengittertür ins Innere, das nur aus Holz und Familienfotos besteht. Es riecht nach Rosmarin, Thymian und frisch gehackter Petersilie. James sitzt im Sessel und hat die Zeitung auf dem Schoß ausgebreitet.

»Na, wen haben wir denn da?«, sagt er, faltet die Zeitung in der Mitte und legt sie sich übers Knie. »In der neuesten Mode aus Prudhoe Bay.«

Ich werfe mich mit dem T-Shirt in Pose. »Nicht schlecht, oder?«, frage ich.

Er steht auf und umarmt mich. Ich spüre, wie ich an seinem Flanellhemd rot werde.

»Schön, dass ihr Spaß hattet«, sagt er, tritt zurück und mustert mich.

»Deine Frau ist vielleicht eine.«

»Ist sie«, sagt er und nickt.

Wir setzen uns ins Wohnzimmer, das von Joys Hometrainer dominiert wird. Joy nimmt zwischen ihren Eltern Platz, die an zwei Enden des Sofas sitzen. Ihre Mom trägt ein pinkfarbenes Kenworth-Trucker-Käppi und eine geblümte Bluse, ihr Dad ein grünes Flanellhemd. Beide sitzen aufrecht da und schauen aus dem Fenster, durch das man blaue Berge sehen kann. Über uns und rings um uns hängen Bänder in allen Farben: Weiß, Gelb, Rot, alle an der Wand befestigt, hinter Glas oder an die Knäufe der Eckschränke gehängt. Es gibt ganze Regale voller goldener Trophäen, auf denen ein goldener Kinderkopf triumphal glänzt.

»Die sind von Samantha«, sagt James. »Sie war Jugendmeisterin im Hundeschlittenrennen. Hätte Profi werden können, wenn sie gewollt hätte.«

»Wollte ich aber nicht«, sagt Samantha, die gerade aus dem Flur hereinkommt. Sie trägt ein AC/DC-T-Shirt und Jeans mit Riss über dem Knie. Sie schenkt uns ein sarkastisches Ich-mach-halt-was-ich-will-Lächeln, wie ich es auch schon mehr als einmal an Joy gesehen habe, während wir die Früchte ihres Ruhmes betrachten. Ich berühre einen ihrer Preise, das blaue Band fühlt sich kühl an.

»Zu viele große Hunde«, erklärt sie.

»Ist das nicht schön?«, frage ich.

»Klar, aber ich bin eben nur eine dürre Bohnenstange«, sagt sie, auch da ist sie das Ebenbild ihrer Mutter. »Als ich noch jünger war, hatte ich die Hunde unter Kontrolle – die *meisten* zumindest –, aber der letzte war total verrückt. Es ging nicht. Er war einfach riesengroß.«

Joy folgt uns in die Küche und berührt im Vorbeigehen meine Schulter.

»Ich war gut«, sagt Samantha und nickt.

»Sie ist wie ihre Mama«, sagt Joy und fängt an, Brot zu schneiden.

Samantha verdreht die Augen. Von seinem Platz im Sessel aus ruft James: »Samantha, gib ihr was zu trinken.«

Sie dreht sich genervt zu mir um. »Möchtest du was trinken?«, fragt sie.

Ich nehme Wasser.

»Bei einem meiner letzten Rennen«, sie nimmt ein Glas vom Regal, »da habe ich den Leithund in die Mitte genommen. Das ist ein schwerer Fehler bei einem Hund, der sein ganzes Leben lang geführt hat.«

»Verstehe«, sage ich. Tue ich nicht. Aber mir gefallen die Feinheiten des Sports und wie leichthin sie ihre Fehler eingesteht, ohne sich zu schämen.

»Du bist also Schriftstellerin?«, fragt sie und reicht mir ein Glas kaltes Wasser. »In Englisch lesen wir gerade *Der große Gatsby*.«

Sie meint, *Der große Gatsby* sei total bescheuert.

»Ich dachte, viele Menschen in deinem Alter mögen das Buch?«, frage ich. »Es gab doch auch den Film?«

»Wer das Buch mag, ist bescheuert«, sagt sie. »So ein blödes Buch. Da geht es die ganze Zeit nur so: ›Mach dir große Hoffnungen in Sachen Liebe und Leben, und dann werden sie zerstört.‹ Voll *lost*!«

»Was heißt *lost*?«

»Na dass man solche Träume vergessen kann!«, antwortet Samantha. »Alles, was wir noch für möglich halten, wird zerstört!«

Laut Samantha besteht das Problem beim *großen Gatsby* darin, dass er ein falsches Versprechen verkauft. Und das auch noch jungen Menschen. Es ist gefährlich, meint sie, jungen Menschen vorzumachen, sie könnten sich verlieben und glücklich sein.

»Einfach bescheuert«, wiederholt sie.

»Ich hab gehört, du gehst gern jagen? Deine Mom sagt, du hast eine gute Geschichte über den Elch auf Lager.«

Samantha grinst. Sie ist die perfekte Mini-Joy, und jetzt habe ich sie auf ein Thema gebracht, bei dem sie sich wohlfühlt.

»Meine Mom hat mir geholfen, die Regeln der Elchjagd auswendig zu lernen, als ich noch klein war. Zum Beispiel, dass man nicht über den Highway hinweg schießen darf. Man muss von der Straße runter, das gilt auch für alle befahrbaren Forstwege und sogar die Wildwege der Ziegen. Und man braucht einen Jagdschein. Der kostet so dreißig, vierzig Dollar. Und es gibt eine Elchjagd-Gebühr. Zum Glück haben wir bei uns im Staat keine Lotterie oder so, weil in Alaska nicht so viele Menschen leben.«

»Sie war zehn«, fügt Joy über die Schulter hinweg hinzu, »als ich sie mit auf den Laser-Schießstand genommen habe. Sie hat alle Ziele perfekt getroffen.«

»Das hatte auch seinen Grund«, sagt Samantha, die immer noch grinst.

»Wir hatten keine Ahnung«, Joy lacht, »aber sie hat mit der Waffe ihres Bruders Schießen geübt.«

»Als Alaskanerin muss man doch wissen, wie man mit Waffen umgeht!«

Joy reicht Samantha einen Satz Platzdeckchen.

»Die Leute finden Jagen grausam«, fährt Samantha fort, »aber ehrlich gesagt finde ich es humaner. Diese Saison ging die Elchjagd vom ersten bis einundzwanzigsten September, also hat man auch nicht wahnsinnig viel Zeit. Drei meiner Elche habe ich mit einem Schuss erledigt, und bei den anderen hätte ich es auch geschafft, aber ich war zu schnell und habe sie aufgeschreckt.«

»Vor zweiundzwanzig Jahren«, sagt Joy, »war ich die einzige Frau, die auf die Jagdhütte eines Freundes mitdurfte. Jetzt habe ich eine Tochter, die mit einem Schuss töten kann. Ich meine, das ist schon eine Leistung. Und es stimmt, weißt du? Immer mehr Frauen jagen. Aber manche Leute sind da immer noch skeptisch.«

»Hat Mom dir schon erzählt«, fragt Samantha, »wie irgendwelche Männer uns den Elch klauen wollten?«

Samantha legt los, genau wie Joy es immer tut, um ihre Geschichte zu einer künstlerischen Darbietung zu machen.

»Wir sehen also einen Elch«, setzt sie an und beschwört mit ausgebreiteten Fingern die passende Atmosphäre herauf. »Er gehörte *uns,* und wir fuhren vom Highway runter. Aber dann haben uns zwei Männer gesehen und direkt hinter uns geparkt. Eins musst du wissen: Es ist illegal, jemanden bei der Jagd zu behindern. Und das nicht nur, weil es scheiße ist, sondern weil der Elch, wenn man ihn verfehlt, wegrennen und zur Gefahr werden kann.«

»Achtung, Elchalarm!«, quietscht Joy.

»Der dreht dann durch und hat Angst, weißt du? Und die wiegen ja so irre viel, meine Fresse. Jedenfalls, die zwei Typen«, fährt Samantha fort, »die wollten den Elch nicht zwei Frauen überlassen.«

»Das waren Deppen!«, wirft Joy ein. »Deppen! Aber Samantha hatte ihren Elchlocker – so eine Art kleine Pfeife – um den Hals.

Den trägt sie die ganze Jagdsaison. Den hat sie von einem Freund der Familie geschenkt bekommen, als sie vier war.«

»Vier!«, sagt Samantha und verdreht die Augen. »Genau, als würde ich mir den Elch von irgendwelchen Männern wegnehmen lassen. Ich trainiere seit *Ewigkeiten* dafür. Und die Männer waren echt dämlich. Dachten, wir sind nur zwei blöde Tussis. Also ist Mom vom Highway runter und hat geschossen.«

»Ich wollte, dass Samantha ihn erwischt. Aber vor allem wollte ich, dass die Typen ihn nicht kriegen.«

»Das war *unser* Elch!«, stimmt Samantha zu.

»Hey«, ruft James von seinem Sessel, »habt ihr zwei mal daran gedacht, dass die euch vielleicht helfen wollten?«

»Einen Scheiß wollten sie!«, gibt Samantha zurück. »Deswegen war ich bestimmt einen Monat lang sauer.«

»Ich auch!«, sagt Joy. »Das war mein Mutter-Tochter-Moment. Der Moment, den Stab weiterzugeben.«

»Du hast den Stab weitergegeben«, sagt Samantha und dreht sich anerkennend zu ihrer Mom um.

»Aber ihr habt euren Bullen doch gekriegt«, sagt James. Er steht auf und legt Samantha fest die Hände auf die Schultern. Dann küsst er sie auf den Scheitel.

»Na ja, das war noch nicht das Ende der Geschichte, es stellte sich nämlich heraus, dass die Typen die Straße rauf ihr Camp aufgeschlagen hatten.« Jetzt lacht Samantha. »Als Mom und ich da vorbeigefahren sind, haben wir gehupt wie sonst was – haben richtig Lärm gemacht und auf dem Highway unseren Sieg gefeiert!«

»Hoffentlich haben die uns gesehen und Bescheid gewusst«, meint Joy.

»Ach, garantiert haben sie das.«

Joy geht zu ihrer Tochter und umarmt sie von der Seite. Samantha öffnet die Backofentür, damit Joy das Blech mit den Kartoffeln herausholen kann.

»So oder so«, sagt Joy, »jetzt ist es unser Elch.«

Samantha schüttelt den Kopf und flüstert: »Scheißtypen.«

Joy holt das Fleisch aus dem Garer, tranchiert es, füllt das Gemüse in Schalen und bittet uns, am Tisch Platz zu nehmen. Er ist groß und aus Holz, Joy sitzt am Kopfende. Instinktiv senke ich den Kopf.

»Herr, wir danken dir, dass du uns zusammengeführt hast«, sagt sie, dann essen wir unseren Elch.

Das Fleisch ist perfekt, duftend und zart. Es schmeckt nach Pilzen, Kräutern und Erde. Ich kann das süße alaskische Gras beinahe schmecken, das das Tier in der Wildnis gefressen hat.

»Das ist fantastisch«, sage ich.

Joy strahlt, stolz, dass sie mir wieder etwas Gutes tun konnte. Sie schaut Samantha an und grinst, stolz darauf, sie zur Schau stellen zu können.

»Ist es wirklich, Mom«, sagt Samantha. »Du hast sehr gut gekocht.«

»Na ja, wie gesagt, ich bin froh, dass ihr beide heil zurückgekommen seid«, sagt James und greift nach Joys Hand. »Schön, sie wiederzuhaben.«

»Das glaube ich«, sage ich. »Jetzt werde ich sie vermissen.«

»Ihr beide müsst eben teilen!« Joy lacht. Sie grinst mich an, isst einen Bissen Elch und wendet sich wieder James zu. »Nach dem Essen sehen wir mal nach dem Welpen.«

Dann dreht sie sich zu mir und flüstert: »Ich habe das kleine weiße Pferd gekauft, habe ich das schon erwähnt? Wir holen es nächstes Wochenende ab.«

Sie sieht James an und lächelt.

»Sie kriegt immer alles, was sie will«, sagt er, »und dazu alles, was sie nicht will.«

»Hat sie verdient«, sage ich. Ich denke an Jakes und Joys Ehe, all die Geschichten, die sie mir erzählt hat. *Du musst mit der Vergangenheit abschließen*, hatte sie gesagt, *sonst verfolgt sie dich.*

Aber die Vergangenheit ist nie ein sauber abgeschlossenes Kapitel; die Vergangenheit ist keine Haut, die man abstreifen kann. Das

Vermächtnis der Geschichte bleibt. Ich sehe James an und habe ihn gern. Er unterstützt sie, ist gut zu ihr. Dennoch weiß ich, dass die komplizierte Vergangenheit ihr immer noch in den Knochen steckt. Ihre Welt ist ein amerikanisches Diorama: die gute Ehefrau und Mutter und all die Gewalt, die sie erdulden musste und der sie dennoch Liebe und Schönheit abgerungen hat.

Eines Tages, hoffe ich, bin ich wie sie. Lasse die Vergangenheit hinter mir. Fange selbst ein neues Leben an. Ich bin dankbar für ihr weißes Pferd, das Schiefergebirge vor ihrem Fenster, Atigun und all die Schafe, die Beinchen wie Windräder vor dem Himmel.

»Das hat sie«, sagt James schließlich.

Wir essen schweigend den Elch auf, dann hält James quer über den Tisch Joys Hand. Als wir fertig sind, steht Samantha auf, um abzuräumen.

»Kann ich helfen?«, frage ich.

»Ich mach das schon«, erwidert Samantha. Ich sehe zu, wie Joy ihre Hand von James' löst, sich neben die Spüle stellt und warmen Rhabarberkuchen – frisch dampfend aus dem Ofen – auf Kugeln Vanilleeis platziert.

»Kann ich hierbleiben?«, frage ich, als sie sich wieder hinsetzt.

Alle schauen mich an und lächeln, außer James, dem es etwas unangenehm zu sein scheint. Ich stecke mir einen Löffel voll Kuchen in den Mund.

»War nur Spaß«, sage ich.

War es nicht.

*

Eine Stunde später sitzt Joy im Schneidersitz neben der Hundebox im Keller und bereitet mich darauf vor, dass ich mich gleich nicht mehr werde retten können vor lauter Niedlichkeit.

»*Unfassbar* niedlich«, warnt sie. »Wahrscheinlich wirst du dich nie wieder erholen.«

»Das schaff ich schon«, sage ich. »Ich hab mein Leben lang trainiert.«

Sie lacht. »Okey-dokey.«

Einen nach dem anderen hebt sie die Welpen aus der Kiste, jeder ein winziges schwarzes Knäuel, das sie mir auf den Schoß legt. Die Kleinen kriechen mir mit offenem Mäulchen über die Schienbeine, gähnen, purzeln auf den Teppich und wuseln um meine Füße herum. Einer hebt den Kopf und will losjaulen, aber es kommt hauptsächlich Luft heraus.

»Jetzt zu dir«, sagt sie und greift nach dem Schwächsten.

Aber als sie ihn aus dem Korb holt, erstarrt ihre Miene, und wir wissen es beide.

»Er ist tot«, sage ich.

»Er ist tot.«

Sie hält das Tier hoch, der kleine Körper steif im Licht der alten Stehlampe. Sie ist sichtlich bekümmert und drückt ihn an die Brust. Sie wickelt ihn fest in ihr Sweatshirt, als könne sie ihn so wiederbeleben.

»Das tut mir so leid.«

»Das ist so ungerecht«, sagt sie. »Er war noch so klein. Er hat nicht mal eine Chance gehabt.«

Ich streichle ihm über den Kopf. Das Fell ist kühl und seltsam steif.

»Was hast du zu mir gesagt, oben in Prudhoe Bay, in dem Blizzard, als wir das tote Karibu gesehen haben? Dass alles eine Frage der Perspektive ist?«

»Da ging es um Wölfe, die ein Karibu fressen. Oder Wölfe, die einen Fuchs jagen. Nichts und niemand wird ein anderes oder *besseres* Leben haben, weil er gestorben ist«, sagt sie. »Der arme Kleine hat für nichts und wieder nichts gelitten.«

Ich schaue hinab auf die anderen Welpen, die ungelenk auf ihrem Schoß herumkrabbeln. Ich zähle neun: neun einzelne Flauschknäuele, neun blinzelnde Augenpaare, neun kleine Welpengebisse, die an meinen Knöcheln knabbern. Ich hebe einen hoch und halte ihn mir Nase an Nase vors Gesicht.

»Aber die hier«, sage ich, »die können weiterleben.«

Der Welpe zappelt in meiner Hand.

»Und sie werden ein gutes, schönes Leben haben«, sagt sie. »Aber das hätte der hier auch haben sollen.«

Ich setze das Hündchen ab und sehe zu, wie es zu den anderen zurückwackelt. Sie spricht von dem toten Hund, aber sie spricht auch von ihren toten Freunden, von den Menschen, die im Schnee, Graupel oder Regen auf dem Highway oder in Bars oder Schlafzimmern verschwinden. All die Tode, die sie nicht verhindern kann, all den Schmerz, den sie nicht lindern kann.

Sie nimmt eine Decke, legt den toten Welpen darauf und rollt ihn vorsichtig darin ein. »Das ist einfach verdammtes Pech, mehr nicht.«

Sie sieht mich an und nickt, als brauche sie nur Bestätigung. Ich nicke ebenfalls, dann stehen wir einen Moment schweigend da und betrachten die reglose Decke. Schließlich hebt Joy sie hoch und trägt sie die Treppe hinauf. Im Flur legt sie das Bündel in einen Plastikeimer und stellt ihn an die Tür.

»James kümmert sich darum«, sagt sie. »Er kümmert sich immer um die Sachen, die ich nicht übers Herz bringe.«

Samantha streckt den Kopf in den Flur und schaut über unsere Schultern in den Eimer. »Ach, mit dem tödlichsten Highway Amerikas wird sie fertig«, sagt sie, »aber sie kann keinen toten Welpen begraben.«

»Tut mir leid«, wiederhole ich. Ich lege Joy die Hand auf die Schulter. »Ich dachte wirklich, ich könnte ihm helfen.«

»Ich sollte dich nach Hause fahren«, sagt sie geistesabwesend. Sie seufzt und streckt sich.

Zurück im Pick-up schimmern die Bäume blau im Mondlicht, bis die Scheinwerfer den Garten in helles Licht tauchen. Der Highway breitet sich unter unseren Reifen aus, als wir langsam nach

Fairbanks zurückfahren, aber zwischen uns hat sich etwas verändert. Ich spüre Joys Zögern, dass sie etwas sagen möchte.

»Falls es um den Welpen geht«, setze ich an, »ich meine, wir können ein Gebet für ihn sprechen, natürlich. Das finde ich nicht albern. Dein ganzes Reden über Gott tröstet mich irgendwie – ich meine, es stört mich nicht.«

»Darum geht es nicht«, sagt sie.

Ich vermute, dass es vielleicht um eine Erinnerung geht, vielleicht will sie, dass ich einen der Welpen mitnehme, als Andenken an unsere gemeinsame Zeit. Ein lebendiges Souvenir. Zwölf bis vierzehn Jahre voller Erinnerungen, schwarzem Fell, Flausch und Niedlichkeit, die unsere Verbindung verstärken würden. Ich beschließe, dass ich das tun kann. Ich kann einen Welpen annehmen, selbstverständlich.

»Ich nehme einen Welpen mit«, sage ich, »falls es das ist.«

»Nein«, sagt Joy. »Nein. Hör einfach zu.«

Der Mond ist hinter den Bäumen abgetaucht, sodass ich ihr Gesicht nicht mehr erkennen, ihren Ausdruck nicht einschätzen kann. Ich sehe nicht einmal, was zwischen uns ist, auch wenn mir der Abstand größer vorkommt als je zuvor.

»Also, was du mir oben in Prudhoe erzählt hast«, beginnt sie, »über Dave.«

Sofort glaube ich zu wissen, was jetzt kommt: dass es ihr leidtut, dass sie nur zugehört hat, dass sie nicht wusste, was sie sonst sagen soll, dass ich etwas Besseres verdient habe, aber meinen eigenen Wert erkennen muss, bevor ich einen Mann zurückweisen kann, der meinen Wert nicht erkennt.

»Ich weiß«, sage ich. »Ich *weiß*.«

»Nein, das glaube ich nicht«, sagt sie, »da gibt es nämlich noch was, was ich dir nicht erzählt habe.«

*

Ihre Geschichte ist die Geschichte vieler Frauen, und im Großen und Ganzen lautet sie so: Die Ehe war gut, außer wenn sie es nicht war. Sie waren als Paar glücklich, außer wenn sie es nicht waren.

Joy zufolge trank James und versteckte das meistens, aber die Leute wussten es, weil die Leute es immer wissen.

»Trinker«, sagt Joy, »halten sich immer für total clever, denken, dass es ihr Geheimnis ist, und wenn man sie nicht erwischt, werden sie richtig *dreist*.«

James trank, und sie gerieten aneinander, James trank und geriet mit sich selbst aneinander. Joy erzählt mir, die sehr realen und sehr spürbaren Qualen eines Alkoholikers hätten ihn heimgesucht, und während eines Großteils ihrer Ehe, so Joy, habe es sich so angefühlt, als würde er seine Wut an ihr auslassen.

»Weißt du noch, was ich draußen auf dem Highway gesagt habe?«, fragt sie. »Dass ich überzeugt war, eine zweite Chance zu bekommen, als ich James kennenlernte? Dass ich James für Gottes Belohnung nach Jake gehalten habe?«

Ich nicke.

»Du lieber Gott«, sagt sie, »weißt du, ich liebe ihn, das tue ich echt. Und ich war mir so sicher, dass er ein Geschenk Gottes war, dass ich am Anfang all die Warnhinweise ignoriert habe, all die Signale, die ich hätte sehen müssen. Ich meine, das ist kein Spaß. Als ich ihn kennengelernt habe, war er ziemlich kaputt.«

Aber sie band sich an ihn, und das ziemlich schnell, weil sie eine alleinerziehende Mutter von zwei Söhnen in Alaska war und weil ihr erster Mann versucht hatte, sie zu bevormunden, und weil sie sich nach der Sicherheit und der Geborgenheit sehnte, die so oft mit unserer Vorstellung von Familie verwoben sind.

»Ich glaube«, sagt sie, »dass viele Frauen denken, dass du vor all dem Übel der Welt – du weißt schon, alles Schlechte, was einem passieren kann –, dass du davor sicher bist, wenn du verheiratet bist. Als würde ein Ehemann dich beschützen. Und ich dachte, ich könnte ihm helfen. Als wir uns kennengelernt haben, hatte ihn seine erste Frau gerade verlassen, und James war einer von denen, wenn die sich scheiden lassen, dann bricht für sie die ganze Welt zusammen. Er war wild entschlossen, sich selbst zu zerstören, und das wollte ich nicht mit ansehen. Ich meine, das will ja niemand.«

Der Truck fährt abwärts in ein Tal, das zu beiden Seiten von großen Bäumen gesäumt wird. Fairbanks leuchtet in der Ferne orangefarben unterhalb des dunkelblauen, fast schwarzen Himmels.

»Aber er war wirklich kaputt«, wiederholt sie.

Ich erinnere mich, dass James mir gegenüber dasselbe eingestanden hatte. An dem Tag in der Kirche, als er sich zu mir gebeugt und geflüstert hatte: »Die Frau ist eine Legende«, während wir zusahen, wie sie die Hostien zurechtlegte. »Aber sie hat mich wieder hingekriegt«, hatte er gesagt, »wirklich wahr. Damals war ich ziemlich kaputt.«

»Ziemlich kaputt« klingt mir nach jemandem, der Laster hat, weil sie ihm notwendig erscheinen, ein Mittel, mit Schmerz oder Schicksalsschlägen fertigzuwerden. Ich stelle mir jemanden vor, der wütend ist, leidet und schweren Kummer mit sich herumträgt. Aber mir wird auch klar, dass damit in euphemistischer Form auch ausgedrückt werden kann, dass dieser Schmerz sich in einer Weise Bahn bricht, die anderen Menschen schadet.

Ein Euphemismus für Gewalt.

Er war ziemlich kaputt, aber sie liebte ihn. Also heirateten sie, richteten sich häuslich ein und bekamen Samantha.

Es war so schön, so schön, sie waren eine *Familie.*

Joy und ich haben es warm und sicher und sprechen ganz offen, aber ich rechne dennoch nicht mit dem, was als Nächstes kommt: dass James, erzählt Joy, einmal vor ihr eine Waffe hielt – mehr noch, auf sie und ihr Neugeborenes *richtete.*

»Er war betrunken«, sagt sie, »und hat uns die Waffe vors Gesicht gehalten.«

Ich weiß nicht, wie oder warum es passiert ist. Was danach kommt, entspringt lediglich meiner Vorstellungskraft, die sich die

Situation in den Tagen, Wochen und Monaten, nachdem Joy mir davon erzählt hat, immer wieder ausgemalt hat, weil man so eine Geschichte nie wieder vergisst. Die Einzelheiten ändern sich jedes Mal, der Schauplatz, aber in der hartnäckigsten Version sehe ich Joy auf dem Küchenboden. Braunes Linoleum mit altmodischem Muster, klebrige Stellen vor dem Schrank, wo die Kinder Apfelsaft verschüttet haben.

Die Jungs schauen in Fleeceschlafanzügen Fernsehen. Auf der gepolsterten Couch oder einem Fernsehsessel. Sie haben Schnabeltassen und Goldfisch-Cracker vor sich.

Samantha ist noch ein Baby und quengelt auf Joys Schoß.

Joy und James haben wegen irgendetwas Streit.

Unwichtig.

James zückt die Waffe und Joy verstummt.

In meiner Vorstellung ist es immer schon dunkel, ein rabenschwarzer Himmel ohne Nordlicht, obwohl es Winter ist. Der dumme große Mond leuchtet vor sich hin. Sind sie in der Hütte, die abgebrannt ist, oder in dem Wohnwagen, in dem sie wohnten, als Joy ihn kennenlernte, oder irgendwo dazwischen? Darauf habe ich keine Antwort, und im Grunde genommen spielt es auch keine Rolle.

Es spielt eine Rolle, was Joy mir erzählt. Dass sie an jenem Abend dachte, sie könnte sterben. Dass sie ihr weinendes Baby hielt, zu ihren beiden kleinen Söhnen herüberschielte und dann den Mann ansah, den sie geheiratet hatte, und dachte, sie würden vielleicht den nächsten Morgen nicht mehr erleben.

»Ich hatte noch nie in meinem ganzen Leben solche Angst.« Sie umklammert fest das Lenkrad. »Mir blieb völlig die Luft weg – sie ist einfach aus meinem Körper raus.«

Offensichtlich ist sie damals nicht gestorben. Eine ganze Weile erzählte sie niemandem davon. Dann erzählte sie es ihrer besten Freundin Debbie, dann beinahe zwanzig Jahre niemandem mehr.

Jetzt erzählt sie es mir.

»Ich wollte es eigentlich nicht erwähnen«, sagt sie, »weil ich nicht wollte, dass es deine Meinung über James ändert. Er ist ein netter Kerl – wirklich –, und es war mir wichtig, dass du ihn magst.«

Ich weiß nicht, was ich dazu sagen soll, also bleibe ich stumm. Ich stelle lieber keine Fragen; ich spüre, dass Joys wenige Worte fast schon zu viele waren.

Vielleicht sollte ich stattdessen festhalten, was ich *nicht* denke, abgesehen von allem anderen.

Ich denke nicht: *Was für ein Monster.*

Ich denke nicht: *Kann nicht sein.*

Ich denke, dass es einen Sinn ergibt. Dass es sich in das einfügt, was ich weiß, die Dichotomie Amerikas, die Außenwirkung und die Realität hinter so vielen häuslichen Szenen. Ich denke an James' zugeknöpftes Hemd, sein ordentlich gekämmtes braunes Haar und an sein Lächeln, als Joy mich auf dem Hotelparkplatz für meinen ersten Sabbat in seinen Pick-up-Truck gezogen hat. Wie er auf dem nassen Parkplatz den Arm um sie gelegt hat. Wie er ihr die Tür aufgehalten hat. Wie er sie mir gegenüber angepriesen hat.

»Die beste Frau«, sagte er, »die es gibt.«

Ich schweige. Draußen wird es dunkler und kälter. Der Wind pfeift durch die Bäume. Jedes Mal wenn der Pick-up unter einer Straßenlampe hindurchfährt, schaue ich nach links und sehe die kleinen feuchten Halbmonde, die sich unter Joys Augen bilden.

»Einmal«, flüstert sie, »war ich gerade mit dem Truck da oben – irgendwie war ich immer mit dem Truck unterwegs, wenn James' Trinkerei am schlimmsten war –, und da rief mich ein Kumpel an. Er sagte, er hätte James in der Stadt getroffen und seine Fahne gerochen. Er meinte zu James, wenn er es riecht, riechen die Cops es auch.«

Sie unterbricht sich.

»Und ich meine, was bringt mir die Info jetzt? Was ist mit unserer Tochter? Das ist es ja – unsere Tochter? Sie versteht nicht, warum ich arbeiten gehe. Sie versteht nicht, warum ich immer fort bin. Sie ist siebzehn, sie weiß bloß, dass ich nie zu Hause bin. Und ich glaube, sie hält mich für egoistisch. Sie versteht es nicht. Sie *versteht es nicht.*«

Sie sieht mich verständnissuchend an. Ich denke über meine Mutter nach, wie wir uns gestritten haben, als ich siebzehn war. Wegen Nichtigkeiten. Wie ich damals bei jeder Gelegenheit meine Geringschätzung rauslassen musste.

»Sie meckert mich dauernd an deswegen!«, fährt Joy fort. »Wir streiten ständig darüber. Da komme ich endlich von einer Fahrt zurück und bin total froh, sie zu sehen, will sie einfach in den Arm nehmen. Sie ist ein Teenager – natürlich versteht sie das nicht –, aber ich mache die Arbeit *wegen ihr.* Damit ich sie unterstützen kann, wenn ich muss. Ich meine, falls es so weit kommt.«

Sie wischt sich zaghaft über die Nase, und ich will die Hand nach ihr ausstrecken, aber wir wissen beide, dass ich ihr nichts bieten kann, was sie nicht ohnehin schon weiß. Stattdessen presse ich den Hinterkopf gegen die Kopfstütze, bis mir der Schädel wehtut.

»Wir lieben diese Männer immer«, sagt sie, »und wir denken, dass wir sie retten können. Wir denken, unsere Liebe kann sie heilen.«

»Das hast du auch über Jake gesagt«, erwidere ich.

»Und du sagst es über Dave. Und bei James meine ich es auch so. Ich liebe ihn so sehr, dass es wehtut. Und wir Frauen? Wir haben so viel Liebe zu geben. Aber das bringt uns oft in Teufels Küche.«

»Aber Jake hast du verlassen«, sage ich. »Wieso bist du bei James geblieben?«

»Weil ich ihn liebe«, sagt sie, ohne zu zögern. »Und weil es nicht einfach ist als Frau alleine mit drei Kindern und weil ich ihn liebe – ich liebe ihn wirklich, ja. Ich meine, so machen wir es eben, oder?«

Wir bleiben an einer roten Ampel stehen. Ihr Ehering schimmert an ihrem dünnen Finger. Ich sehe, dass ihre Hände zittern, und diesmal liegt es nicht am Motor.

»Außerdem wollte ich nicht«, sagt sie, »in zehn Jahren aufwachen und sagen müssen, ich habe es nicht versucht. Drei Babys, und ich habe es nicht versucht.« Sie wedelt mit der Hand. »Ich wusste mal, wie es geht. Eine Frau sein und es hinkriegen. Aber jetzt nicht mehr. Ich weiß es nicht mehr. Hätte ich ihn verlassen sollen?«

Ich weiß nicht, ob das eine rhetorische Frage ist. Ich lasse sie zwischen uns im Raum schweben.

»Na ja, wahrscheinlich schon«, sagt sie. »Aber Frauen werden zum Lieben erzogen. Weißt du, was ich denke? Frauen werden zu sehr zum Lieben erzogen. In unserer Kultur legen wir viel zu viel Wert auf den Schmerz von Männern, aber weißt du, was wir in Wirklichkeit tun sollten? Wir sollten viel mehr Wert auf das Leben von Frauen legen.«

Wir sollten viel mehr Wert auf das Leben von Frauen legen.

Joy stößt den Atem durch die Zähne aus und boxt gegen das Lenkrad. »Hör zu. Ich glaube daran, dass wir auf dieser Erde sind, um zu lieben«, sagt sie, »und ich glaube, wir lieben, solange wir können. Aber die Frau, die ich am Anfang war, als wir geheiratet haben? Ich wollte so sehr, dass James den Kreislauf durchbricht und trocken wird. Wenn ich damals auf Dr. Laura gehört hätte, wäre ich gegangen. Und ich hätte mir eine Menge Kummer erspart. Eine Menge Kopfschmerzen. Aber ich dachte, ich könnte ihm mit meiner Liebe da raushelfen. Und dass es meine Aufgabe wäre, ihn zu heilen.«

»Diese Vorstellung hält mich schon mein ganzes Leben gefangen.«

»Natürlich tut sie das!«, sagt sie. »Mich auch! Wahrscheinlich die meisten Frauen! Ich war mein ganzes Leben an diese Vorstellung gekettet, und das ist einfach Müll.«

»Und James?«

»Ich hab zu ihm gesagt«, antwortet sie, »ich hab gesagt, jetzt reicht's, das war das letzte Mal. Ich sagte: ›Nie wieder, nie wieder, nie wieder.‹« Sie zögert. »Und vielleicht wäre es anders gelaufen, wenn James überzeugt gewesen wäre, dass er nichts falsch macht, aber weißt du, es tat ihm leid. Er sagte, er weiß, dass das keine Liebe ist. Dass er sich auf jeden Fall ändern will. Dass er daran arbeiten würde, trocken zu werden.«

»Ja?«

»Er hat jetzt ein ganzes Jahr geschafft.«

»Ein Jahr ist eine beachtliche Leistung.«

Aber sie haben beinahe zwanzig Jahre miteinander verbracht, und jene Nacht ist beinahe siebzehn Jahre her.

Von welchem Graubereich weiß ich nichts?

Ich denke: *Keine Ahnung, wie sie das schafft.* Aber eigentlich weiß ich es ganz genau – das Erbarmen, das wir mit unseren Männern haben, weil sie nicht abgedrückt haben.

Würde ich Dave verlassen, wenn er sich eine Waffe zulegt? Würde ich gehen, wenn er sie auf mich richtet? Das würde ich gern glauben, aber seine Worte haben sich schon so oft angefühlt wie Waffen, und ich habe ihn immer noch nicht verlassen.

»Also ist James jetzt seit einem Jahr trocken«, wiederholt Joy, »und ich bin echt stolz auf ihn.«

Was nicht heißen soll, dass das Leben seit damals nicht schwierig gewesen ist, aber James hat an sich gearbeitet. Und sie hat die ganze Zeit zu ihm gehalten.

»Wir haben unsere Höhen und Tiefen gehabt«, sagt sie, »aber ich glaube, jetzt haben wir es. Jetzt kommen endlich nur noch Höhen.«

Ich wünsche mir so sehr, dass das stimmt. Joy verdient nichts als Höhen.

»Das hoffe ich auch«, sage ich.

Sie erzählt mir von dem Ring, den sie ihm letztes Jahr gekauft hat: kaltes, hartes Metall, in das ihr liebstes Bibelzitat eingraviert ist, nach dem ich an diesem Abend nicht frage, also werde ich es nie erfahren. Der Ring sollte ihre Ehe feiern, sagt sie, alles, was sie durchgemacht haben – eine Belohnung für seinen Entzug –, aber er diente auch als Warnung.

»Auf jeden Fall ist er eine Warnung«, sagt Joy. »Er ist ein Versprechen, klar und deutlich, wenn er je wieder mit dem Saufen anfängt, bin ich weg. Hör zu«, sie biegt auf den Hotelparkplatz ab, »ich will nicht, dass du mich für schwach hältst. Aber ich will auch nicht, dass du denkst, ich hätte irgendwelche Superkräfte.«

Ich sehe sie an und nicke.

»Diese Geschichte.« Sie schüttelt den Kopf. »Ich erzähle dir diese Geschichte, weil sie ein Teil von mir ist. Ich bin der Highway, aber eben auch das. Wie die meisten Frauen wahrscheinlich. Wir müssen immer abwechselnd das eine und das andere sein, wenn wir im Leben vorankommen wollen.«

»Du hast gesagt, du fährst den Highway, weil du das Abenteuer liebst.«

»Tu ich auch«, sagt sie. »Aber ich liebe auch die Freiheit, mein eigenes Geld zu verdienen. Eine Frau zu sein, die ihren Lebensunterhalt bestreiten kann. Ihren eigenen und den ihrer Familie, ihrer Kinder. Dieser Job – damit verdiene ich viel mehr, als ich hier in Fairbanks könnte. Viel mehr, viel, viel mehr. Damit ich es kann, wenn es sein muss: meine Tochter nehmen und *gehen.*«

Intuitiv erahne ich, was sie nicht sagt: dass das Risiko die Realität wert ist, dass sie ihm verziehen hat, aber nicht vergessen kann, dass sie sich in Wahrheit manchmal auf Amerikas tödlichster Straße sicherer fühlt als in ihrem eigenen Wohnzimmer.

»Weißt du, diese Geschichte macht mich nicht schwach. Ich bin nicht schwach«, wiederholt sie. »Damit hattest du von Anfang an recht. Aber, was noch viel *wichtiger* ist: Ich glaube, *du* weißt gar nicht, dass *du* nicht schwach bist.«

In einem Anflug von Leichtigkeit verpasst sie mir einen Knuff in die Seite.

»Was ich dir damit sagen will, ganz ehrlich, ich glaube, wir sind uns ähnlicher, als dir klar ist. Ich war den Großteil meines Lebens wie du. Soll wohl heißen: Ich verstehe, was du tust, und ich verstehe den Impuls zu bleiben. Ich weiß, was es heißt, einen Mann so sehr zu lieben, dass du dir gar nichts anderes vorstellen kannst. Aber ich will nicht, dass du immer noch wie ich bist – in zwanzig, dreißig Jahren.«

Sie löst ihren Gurt und zieht mich an sich. Ich fange an zu weinen.

»Hör mir zu«, sagt sie. »Ich habe dir das alles erzählt, weil du es verstehen sollst. Du siehst mich als Vorbild? Betrachte mich lieber als *Warnung*. Bleib nicht bei so einem Mann.« Sie streicht mir durchs Haar. »So ein Mann ändert sich nicht.«

Der Motor unter uns brummt im Leerlauf, die Welt um uns herum wartet.

In diesem Augenblick, in ihrem Pick-up, schwöre ich mir etwas. Ich werde zurück nach Ohio fliegen. Dave wird einen Streit vom Zaun brechen, und ich werde es zulassen. Er wird gehen, und ich werde es zulassen. Wenn ich Glück habe – und das haben viele nicht –, werde ich zusehen, wie er aus meiner Einfahrt verschwindet, als würde ich zusehen, wie er aus meinem Leben verschwindet.

Diesmal wird alles anders. Diesmal nehme ich ihn nicht zurück.

Ich werde all dem ein Ende bereiten.

Und das verdanke ich Joy.

Im Wagen, in unserem letzten Augenblick, hält Joy mich an ihren mit Hundehaaren übersäten Pullover gedrückt. Sie riecht nach Elchbraten und Karotten. Sie fühlt sich so heilig an.

»Ich hab dich lieb«, sage ich sanft.

Sie lässt mich los und sieht mich an, der letzte Moment, den wir jemals als zwei lebendige Frauen auf der Erde haben werden.

»Bleib nicht bei so einem Mann«, wiederholt sie flüsternd, und dann noch einmal, ihr warmer Atem streift mein Ohr: »Ich sage dir, du musst ihn verlassen. Ich sage dir, es wird nicht besser. Mit so einem Mann? Ich sage dir, das wird nur noch schlimmer.«

15.

Ich flog zurück nach Ohio. Ich flog zurück in mein altes Leben.

Doch die Wahrheit ist – und ich glaube, Dave und ich wussten das beide –, dass sich etwas in mir verändert hatte, dass ich durch Alaska ermutigt worden war. Ich würde nicht seine Frau werden und ihn kirchlich heiraten. Nicht, wenn dieses Christentum, wenn dieser Glaube so beschaffen war wie der von Dave.

Ich landete nach einer zweiundzwanzigstündigen Reise am späten Nachmittag. Er holte mich nicht vom Flughafen ab, ich fuhr todmüde, beinahe im Delirium, nach Hause. Als wir einander schließlich wiedersahen, wirkte sein Gesicht anders, älter. Ein Schatten von Bartstoppeln zeigte sich an seinen Wangen, und so fühlte es sich so an, als hätte ich diese Momente der Sanftheit – jene ersten Monate, das gesamte erste Jahr, die Abende, die wir außerhalb von San Francisco am Strand gesessen hatten – mit einem völlig anderen Mann verbracht.

In den ersten Tagen wartete ich auf einen Auslöser, einen weiteren Augenblick, der seine Wut entfachte, doch der entscheidende Moment kam leise, ohne Eskalation, als eines Morgens – aus dem Nichts – seine alte Schule in San Francisco anrief, um ihm seinen alten Job anzubieten.

»Du solltest annehmen«, sagte ich.

Er war derselben Meinung.

Vor uns lag ein einfacher Ausweg, und ich glaube, wir waren

beide nur zu glücklich, ihn zu wählen. Dave reiste ohne Zwischenfall einige Tage später ab, beinahe so, als habe er Joys Worte gehört.

Als hätte sie auch zu ihm gesprochen.

Oder vielleicht war es Gott, der unseren Streitigkeiten ein Ende setzte, indem er das gesamte Land zwischen uns schob.

Ich wusste nicht – weiß es bis heute nicht –, was ich getan habe, um so eine leichte Trennung zu verdienen. Dieses Glück haben nicht viele Frauen. Doch in vielerlei Hinsicht endete unsere Beziehung – all unsere Liebe, all die Angst und Schönheit, die ihr innewohnten – genauso leise, wie sie begonnen hatte.

Ich wusste es, schon während es passierte, während ich ihm dabei zusah, wie er den dunkelblauen Sedan belud, sich hinter das Lenkrad setzte und verschwand. Ich wusste mit unumstößlicher Sicherheit, dass er nicht wiederkommen würde. Ich spürte, wie sich sein Griff löste, fühlte eine Leichtigkeit, als ich mir vorstellte, wie sein Wagen den Highway hinunterfuhr, einmal quer durchs Land, weit, weit weg von mir.

Trotzdem denke ich manchmal an Dave, und niemals auf die Art, wie ich es erwarten würde. Ich denke an seine kleinen Plastikfiguren, seine langen, fein gebogenen Wimpern, sein breites Lächeln, diese perfekten Zähne und daran, dass ich in seinem Lachen zu Hause sein wollte. Noch immer höre ich ihn lachen, lachen. Ich denke an unsere verschlafenen Morgen zusammen, die Sonntage, an denen wir bis mittags im Bett blieben, unseren Hund als kleinen Welpen und wie seine Finger ihre Flanken kitzelten, über das lockige Fell strichen, das an der weichen rosa Haut an ihrem Bauch lichter wurde.

Ich denke an seine Hände, seine Handgelenke.

Daran, wie häufig er in unsere Küche gekommen war, die Hände voll von der Ernte aus dem Garten. Dann stand er im hellen Morgenlicht, mit unseren roten Paprika und den Sommerkürbissen und hauchzarten Zucchiniblüten, mit üppigen Stängeln von Salbei und Basilikum.

Er existiert noch immer in meinem Kopf, wie er mir kugelrunde Kirschtomaten reicht. Ich schütte noch immer Kaffeesahne in seinen Kaffee.

Da war auch Schönheit in unserer Liebe. Da war Zärtlichkeit. Und so oft war dort auch Licht.

Ich habe ihn geliebt, trotz der Gewalt.

16.

Von ihrem Tod erfuhr ich durch die Nachricht einer Studentin. Es war acht Uhr morgens an einem Samstag, und ich strich gerade mein Bad im Erdgeschoss. In Daves Abwesenheit war es so still, und ich musste mich an die fehlenden Geräusche erst noch gewöhnen. Also stürzte ich mich in alle möglichen Aufgaben. An jenem Morgen krempelte ich die Ärmel hoch, hatte beige Farbe an den Armen und Handgelenken, als die Nachricht kam:

Das ist doch nicht Joy, oder?

Aber natürlich war sie es.

Das Bild war ein Screenshot von der Instagram-Seite ihres Sohnes Daniel. Auf dem Foto war in der Mitte Joys Gesicht zu sehen, die Sonnenbrille auf dem Kopf, Daniel und seine Frau links und rechts neben ihrer zierlichen Gestalt, dahinter ein unglaublich orangefarbener hawaiianischer Sonnenuntergang.

Heute ist der traurigste und schlimmste Tag meines Lebens, schrieb Daniel.

Dann hörte ich auf zu lesen.

*

Joy glaubte, allein Gott sei es möglich, einen Menschen verschwinden zu lassen. Und an jenem ersten kühlen Abend Ende August, als der Himmel in Prudhoe Bay schon nach Schnee aussah, holte Gott Joy, ließ sie verschwinden.

An dem Abend war der Himmel hinter dichtem Nebel verborgen, der vom Arktischen Ozean heranzog. Die Sonne ging gerade unter. Joy trug Jeans und einen Pullover. Sie hatte ihren Truck beladen und aufgetankt, bevor sie sich auf die lange Rückfahrt nach Fairbanks machte. Sie wollte unbedingt, so erzählte Rich es mir später, pünktlich losfahren, nach Hause zu Samantha und James. Weil sie selbst noch zu tun hatten, verabredeten sich Rich und Donald mit Joy an der nächsten Pumpstation ein paar Dutzend Meilen südlich, wo die beiden Männer Erledigungen machen mussten und Joy ein paar Freunden Hallo sagen wollte.

»So war sie eben«, sagte Donald. »Hat jede Gelegenheit genutzt, nett zu anderen zu sein.«

Es war beinahe Mitternacht in Alaska, die Welt fluoreszierend rosa. Joy hielt am Rand des Highways, ließ das Fenster herunter und machte ein Foto. Ich kann mir gut vorstellen, wie sie sich Gedanken über den zugehörigen Text machte, den sie zu dem Bild posten würde, wenn sie erst wieder zu Hause bei Samantha, James und ihren Eltern war und genug Netz hatte, um es hochzuladen.

Der Sommer sei eigentlich die sicherste Zeit, um den Dalton Highway zu fahren, erzählten mir die Trucker später. Immerhin ist es dann immer hell, und es gibt weder Eis noch Schnee oder Dunkelheit, die die scharfen Kurven und heftigen Steigungen zwischen den Bergen unsichtbar machen können. Im Sommer von Prudhoe Bay, so die Trucker, sieht man alles, kann sich vor allem *schützen.* Aber zu dieser Jahreszeit sterben mehr Trucker als zu jeder anderen, weil wir, wenn wir in Bezug auf den Dalton Highway von Sicherheit sprechen, immer auch von einer *Illusion* sprechen.

Einem gefährlichen *Irrglauben*.

Wir sprechen immerhin vom *jederzeit* gefährlichsten Highway Amerikas.

Die Geschichte, wie ich sie zum ersten Mal hörte, war so schlicht wie ein Märchen für Kinder: Joy fuhr auf dem Highway, und dann, ganz plötzlich, war sie verschwunden.

Die Langfassung erfuhr ich erst mit der Zeit: Donald und Rich kamen an der Pumpstation an, an der sie sich verabredet hatten, aber Joys Truck war nirgends zu sehen. Sie wussten, dass es ihr überhaupt nicht ähnlichsah, ihr Versprechen nicht zu halten. Und sie wussten, dass sie nirgendwo anders sein konnte als von der Straße abgekommen, *runter, darüber hinaus* – in Luft aufgelöst, im Nebel, in der grünen Tundra, in Gottes weitem Reich.

Weil sie weder Handyempfang noch eine Notrufsäule hatten, stiegen Rich und Donald in ihre Trucks und kehrten um, fuhren zurück nach Norden in Richtung Prudhoe Bay, der Nebel so dicht, dass man ihn förmlich greifen konnte.

»Und dann sahen wir es: eine furchtbare, nach unten führende Spur mitten in die Tundra«, erinnerte sich Rich.

Dort, ein paar Meter neben der Straße, sahen sie Joys sechzehn Meter langen Tanklaster auf der Seite liegen, das Führerhaus zerquetscht, zusammengeschoben und platt gedrückt vom Gewicht von vier Tonnen Dieselkraftstoff. Auf Fotos, die ich später im Internet fand, ist das Fahrzeug nur noch ein Haufen Metallschrott in der Mondlandschaft.

Das letzte Mal hatte ich eine Woche zuvor von ihr gehört, als sie mir Grüße und ein Foto aus Paris schickte – das erste Mal, dass Joy je ihr Land verlassen hatte, das erste Mal, dass sie allein mit ihrer Tochter unterwegs war. Auf dem Foto lehnen sie und Samantha sich auf einem Ausflugsboot auf der Seine aneinander, der Eiffelturm schimmert grau im schwindenden, diesigen Licht hinter ihnen.

Der Trip, erzählte sie mir, war eine Art Bestechungsmittel.

»Verbessere deine Noten, dann fahr ich mit dir nach Europa«, hatte sie Samantha angeboten.

»Sie will nach Europa, weil sie da Alkohol trinken darf«, sagte sie vor der Abreise. »Und sie meint, sie kann mich reinlegen, aber ich weiß alles über die Altersgrenzen dort. Aber jetzt kommt's: Ich werde es erlauben. ›Mach nur‹, werde ich sagen. ›Besauf dich.‹ Und dann werde ich da sein und dafür sorgen, dass ihr nichts passiert und sie nie wieder was trinken will. Lieber jetzt mit ihrer Mom in Europa als am College mit irgendeinem Typen!«

Das war am 14. August.

Zehn Tage später war sie tot.

»Himmel auf Erden«, hatte sie es erst vier Monate zuvor genannt, den Truck zwischen Reihen von Fichten abgebremst, die Hand aus dem Fenster gehalten und Schneeflocken mit den Fingern gefangen.

»Himmel auf Erden«, wiederholte sie. »Lass dir bloß nicht einreden, dass man nicht beides haben kann.«

*

In Ohio fuhr ich zum Pflanzenmarkt, einem kleinen Gartengeschäft am Stadtrand, wo es Forsythien, Taglilien und Keramikbrunnen mit winzigen Ziervögeln gab, die leuchtend rote Glasmurmeln im Schnabel hatten.

Es war Ende August, doch den Parkplatz säumten bereits jetzt Strohballen und Kürbisse, und Eltern in schwarz-roten Karohemden stemmten pummelige Kleinkinder für dreißig Sekunden lange Fotoaktionen in die Höhe, die Wildledermokassins der Kinder verschmolzen mit dem Heu.

Im Gang mit den einjährigen Pflanzen – den vorübergehenden, flüchtigen Freuden – hockte ich mich zwischen die Chrysanthemen in ihren schwarzen Plastikpaletten und zog Töpfe aus ihren flachen Kuhlen. Ich ging behutsam vor, Pflanze für Pflanze, achtete auf feste grüne Knospen, prüfte die Blütendichte und hielt nach Anzeichen von Krankheit Ausschau.

Beim Gärtnern gibt es eine einfache Regel: Erst sucht man sich gesunde Pflanzen aus, dann zupft man die gelben Stiele ab, damit sie nicht überhandnehmen. Bei Tomaten, Paprika, kräftigen Zucchinipflanzen und Chrysanthemen gilt: Wenn etwas gelb ist, ist es krank und stiehlt Nährstoffe. Man entfernt das Schwache, damit das Starke wieder mehr Energie bekommt.

Gott hätte an mir auch die gelben Teile entfernen sollen – nicht den lebendigen gesunden Stamm.

Auf dem Parkplatz reihte ich fünfzehn Töpfe auf meiner Rückbank auf: rosa, pfirsichfarben, limonadengelb, die Farben eines Sonnenuntergangs. Die Töpfe stießen aneinander, als ich damit nach Hause fuhr, über Gleise hinweg und vorbei an Kirchen, die ich wegen Dave gehasst hatte, bevor Joy den Hass aus meinem Herzen vertrieb.

Ich kniete mich in meinen Vorgarten, grub Löcher und setzte die schweren Chrysanthemen in die Erde. Ich wollte die Routine körperlicher Arbeit: das Umgraben und Eingraben und Mulchen rund um die Wurzeln. Ich wollte nicht nachdenken. Ich wollte nicht trauern oder verarbeiten.

Wie sah eine Welt ohne Joy aus? Anscheinend genauso wie vor unserer Begegnung.

Aber so eine Welt wollte ich nicht. Ich wollte die Zeit *zurück, zurückdrehen.*

Joy hat mir die schönsten Tage meines Lebens geschenkt und all die Stärke, die ich brauchte, um mir an jedem Tag danach ein besseres Leben aufzubauen. Wie bedankt man sich für so etwas?

An meinem stillen Schreibtisch in meinem stillen Haus buchte ich eine Woche im SpringHill Suites.

*

Als ich ein paar Tage später in Fairbanks ankomme, bricht langsam der Winter über die Stadt herein, die Bäume leuchten rot und golden wie brennende Streichhölzer, als würden die Äste unter den tief hängenden Wolken in Flammen stehen. Zurück in der Flughafenlobby, neben den rivalisierenden ausgestopften Bären in ihren Glaskästen, miete ich einen günstigen Wagen mit Premium-Versicherungsschutz.

»Wollen Sie runter nach Denali?«

»Vielleicht«, sage ich abwesend. »Ich bin wegen einer Beerdigung hier.«

»Die Frau vom Dalton Highway?« Die Frau verzieht leicht das Gesicht. »Tut mir leid«, fährt sie fort. »Es tut mir wirklich leid – so viele Leute sind ihretwegen hergeflogen. Allein heute habe ich fünf oder sechs Wagen vermietet.«

An der Wand hinter ihr hängt eine Landkarte von Alaska. Mit den Augen folge ich der einzelnen schwarzen Linie, die die einzige Straße durch das nördliche Landesinnere des Staates darstellt, wo ich sie kennengelernt habe, wo ich sie liebgewonnen habe und wo sie mir beigebracht hat, mich selbst zu lieben.

»Ich kannte sie nicht«, fügt die Frau hinzu, »aber ist es merkwürdig, wenn ich sage, dass es mir so vorkommt? Sie war anscheinend echt was Besonderes. So viele Berichte in den Nachrichten. So viel Aufmerksamkeit überall. Ehrlich gesagt hat ihr Tod Alaska ganz schön erschüttert. Viele Männer befahren die Straße. Wusste gar nicht, dass auch eine Frau darunter war.«

Die Frau trommelt mit ihren rosafarbenen Nägeln auf den Tresen. Sie schaut auf ihren Bildschirm.

»Wissen Sie was«, sagt sie. Sie reicht mir einen Schlüssel und sagt: »Zweite Reihe, Platz acht.« Sie hat mich eine Fahrzeugklasse hochgestuft und mir einen Jeep Cherokee gegeben, mit Allradantrieb.

»Sie sollten echt nach Denali fahren«, sagt sie. »Eine Frau wie sie …« Sie schluckt und nickt. »Eine Frau wie sie würde wollen, dass Sie das tun.«

Draußen auf dem Parkplatz glänzt der neonorangefarbene Jeep in der Sonne wie ein Kaubonbon.

Ich schaue hoch in den Himmel und kneife die Augen zusammen. Ist es Joy oder Gott oder eine freundliche Fremde, die mich fühlen lässt, was ich dann fühle? Als ich in den Cherokee steige, mich auf den hohen Sitz setze und vom Flughafenparkplatz fahre, kommt es mir beinahe so vor, als wäre Joy bei mir, als säße ich neben ihr im Truck. Es ist beinahe, als sei ich Spice Girl, und sie würde versuchen, mich zu bekehren – zu Gott, zur Wildnis –, und als führen wir schnurstracks durch Alaska.

Na, dann mal los, Mothertruckers.

Doch die Fahrt zum Hotel ist kurz und grau, und der bevorstehende Winter ist allgegenwärtig. Ich komme an Drive-by-Ständen mit Kaffee und grob gezimmerten Unterständen vorbei, die dicke Haufen Brennholz für drei, vier Dollar pro Bündel verkaufen. Männer und Frauen schlendern in gefütterten Fleecejacken über den Fußweg oder schließen die Pelzkragen ihrer Parkas fest um den Hals.

Ich halte Ausschau nach Joy und finde sie überall: in dem Supermarkt, in dem wir Tempeh, grüne Bohnen und Rucola gekauft haben. An der Tankstelle, wo wir getankt haben. In dem koreanischen Restaurant, in dem sie so gern gegessen hat und in dessen Fenster immer noch eine Regenbogenlichterkette von Weihnachten hängt, obwohl schon August ist. Ich stelle den Jeep auf dem Hotelparkplatz ab und erinnere mich daran, wie ich Joy dort zum ersten Mal getroffen habe.

Ich denke: *Ich bin eine Frau ohne Mutter.* Was natürlich nicht stimmt und albern ist. Ich habe eine Mutter – eine sehr gute –, aber Joy war etwas anderes. In Fairbanks spüre ich ihre Abwesenheit, ich spüre, wie alles an mir, alles an diesem Ort flimmert.

Da bin ich bei Weitem nicht die Einzige. Ich habe bereits Anrufe von Debbie und Shannon entgegengenommen, Joys besten Freundinnen seit Kindertagen, die mir – über viele Meilen Entfernung hinweg – von ihrer Freundschaft erzählen wollten, von ihren Anfangstagen in Arizona, als es nichts als Sonne, Spaß und roten Staub im sommerwarmen Haar gab. Zwischen Tränen und Gelächter zeichneten beide Frauen das Bild einer Joy, die jung und furchtlos war, die auf Pferden ritt, die buckelten und um sich traten, die sich mit jedem anfreunden wollte.

»Ich weiß nicht, warum ich dich anrufe«, sagten beide, aber ich wusste genau, warum, weil ich genau den gleichen Impuls verspürte. Wir liebten Joy, wir *brauchten* sie, und wir hatten noch keine Ahnung, wie wir ohne sie auskommen sollten.

Also saß ich auf meinem Sofa und hörte zu, wie sie Erinnerungen hervorkramten und Geschichten erzählten, wie sie auf ein Repertoire an Insiderwitzen zurückgriffen, von denen sie mehr als einmal bemerkten, sie machten mir hoffentlich nichts aus.

»Machen sie nicht«, sagte ich.

Sie fragten nach unserem Trip, wollten, dass ich ihnen Fotos schicke, sagten mir, dass Joy ihnen erzählt hatte, wie sehr sie mich mochte und mir vertraute.

»Sie sagte, du seist wie eine von uns«, meinte Debbie. »Als hätte sie dich getroffen und es sofort gewusst.«

»Das bedeutet mir sehr viel«, sagte ich.

Shannon konnte sich nicht freinehmen, um nach Alaska zu fliegen, aber Debbie fragte am Ende unseres Gesprächs nach der Beerdigung.

»Ich war noch nie da oben«, sagte sie. »Wieso musste ich bis zu ihrem Tod warten, um den Ort zu sehen, den sie so geliebt hat?«

Darauf wusste ich keine Antwort. Aber ich sagte, ich würde sie abholen, wenn sie landete. Ich würde sie zum Mittagessen einladen und ihr alles zeigen, was Joy mir gezeigt hatte, als ich zum ersten Mal in Fairbanks angekommen war.

»Ich spiele die Reiseführerin«, sagte ich.

So hätte Joy es gewollt. Es hätte sie unglaublich gefreut.

Aber Debbie kommt erst morgen an. Oben in meinem Hotelzimmer lege ich mich aufs Bett und beobachte, wie die Sonne über dem dämmerigen Fairbanks untergeht, über der kleinen Kapelle am Fluss, die im kühlen Licht der schrägen Scheinwerfer leuchtet. Ich wische mit dem Daumen über mein Handy, sehe mir alte Videos an, höre Joy, die ständig lacht und mich Spice Girl nennt. In einem Video kichert sie so ausgelassen, dass ich nicht stillhalten kann, während ich neben ihrem Pick-up inmitten der blendend weißen Arktis hocke, um zu pinkeln. Mit dem Finger habe ich *JOY!* in den Staub an der Tür geschrieben, und die Kamera wackelt im Wind, als ich versuche, das Wort scharfzustellen.

»Die coolste Pinkelpause meines Lebens!«, kommentiere ich.

Ich spiele es noch einmal und dann noch einmal ab, und mein Herz zieht sich zusammen. Die Kapelle wartet vor meinem Fenster, und weil ich mich so offen fühle, weil sie mich mit Wonne erfüllt hat, öffne ich meine E-Book-Bibel. Ich überfliege die Passagen, die ich mir auf Joys Geheiß hin markiert habe.

Der letzte Abschnitt, über den wir gesprochen haben, war *Das Buch Prediger, Kapitel 7.*

Doch worum ich mich die ganze Zeit mühte, habe ich immer noch nicht gefunden, las ich. *Unter tausend Menschen fand ich nur einen Mann, dem ich mein Vertrauen schenken konnte, aber keine Frau.*

Als sie es mir schickte, hatte ich geantwortet, das sei haarsträubend.

Das bedeutet, dass Männer und Frauen einander oft in Versuchung führen, erklärte sie. *Sie führen sich gegenseitig ins Verderben, deshalb müssen wir Gott immer in den Vordergrund stellen!*

Unser Trip hatte etwas in mir verändert. In den Tagen und Wochen nach unserer Fahrt spürte ich manchmal etwas, das ich für Ihn hielt. Manchmal, in der Abenddämmerung in Ohio, stand ich am leeren, sandigen Ufer des nahegelegenen Sees, sah zu, wie mein Hund darin schwamm und mit den Pfoten durch das dichte braune Schilf paddelte, der Schwanz trieb oben und tanzte auf dem Wasser, und ich empfand die Art Frieden, die man gemeinhin mit Gott in Verbindung bringt. Dave war fort, und es herrschte Stille. Aber es war eine Stille, die ich all dem Lärm von früher vorzog. Es war ein starkes Gefühl von Selbstsicherheit.

Aber ich bin nicht davon überzeugt, hatte ich ihr gesagt, *dass das Gott ist.*

Vielleicht fühlte es sich einfach so an, zum ersten Mal in meinem Leben als erwachsene Frau allein und unabhängig zu sein. War es Gott, war es Joy, oder war es nur das Gefühl, frei zu sein? War es das Wissen, dass all das Gute, die Zeit und die Liebe, die ich in die Welt entließ, nicht zunichtegemacht oder an die Launen eines Mannes vergeudet wurden?

Ich sagte Joy, ich sei so glücklich wie nie zuvor.

Ich fühlte mich wieder hübsch und jung. Der See schäumte zu meinen Füßen.

Nach allem, was passiert ist, schrieb ich ihr, *will ich einfach für immer allein bleiben.*

So sieht Sein Plan für dich aber nicht aus, antwortete sie sofort. *Du sollst jemanden kennenlernen, der gut zu dir ist. Er wird dir ganz freigiebig seine Liebe schenken.*

Meine Hündin suchte im Schilf nach kleinen Fischen, und ich sah sie an, als sie den Kopf zu mir umdrehte.

Gibst du mir das schriftlich?, scherzte ich. *Begutachtest du ab jetzt jeden Mann?*

Aber natürlich, schrieb sie. *Ich bin immer da, wenn du mich brauchst.*

Ist sie nicht, denke ich in Fairbanks und ziehe den Vorhang zu vor der Kirche und Gott. Zurück im Bett mit der Decke über den Knien erinnere ich mich an das Ende unserer Unterhaltung an jenem Tag.

Ich meinte, die Passage könne zwar missverstanden werden, aber sie habe dennoch unrecht, was Frauen betrifft.

Der wird schon sehen, schrieb ich, *wenn Er dich trifft.*

Sie hatte mit einem Smiley geantwortet. *Kann es kaum erwarten!*

Sie hatte es ernst gemeint.

*

Als sie am nächsten Morgen gelandet ist, treffe ich Debbie im koreanischen Restaurant. Wir bestellen Club Soda mit einer Limettenspalte und zwei große Schüsseln Bibimbap. Joy war sehr gern hier, erzähle ich ihr.

»Sie nannte Baby-Pak-Choi ›Babysalat‹«, sage ich.

»Joy war schon immer ein Gemüse-Junkie«, erwidert Debbie.

Debbie ist mittleren Alters, hat große Augen und hellrotes Haar, ihre Wangen haben die gleiche zarte Bernsteinfarbe. Sie ist schön, aber traurig, gibt sich alle Mühe, mich anzulächeln. Wir versuchen beide, uns normal zu verhalten, aber in erster Linie erwarten wir angespannt und niedergeschlagen Joys Beerdigung, schälen stumm gedämpfte Edamameschoten, auf denen grobe Salzkörner glitzern.

»Ich habe schon viel von dir gehört«, sage ich.

»Gleichfalls«, erwidert sie.

Debbie möchte mir von Joy erzählen. Sie möchte mir von allem erzählen. Sie sagt, dank Joy war das Leben bedeutsam, die beiden seien unzertrennlich gewesen. Als Teenagerin, erzählt Debbie, habe sie ein ganzes Jahr bei Joy und ihren Eltern gelebt, weil ihre Familie umziehen musste und niemand die beiden auseinanderreißen wollte.

»So waren wir«, erzählt sie. »Wir kamen auch einzeln gut zurecht, aber zusammen waren wir unschlagbar. Wir waren eine Sippe, wie Blutsverwandte, eine Familie.«

Gemeinsam mit ihrer Freundin Shannon verbrachten sie ihre Sommer damit, Abenteuer in Arizonas trockener Wüste zu suchen. Debbie hat mir schon von den Streichen der drei erzählt – den selbst gemachten Peanutbutter-Cups, gefüllt mit Speisestärke und grüner Lebensmittelfarbe, die ihre Lehrerin angeekelt hatten. Die abgestimmten Lügen, die sie ihren Eltern erzählten, damit sie abends lange draußen bleiben konnten. Den Schreibmaschinenunterricht, den sie geschwänzt hatten, nachdem sie mit einem Kassettenrekorder das Geräusch wie wild tippender Finger aufgenommen hatten.

»Der Lehrer hatte so eine kleine Kammer extra fürs Maschinenschreiben eingerichtet«, erklärte Shannon mir ein paar Abende zuvor am Telefon. »Wir haben den Rekorder einfach an die Tür gestellt und sind raus in die Sonne.«

Jetzt, im koreanischen Restaurant, quetscht Debbie die Limette über ihrem Wasserglas aus und fragt, was ich gemacht habe, als ich von Joys Tod erfuhr.

»Das Badezimmer gestrichen«, sage ich.

Sie sagt, sie habe gerade eingekauft: Putzmittel bei Walmart.

»James hatte meine Nummer nicht«, erklärt sie, »also konnte er erst, als sie nach zwei Tagen Joys Handy geborgen und ihm zurückgegeben hatten, anrufen und es mir sagen.«

Sie erzählt, ihr Handy habe geklingelt, als sie gerade vor dem Swiffer-Regal stand.

»Ihr Name stand auf dem Display, und ich dachte: ›Ach, schön, da ist sie ja‹, als könnte sie mir beim Aussuchen helfen. Ich muss ausgesehen haben wie eine Irre, als ich ranging und es erfuhr. Ich bin einfach zusammengesackt, mitten im Walmart.«

Aber jetzt, an unserem Platz am Fenster, sagt Debbie, Joy sei nicht tot. Sie erinnert mich, dass Siebenten-Tags-Adventisten glauben, dass die Verstorbenen in einer Art bewusstlosem Ruhezustand verbleiben. Wie im Schlaf, erläutert sie. Wenn die Auferstehung geschieht, so Debbie, werden Joy und die anderen Ruhenden mit Ihm vereint, gefolgt von den frommen Lebenden.

»Und der Rest?«, frage ich.

Auf die wartet das Feuer.

Ich esse meine Edamame und sage nichts. Ich glaube nicht an die Auferstehung. Ich glaube auch nicht an das Feuer auf Erden.

Aber das macht mir nichts aus, anders, als es noch vor wenigen Monaten der Fall gewesen wäre. Debbie sitzt hier vor mir und trauert, und ich sitze hier und trauere ebenfalls. Ich denke darüber nach, dass es sicher gravierende Unterschiede zwischen uns gibt – was den Glauben betrifft, ideologische Haltungen, Sichtweisen und politische Einstellungen –, aber unsere Verbindung mit Joy hat Priorität. Sie überstrahlt alles.

Wenn Debbie glaubt, dass Joy nur schläft, dann schläft sie eben.

»Weißt du, was komisch ist?«, fährt sie fort. »Als Joy und ich zum letzten Mal miteinander gesprochen haben, einen Tag vor«, sie macht eine ausholende Geste quer durch das Restaurant, »all dem? Das war am Freitag. Sie war in Prudhoe, hatte fast kein Netz mehr, meinte sie. Sie sagte, sie wolle schnell nach Hause, damit sie den Sabbat nicht verpasst.«

Wir sehen zu, wie eine Mutter am Tisch gegenüber ihre Tochter in einen kirschroten Kindersitz setzt.

»Ich weiß, wie sich das anhört – *verrückt* –, aber ich glaube, sie war bereit. Gott kannte Joy«, sagt Debbie, »und Er wusste, dass sie ein gutes Herz hat. Er hat sie zu sich geholt, aber sie war bereit.«

Das sei ein Weckruf, meint sie. Wir müssen uns ebenfalls bereit machen. Sie räuspert sich, als unser Essen kommt: glänzendes Gemüse auf dampfend heißem Reis.

»Unsere Zeit wird auch bald kommen«, sagt sie.

Da erblicke ich Joys Gesicht in Debbies. Ich sehe die gleiche Weichheit, die gleiche Liebe und das gleiche Licht. Das kann ich ihr unmöglich sagen. Also drücke ich ihre Hand und greife nach der Sriracha-Soße und einem Glas mit scharfem Chiliöl, träufele beides über mein Essen. Debbie wirkt neugierig, lehnt aber ab.

»Sie hat mich ›Spice Girl‹ genannt«, sage ich, und Debbie sieht verwirrt aus, aber ich führe es nicht weiter aus.

Wir essen größtenteils schweigend, knabbern das Fruchtfleisch von den dekorativen Orangenscheiben und bezahlen unsere Rechnung. Auf dem Parkplatz umarmen wir uns neben meinem Jeep, und Debbie geht zu ihrem Mietwagen.

»Bis morgen bei der Beerdigung«, sagt sie.

Ich wiederhole ihre Worte. Es fühlt sich nicht richtig an – nichts davon –, aber wir steigen in unsere jeweiligen Wagen und fahren in unser jeweiliges Hotel, gehen durch die jeweilige Lobby und schließen unser jeweiliges Zimmer auf.

Drinnen ziehe ich die Vorhänge zu, lege mich aufs Bett und google Dr. Laura. Ich finde ihr Kinderbuch *Where's God?* und denke: *Gute Frage.* Der Himmel leuchtet blau hinter den Vorhängen, während ich lese, dass es eigentlich keine Rolle spielt, wo Gott sich befindet.

Wenn du mit Ihm sprichst, hört Er zu.

Ich hab dich lieb, sage ich zu Joy.

*

Das nächste Mal sehe ich Joy in den Gesichtern ihrer Kinder – jenen, die ich bisher noch nicht kannte.

Andy und Daniel haben die gleichen Züge wie sie, die gleichen Sommersprossen um die Nase. Ihre hübschen Frauen stehen ernst und gefasst an ihrer Seite. Samantha ist ebenso schön, eine Joy in furchtloser Jugend.

Ich entdecke die fünf zusammen in der ersten Reihe der Golden Heart, wo Joy vier Monate zuvor die Hostien für die Gemeinde bereitgelegt hat.

Nun ist Joys Gesicht auf einer riesigen ausrollbaren Leinwand zu sehen, die von der Decke hängt, darauf läuft eine Slideshow, die Daniel arrangiert hat: Joy im türkisfarbenen Bikini; Joy an einen Van gelehnt; Joy als junge Frau mit der brabbelnden Samantha auf dem Arm.

Draußen regnet es in Strömen. Die Menschen wissen nicht, wohin mit ihren Schirmen.

»Joy wäre begeistert«, sagt eine Frau. Sie erzählt uns, Joy sei immer besonders froh gewesen, wenn sie glaubte, ihr Gott täte genau das, was seine Erde brauchte. Sie sagt: »Und wir brauchen wirklich einen traurigen, verregneten Tag, nicht wahr?«

Die Männer und Frauen um sie herum nicken geschlossen.

Ich stehe inmitten von Fremden, weiß nicht, was ich mit meinen Händen anfangen soll. Auf einer Beerdigung war ich zuletzt vor sechzehn Jahren, als meine Großmutter gestorben ist, und da war ich noch ein Kind. Für Erwachsene ist Trauer so viel schwieriger. Jeder möchte etwas sagen und ihren Charakter bezeugen: dass sie den Obdachlosen Kleidung vorbeigebracht hat, die sich immer am Steese Highway im Zentrum von Fairbanks versammeln, dass sie Hunde, Pferde und alle möglichen streunenden Kreaturen aufgenommen hat, wie sie einmal von Arizona nach Alaska gefahren ist und eine 9-Millimeter-Pistole in einem Glas Erdnussbutter geschmuggelt hat.

»Sie hatte keinen Waffenschein dafür«, erklärt eine Frau, »aber sie meinte, sie würde doch nicht ohne Waffe quer durchs Land fahren – allein und als Frau.«

Ein Trucker-Veteran namens Duane erzählt mir davon, wie oft Joy bei ihren Fahrten zusätzliche Lebensmittel für Bedürftige auf der Strecke mitgenommen hat, was streng genommen illegal war – man darf mit seinem Truck nur transportieren, wofür man eine Genehmigung hat –, aber Joy sah nicht ein, was das Problem an den paar zusätzlichen Kilos sein sollte, vor allem, wenn sie ein paar Leute durch den harten Winter in Nordalaska brachten.

Ich genieße es sehr, diese Geschichten zu hören, dass die Frau, die ich kannte und so lieb hatte, jedem gegenüber so war.

»Sie hat mir auch sehr geholfen«, sage ich. Wie genau, führe ich jedoch nicht weiter aus.

»Ach, Joy hatte einfach ein gutes Gespür für Menschen«, meint Duane und nickt, »das hat sie genutzt, um allen zu helfen.«

Vielleicht ist das Joys größtes Vermächtnis: ein Netzwerk aus Menschen, denen sie geholfen hat und die nun einander helfen. Depressive und Suchtkranke, Pechvögel und frisch Geschiedene – Joy streckte jeden Tag ihre Antennen aus, erspürte Schmerz und Kummer, empfand Mitleid mit den Menschen, die sie brauchten. Und in den Stunden und Tagen seit ihrem Tod haben wir uns alle mehr oder weniger selbst zu erkennen gegeben, indem wir auf ihrer Instagram-Seite Kommentare hinterlassen und uns gegenseitig in besorgten Nachfragen markiert haben: *Geht es dir gut? Geht es dir auch gut? Und dir, geht es dir auch gut?*

Vor dem Trauergottesdienst in der Kirche hält James sich stark im Hintergrund. Ich entdecke ihn am Trinkwasserspender. Als ich ihm ins Gesicht schaue und das dünne Haar sehe, das ihm in die Stirn fällt, bin ich verwundert über die Wärme, die ich ihm gegenüber empfinde: eine feste kleine Knospe Mitgefühl für einen Mann, der vieles falsch gemacht hat, aber auch viel dafür getan hat, es mit Liebe wiedergutzumachen.

Er ist jetzt ein Jahr trocken, hatte Joy mir erzählt, und ich sehe sein *Es tut mir leid* in allem.

»Sie hat dich geliebt«, sage ich schließlich.

Es dauert länger, als mir lieb ist, bis sein Gesicht wieder zum Vorschein kommt.

»Danke«, antwortet er, aber sein Blick streift mich nur und bleibt an der Leinwand hängen, wo eine überlebensgroße Joy auf einem braunen Pferd den Strand entlangreitet.

»Danke«, wiederholt er, aber ich habe das Gefühl, als gelte es nicht mir. Es gilt der Frau, die über uns schwebt – überlebensgroß und nunmehr lediglich als Erinnerung.

*

Die Trauerfeier an sich ist eigentlich nur gemeinschaftliches Weinen.

Der Pastor verkündet, dass er gern mit dem Gottesdienst beginnen möchte, also nehmen alle ihre Plätze in den Bänken ein, doch schon bald stehen auch Menschen im Gang. Dann gibt es bei Joys Beerdigung nur noch Stehplätze; Verspätete versammeln sich leise am hinteren Ende. Jeder, den Joy gekannt und geliebt hat, ist da, bis auf diejenigen, die es nicht geschafft haben, weil sie in Prudhoe

Bay arbeiten, immer im Zweiwochentakt, dessen Ablauf nicht einmal der Tod eines Streckenengels durcheinanderbringen kann. Aber dort oben trauern sie auch, höre ich.

»So viel steht fest«, sagt ein Mann vorn am Podium, »dieser Verlust betrifft *ganz Alaska*.«

In gewisser Weise habe ich Glück gehabt, das weiß ich: weil ich sie kannte, weil ich sie getroffen habe, weil wir uns so unmittelbar und intensiv angefreundet haben. Aber nach den Reden und Gebeten stehe ich gerade neben Rich und Donald hinten an der Wand und zeige ihnen Fotos der zweiten Hälfte unserer Reise, als sich etwas in mir verkrampft. Ich erzähle ihnen von den Wölfen, die wir gesehen haben, dem toten Karibu. Ich erzähle, dass ich den Permafrost mit den Händen berührt habe. Ich erzähle ihnen, dass ich jetzt, wo sie tot ist, vielleicht endlich nach Hilltop fahre und Fatman Cake probiere. Sie lachen und sagen, das solle ich machen und dass es mit Vanilleeis noch besser schmeckt, Joy sei ja nicht mehr da, um mit mir zu schimpfen, und dass sie sich darüber bestimmt amüsiert hätte. Hätte – Vergangenheitsform.

Joys Tod, erklären sie mir, hätte gar nicht passieren dürfen. Das ist das Einzige, worauf wir uns alle einigen können.

Ein Trucker schüttelt den Kopf und sagt: »Joy hat genau das getan, *was sie gelernt hat.*«

Bei Nebel, Schnee oder Eis, so lernen es alle Trucker in der Ausbildung, fährt man am Rand der Straße – vorsichtig und langsam, entlang der spärlichen Metallpfosten, die senkrecht in der Erde stecken und da draußen die einzige Möglichkeit sind zu unterscheiden, wo die Straße aufhört und die Tundra anfängt, wenn Schnee und Eis alles bis zur Unkenntlichkeit verhüllen. Ich sage ihnen, dass ich das noch weiß, genauso hat Joy es mir auch erklärt.

»Wieso«, fragt jemand, »sagt man den Fahrern nicht, sie sollen sich unter solchen Umständen in der Mitte der Straße halten, wo der Boden eindeutig fester ist?«

Die erfahrenen Trucker schnauben.

»Dann knallt es frontal«, sagt einer und schnippst zur Betonung mit den Fingern. »Wenn du bei Nebel oder Schnee die Straße nicht mehr siehst, dann siehst du auch den *Truck* nicht, der mit fünfzig, sechzig Meilen auf dich zukommt und Rohre oder einen Tank voll Öl geladen hat.«

Wir sagen: Joy war die vorsichtigste Fahrerin von allen. Sie fuhr am Rand, genau wie sie es gelernt hatte.

Gerade deshalb – als der Nebel aufzog und die Leitpfosten seltener wurden – geriet ihr Vorderreifen in den unbefestigten Seitenstreifen, und sie überschlug sich den Hang hinunter, parallel zu den Franklin Bluffs, eben jenem Flecken Tundra, wo wir Monate zuvor noch das Wolfsrudel gesehen hatten, das sich über den Kadaver des kleinen Karibus hermachte.

Das hängt von der Sichtweise ab, hatte sie gesagt. *Auf dieser Welt kämpfen wir alle nur darum, noch ein bisschen länger am Leben zu bleiben. Manche schaffen es, manche nicht. Es liegt in Gottes Hand zu entscheiden, wer auf welcher Seite ist.*

Eben war sie noch da – und dann war sie fort.

Ein Trucker beugt sich vor und flüstert mir ins Ohr, das sei der Preis kapitalistischer Gier.

»Die Leitpfosten sollten eigentlich alle fünf Meter stehen«, sagt er, »aber an manchen Stellen sind es nur alle dreißig, um Geld zu sparen.«

»Das hat sie auch gesagt«, erwidere ich. Ich erinnere mich an den Wind, den Fuchs, wie Joy behutsam auf die Bremse trat und sich am Rand der Straße hielt.

»Kosten sparen«, nickt ein weiterer Trucker. »An allen Ecken und Enden«, fügt er hinzu.

»Sagen wir mal so«, fährt der erste Trucker fort. »Am Dalton Highway gibt es sieben Straßenmeistereien, und jede ist für etwa fünfundsechzig Meilen zuständig. Die müssen sich um Schlaglöcher kümmern, um Überflutungen, Lawinen, eben um alles. Meinst du, die interessieren sich für Leitpfosten? Meinst du, die verstehen das überhaupt?«

»Nein«, erwidere ich knapp. Ich merke, dass ich sauer bin.

»Und ich will dir noch was sagen«, meldet sich ein weiterer Trucker zu Wort. Er fragt, ob ich ein Notizbuch dabeihabe. Er will, dass ich mitschreibe. Er glaubt, ich sei Journalistin und mein Wort hätte irgendwie Gewicht. Ich möchte ihm nicht erklären, dass ich das nicht bin, nicht so richtig, und dass ich auch keinerlei Einfluss habe, dass ich weder Joy zurückbringen noch andere am Leben erhalten kann.

»Die Straße sollte gar nicht so hoch sein«, sagt er. »Vor zwei Jahren hat das Verkehrsministerium von Alaska die Straße an einigen Stellen um einen Meter fünfzig und mehr erhöht – dafür haben sie 2,4 Millionen Tonnen Schutt gebraucht –, um die Fahrtzeit zu verkürzen. Jetzt kann man den Dalton Highway bei beinahe jedem Wetter befahren, aber auf Kosten der Sicherheit der Trucker. Früher war es so, wenn der Sag River alles überflutet hat, sind die Trucker gestrandet, weil die Straße unpassierbar war.«

»Das hat sie mir auch erzählt«, entgegne ich.

»Gut«, sagt er. »Gut! Das sollte die ganze Welt erfahren! Das sollte die ganze Welt interessieren, verdammt noch mal! Wir machen die Welt erst möglich. Was wäre dieses Land ohne Öl aus Alaska?«

Ein weiterer Trucker, Chet, erzählt mir, dass er einmal beinahe eine Woche am Straßenrand gestrandet war, weil Prudhoe Bay seine Fracht brauchte, aber die Straße komplett unter Wasser stand.

»Das ist schon was«, sagt er, »eine ganze Woche in deinem Führerhaus zu hängen oder bei einem anderen einzusteigen, Uno oder Solitär zu spielen, kalte Pop-Tarts zu essen und Bücher zu lesen, einfach darauf zu warten, dass nach sechs Tagen jemand durchfunkt, dass es endlich *weitergeht.*«

»Wegen der erhöhten Straße und der fehlenden Leitpfosten hat Joy sich überschlagen«, sagt der erste Trucker. »Da besteht überhaupt kein Zweifel. Bei dem steilen Abhang hatte sie keine Chance. Die hat keiner von uns.«

Dennoch rechnet niemand damit, im August zu sterben; niemand rechnet damit, im Nebel zu sterben.

»Die Illusion von Sicherheit«, sagt eine Frau und tippt sich an den Kopf. Sie heißt Jessie, und aus Erzählungen weiß ich, dass sie Joys beste Freundin in Fairbanks ist. »Man sagt ja auch, die meisten Unfälle passieren dreißig Meilen von zu Hause.«

Aber für Joy bedeutete der Highway Zuhause und Sicherheit; sie kannte ihn besser als alles andere. Und sie konnte mit ihrem Truck umgehen. Jessie erzählt mir, dass das ausgewertete Material aus Joys Führerhaus beweist, dass sie sich an den Straßenrand gehalten hat, wie sie es gelernt hatte. Sie fuhr langsam, wie vorgeschrieben. Ihr Reifen fraß sich in die Tundra, und sie lenkte dagegen an, wie sie es gelernt hatte und wie sie es seit dreizehn Jahren getan hatte, vielleicht hundert oder mehrere Hundert Mal. Trotzdem überschlug sich der Truck mit seinen vier Tonnen Ladung, und damit unsere Freundin Joy, die – wie die Rettungskräfte zur großen Erleichterung aller berichteten – sofort tot war.

»Es hätte mich treffen sollen«, sagt Debbie später zu mir. Wir stehen in der Buffetschlange bei der Trauerfeier, die jemand »Futterstraße« getauft hat, was wir seitdem alle wiederholen und belachen, um an diesem schweren Tag ein wenig Leichtigkeit zu finden. Wir greifen mit der Zange nach saftigen Croissants und sagen: »Futterstraße, Futterstraße.« Wir nehmen uns Melonenwürfel, goldene Ananasstücke, trennen Bratwürstchen, die aneinander festkleben, und flüstern: »Futterstraße.« Die Futterstraße besteht aus sieben Spieltischen, die aneinandergereiht ein langes Buffet bilden, ein abwechslungsreiches Angebot zur Stärkung an einem Tag, der derart auf die Stimmung schlägt. Darauf liegen blaue Plastiktischdecken, die statisch aufgeladen sind und an unseren schwarzen Hosen kleben. In Schalen und auf Platten schimmern perfekt rund gefüllte Eier, Berge von Nudeln und Hühnersalat sowie Hotdogs, die bereits verzehrfertig in Brötchen stecken. Joys Lieblingskellnerin aus dem koreanischen Restaurant befreit eine Schüssel von dicken Schichten Frischhaltefolie, in der sich glänzende Glasnudeln mit Scheiben roten Roastbeefs befinden. Ihre vegetarischen Frühlingsrollen gehen schnell zur Neige. Joys Vater lobt den Schokoladenkuchen.

»Immerhin bin ich die Ältere«, erklärt Debbie. »Vier Monate, aber wer zählt so was schon?«

»Dich hätte es auch nicht treffen sollen«, sage ich. »Es hätte *niemanden* treffen sollen.«

Debbie ist wütend und hat jedes Recht dazu. Ich sage ihr, dass ich auch wütend bin – wütend, weil Joy tot ist, und wütend, weil sie es nicht sein sollte, und wütend, weil ich nicht weiß, was ich sonst sein soll. Wie soll ich erklären, wie Joy all ihre Geschichten mit mir geteilt hat, mir gesagt hat, ich solle sie weitererzählen, und mich dann verlassen hat, sodass ich keine andere Wahl habe, egal was das Erzählen dieser Geschichten vielleicht bedeutet?

»Ich bin nicht wütend auf Joy«, sage ich, »aber ich bin wütend darüber, wie alles gekommen ist.«

Debbie nimmt einen Vienna-Finger von einem silbernen Tablett.

»Ja«, stimmt sie zu, »aber wir müssen hinnehmen, dass es Gottes Wille war. Wir müssen hinnehmen, dass Er einen Plan hat.«

Ich nehme mir einen Styroporteller und fülle ihn mit Oreos. »Schon möglich«, sage ich. »Kann sein.«

Aber ich sehe keinen Gott in alldem. Ich erkenne keinerlei Plan. Vielmehr sehe ich die Lektion männlicher Gewalt, die wieder einmal ihren Preis hat, und dieser Preis war Joys gesamtes Leben.

»Dahinter steckt Gott«, wiederholt Debbie, »und uns wird Er auch noch holen, und zwar bald.«

Ich greife abwesend mit der Gebäckzange nach einem Stück Cheesecake. Ich weiß nicht, was ich dazu sagen soll. Ich glaube nicht an die Auferstehung, glaube auch nicht an die Wiederkunft. Wenn ich ehrlich bin, glaube ich manchmal, dass das Ende der Zeiten bereits angebrochen ist. Denn während wir tatsächlich eine Welt geerbt haben, die besser ist als diejenige unserer Mütter – und viel besser als die *ihrer* Mütter –, genügt es nicht, dass Frauen sich etwas sicherer fühlen. Wir verdienen es, *sicher zu sein.*

Vollkommen.

Ich will sicher sein, ich will Sicherheit kennenlernen. Ich möchte durch amerikanische Wälder und amerikanischen Sonnenschein spazieren, laufen und joggen, über amerikanische Bürgersteige und Straßen in amerikanischen Vororten gehen. Ich will die Pools im Garten ohne Männer, die prügeln und morden. Ich will Grillabende ohne die Waffen der Männer. Ich will – eines Tages – eine Tochter haben, und ich will mir nicht mein ganzes Leben lang Sorgen machen, wie die Welt ihr auf vielfältige Weise schaden wird, bevor sie überhaupt geboren ist.

Draußen bilden sich Pfützen auf dem Parkplatz und drohen uns zurück in die Erde zu saugen. Ich gehe zum Jeep, wo Jessie an einem Scheinwerfer lehnt. Debbie kommt zu uns herüber und zieht sich eine Kapuze über die voluminöse Frisur.

»Wir müssen mehr Zeit miteinander verbringen«, sagt Jessie zu uns. »Nur wir Mädels«, fügt sie hinzu und wirft einen Blick auf all die Männer, die sie kennt und mit denen sie zusammenarbeitet, wie sie noch am Ausgang herumlaufen.

Wir stehen einen Augenblick schweigend im Regen. Jessie schlägt einen Besuch in den Chena Hot Springs vor, dem Schwefelthermalbad in der Nähe, und fragt, ob wir morgen Zeit haben. Ja, haben wir. Ich biete an, uns zu fahren, so könne der Jeep wenigstens uns weinende Frauen kutschieren, wenn er schon sonst zu nichts gut ist.

»Sehr gut«, sagt Jessie und bindet ihr Haar zu einem nassen Pferdeschwanz. Kleine Löckchen fallen ihr in die Stirn, und sie bläst sie zurück. »Ein Bad wird uns guttun.«

»Joy würde das gefallen«, stimmt Debbie zu.

»Sie würde es *lieben*«, verbessere ich.

*

Als wir am nächsten Morgen nach Chena fahren, erscheint uns Joy als Elch, und Debbie bittet mich, rechts ranzufahren, damit sie aussteigen und ein Foto machen kann.

»Hallöchen, beste Freundin«, sagt Debbie. »Das bist doch du da drin?«

Ich stehe an der Böschung, meine Stiefel versinken in der Erde. Die Welt ringsum ist einzigartig golden, das grüne Sommerlaub verglüht zu orangefarbenem Bernstein, und Debbie redet in Jeans und Sneakern behutsam auf den Elch ein. Sie geht näher heran, lächelt, macht ein Foto und sagt zu mir – sagt zu Joy –, dass sie zwar die Umstände bedauert, die sie hergeführt haben, sie aber sehr froh ist, endlich Alaska zu sehen.

»Ich liebe es«, sagt sie.

Joy, den Elch, interessiert das nicht weiter.

Als ich dort stehe und sie beobachte, denke ich darüber nach, wie uns das Universum eine Rettungsleine zuwirft, bevor uns überhaupt bewusst ist, dass wir ertrinken.

Joy war meine Leine, mein Rettungsring.

Die Elchkuh ist Debbies Trost, und ich kann den Impuls nachvollziehen; die Welt erscheint nie so leer wie nach dem Verlust eines geliebten Menschen.

»Du bist vielleicht hübsch, großes Mädchen«, sagt Debbie. Dann deutet sie mit dem Kopf auf Jessie und mich, die wir inzwischen am Jeep lehnen. »Und ich mag die Mädels da, genau wie du.«

Sie winkt uns heran. »Kommt her!«, ruft sie.

Ich zögere. Aber dann schüttele ich das Zögern ab und trete vor. Ich nehme ihre Hand, und Jessie gesellt sich zu uns. Gemeinsam locken, beschwören und beschwatzen wir die Elchkuh wie alberne

Touristen, damit sie den Kopf mit dem gewaltigen Geweih vom flachen Teich vor sich hebt.

»Na los, altes Mädchen«, rufen wir, und sie schnaubt, schüttelt das Wasser ab, schnauft und bewegt sich schwerfällig vorwärts.

*

Eigentlich bräuchte die Szene einen Soundtrack – drei Frauen im orangefarbenen Jeep auf einem Roadtrip durch das ländliche Amerika –, aber stattdessen genießen wir die Stille und die damit einhergehende Selbstbetrachtung.

Schließlich atmet Jessie geräuschvoll aus.

»Sie hat mir echt geholfen«, sagt sie. »Ich hab in meinem Leben ein-, zweimal Scheiße gebaut, wisst ihr? Und sie war immer für mich da, ohne mich zu verurteilen. Selbst als ich Sachen gemacht habe, die *richtig* blöd waren.«

»Sie wusste alles«, sagt Debbie. »Alle Probleme, die ich je hatte – mit meinem Ex, meinem Kind. All die schlimmen Sachen, die mich echt mitgenommen haben.«

»Sie hat mir das Leben gerettet«, sage ich und merke sofort, wie melodramatisch sich das anhört. »Ich weiß, das klingt albern.«

»Gar nicht«, sagt Jessie. »Dafür hatte sie ein Händchen.«

»Das kann man wohl sagen«, pflichtet Debbie ihr bei. Sie legt mir die Hand auf die Schulter. »Du sagst, sie hat dir das Leben gerettet? Ich glaube dir. Aber was auch immer du durchgemacht hast, dadurch, dass du hergekommen bist, hast du auch sie ein bisschen gerettet. Das hat sie selbst gesagt. Du hast auch etwas in ihrem Leben verändert.«

»Was machen wir nur?«, fragt Jessie. »Was machen wir nur ohne unsere Joy?«

»Wir atmen durch«, sage ich. Die Antwort kommt ohne Zögern. »Wir nehmen uns Zeit. Wir überlegen: Was würde Joy tun? *WWJT*«, fahre ich fort. Dann fange ich an zu lachen. »Das sollten wir uns als Armband machen lassen. Oder auf ein T-Shirt drucken. WWJT?«

»Für die Frauen an Christi Seite«, meint Debbie.

»Oder die Frauen an Joys Seite.«

Draußen verkündet ein dunkles Tor, dass wir an den Chena Hot Springs angekommen sind. Das Gelände ist makellos gepflegt, in Hochbeeten mit frischem Mulch wachsen Ringelblumen, Fingerhüte und Lilien. Kerzengerade Reihen brauner Hütten zum Mieten säumen den Parkplatz, und dahinter liegt das Restaurant, in dem es Gemüse aus dem Gewächshaus, hausgemachte Vinaigrette und Königskrabbenbeine mit zerlassener Butter gibt. Debbie fotografiert das Eismuseum, eine riesige igluartige Kuppel, in der nackte Eisfiguren, Möbelstücke, Tiere, Vasen und sogar ein winziges Eisxylofon zu bestaunen sind.

In der Frauenumkleide werden unsere Körper vom Dampf eingehüllt, und wir ziehen uns bis auf die Badesachen aus. Dabei geniert sich niemand wegen irgendetwas. Wir binden unsere Haare mit Haargummis zusammen und waten über eine Rampe direkt aus der Umkleide ins milchige Wasser, Zentimeter für Zentimeter, bis wir komplett eingetaucht sind.

»Seht mal!«, sagt Debbie. Sie ist bis zu den Schultern im Wasser, die Spitzen der losen Strähnen aus ihrem Pferdeschwanz liegen im Wasser. Dann steht sie langsam auf, und die Haare frieren ein, werden spitz und weiß.

Jessie lacht, hält sich die Nase zu, taucht unter und verschwindet. Als sie wieder auftaucht, wird ihr ganzer Schopf innerhalb von Sekunden zu Eis, jede Haarsträhne auf ihrer Stirn steif und silbern. Sie grinst, klimpert mit den eisbedeckten Wimpern, jede einzelne in Weiß gehüllt.

Wir schweben am Rand der heißen Quellen wie Gottheiten, unsere Züge weich vom Heilwasser. Es ist immer noch früh am Morgen, und das Bad ist so gut wie leer. Die Berge sind immer noch grün. Unser Lachen steigt mit dem rauchigen Dampf in die Höhe.

Einen Moment lang scheint es so, als sei dieser Morgen nur für uns da, als hätten die Blumen, die Stille des Tages und die feinen Kondensstreifen hinter den Bergen nur auf uns gewartet. Inmitten der Quellen speien Springbrunnen Wasser in die Luft, das im klaren Sonnenlicht glitzert, augenblicklich gefriert und mit einem leisen *Klack* auf der Wasseroberfläche landet. Debbie lacht, lehnt sich zurück und streckt die Beine aus. Sie lässt sich einfach treiben. Wir schwimmen an der Oberfläche, federleicht. Wir schlagen mit der Handfläche aufs Wasser, gleiten über die spiegelglatte Oberfläche und erzeugen breit gefächerte Kaskaden, die die Reflexion des alaskischen Himmels stören – all die rosafarbenen und gelben Blüten und die kompakten Dampfschwaden. Wir sind frei von Trauer, frei von Angst.

Ich schwebe mit den Füßen nach oben auf einem Baldachin der Stille. So lange habe ich mir den Kopf darüber zerbrochen, dass Gott sich mir entzog, dass das, was andere als seine Stimme hörten, für mich nur nach hartnäckigem Schweigen klang. Ich habe so viel Zeit damit verbracht, nach einer Form des Glaubens zu suchen, die zu meinen gelebten Erfahrungen passt, und sie natürlich nicht gefunden, weil ich an den falschen Stellen gesucht habe. Ich habe Gott bei Männern gesucht. Kein Wunder, dass ich einem Glauben oder einer Ideologie wenig abgewinnen kann, in deren Zentrum eine Gestalt steht, die all den Männern gleicht, die mir je wehgetan haben.

Ich betrachte Debbie und Jessie, deren Körper im milchigen Wasser schweben. Es gibt einen besonderen Ort in der Hölle, sagt Madeleine Albright, für Frauen, die anderen Frauen nicht helfen, aber dem möchte ich hinzufügen: Es gibt einen besonderen Ort im Himmel, der sich wider alle Erwartung auftut, wenn eine Frau einer anderen hilft.

Ein viel besserer Himmel.

In den Chena Hot Springs schließe ich derweil die Augen und erinnere mich: an den Truck, ihr Lachen, ihre Beschwörungen. Joy beharrte, Gottes Wunder habe uns beide zusammengeführt, aber ich glaube nicht an Wunder. Ich glaube, dass sie es war. Sie war es.

Wir.

Debbie ruft mich, und ich paddle herüber, bis ich aufrecht neben ihr stehe, sie legt den Arm um mich, den anderen um Jessie. Wir lächeln, und Debbie macht ein Foto, dann tauchen wir alle zusammen mit dem Kopf unter Wasser.

Ja, auf dieser Erde gibt es Engel, und sie breiten die Arme aus und schweben neben mir.

17.

Der Trucker-Konvoi zu Joys Gedenken findet erst vier Tage nach ihrer Beerdigung statt, also fahre ich mit dem Jeep gen Süden nach Anchorage. Der Morgen ist klar und hell. Der Rest der Welt verschwindet, und ich bin häufig das einzige Auto weit und breit, ein grell orangefarbener Punkt, der sich durch Alaskas Laubwerk bewegt. Ein paar Meilen nördlich von Denali fahre ich rechts ran, um einen Elch dabei zu beobachten, wie er einen Fluss durchwatet. Ich stehe im Schatten einer Bergspitze, während Astern und Goldruten mit ihren Blütenköpfen nicken.

In Whittier kaufe ich ein Ticket für eine nachmittägliche Gletscher-Bootstour und lehne mich über die Reling, um die Quallen dort unten zu zählen, durch deren Körper wild das Leben pulsiert. Eine Stunde später macht das Schiff neben einem Gletscher halt, der im Sonnenlicht türkisfarben funkelt. Seeotter mit weichen weißen Bäuchen ziehen in schwindelerregender Anmut ihre Kreise. Die Gäste schießen hektisch Fotos, während die Crew ein Stück von den Resten eines Eisbergs abschlägt und zu Eiswürfeln für Cocktails zerkleinert.

In Anchorage lerne ich einen Piloten im Ruhestand kennen, der anbietet, mich zum Mount Marcus Baker hochzufliegen, dem höchsten Gipfel der Chugach Mountains. Am späten Vormittag heben wir in seinem gelben Flugzeug ab. Strahlende Regenbogen schmiegen sich an die dünnen Tragflächen der Maschine, und ich muss an Heiligenscheine denken, an arktische Nebensonnen. Wir überfliegen die Hänge so niedrig, dass ich Elche und Grizzlys rennen sehe. Sie recken die Hälse nach dem Motorengeräusch, während wir über die orangefarbene Erdoberfläche gleiten.

Überall sind Farben, und überall gedeiht das Leben. In diesen Momenten, an diesen Nachmittagen, könnte ich schwören, dass Joy in mir aufflackert. Sie ist der gelbe Pinselstrich der sich verfärbenden Blätter, das Graugrün der Berge. Ich fühle, wie sie mich durch diese Tage begleitet und diese Nächte, durch dieselben Fragen, auf die es keine Antwort gibt, durch die Entscheidungen, die mir nicht leichtfallen.

Ich bin eine Frau, wird mir klar, deren Leben sich grundlegend verändert hat, weil eine andere Frau dafür gesorgt hat.

»Hast du bekommen, was du wolltest?«, fragt der Pilot per Headset.

»Alles und noch viel mehr«, sage ich.

*

Als ich wenige Tage später am Colville-Parkplatz ankomme, ist jeder einzelne Truck gewaschen und poliert, an jeder Stoßstange prangt ein Gedächtnisaufkleber – *Find Joy in the Journey!* –, und an jeder Antenne weht eine lange cranberryrote Schleife im Wind. Alle wissen, dass ich gerne in einem Truck mitfahren würde, und es wurde bereits diskutiert, wie das gehen könnte.

»Eigentlich«, sagt Donald, »ist es nicht erlaubt, dass du mitfährst.«

»Geht um die Haftung«, fügt Rich hinzu. »Das wäre ein Kündigungsgrund.«

Niemand will seinen Job riskieren, seinen Lebensunterhalt, sagt Rich, doch alle wissen, wie viel ich Joy bedeutet habe und wie viel ihr Leben mir bedeutet hat.

»Ach, ich quetsch dich rein«, sagt Donald schließlich. Er tritt seine Stiefel am Boden ab und wirbelt Staub und graue Kiesel auf.

Seine Frau und sein Sohn fahren auch schon bei ihm mit. Und außerdem, denken wir im Stillen, war er einer der beiden Männer, die sie gefunden haben.

Wer würde da Fragen stellen oder ihn gar bestrafen?

»Dieses letzte Geleit«, sagt Rich und hebt eine Hand, um über den gesamten Parkplatz zu deuten, »sagt viel darüber aus, wer Joy war.«

»Ich glaube, so was habe ich noch nie gesehen«, stimmt Donald zu. »Hab im Leben viele Paraden mitbekommen. Aber keine war jemals so groß.«

Tatsächlich sind die Zahlen beeindruckend: sechzig Trucks und einige Dutzend Fahrer in blauen, weißen oder roten Pick-ups. Ich steige mit Donalds Familie ein, als es gerade losgehen soll.

»Pass auf, folgendermaßen läuft so ein Konvoi ab«, sagt mir Donald, als säße ich eines Tages an seiner Stelle. »Du fährst langsam, du schaltest die Elch-Scheinwerfer an –, und mit der Hupe nicht zimperlich sein. Die Leute wollen dich hupen hören. Die wollen ordentlich Lärm, wenn man vorbeifährt.«

Konvois wie dieser werden nicht so häufig veranstaltet, denn bei diesem Job ist der Tod Teil des Geschäfts. Aber für besondere Menschen nimmt man sich die Zeit.

Er deutet durch die Windschutzscheibe.

»James fährt vorneweg«, sagt er, »mit Samantha und Joys Eltern. Sie sind in dem Pick-up.«

Die Trucks fangen an zu brummen und setzen sich langsam Richtung Fairbanks in Bewegung.

»Los geht's«, sagt Donald.

Alles ist in Bewegung, metallisch und glänzend im Sonnenlicht. Polizeiwagen und Leitautos blockieren die Kreuzungen, und Deb Baker – unsere Korsoleiterin – gibt per Funk deutliche Anweisungen. Wir dürfen los.

»Alles frei«, sagt sie uns. »Bescheren wir unserer Freundin Joy einen würdigen Abschied.«

Ganz langsam kriecht unser Konvoi durch Fairbanks. Autos halten an, und ihre Fahrer stützen sich aufs Lenkrad, um aufgeregt Fotos zu schießen und zu winken. Ältere Menschen sitzen auf Klappstühlen am Straßenrand, die Kinder stehen auf dem Seitenstreifen und werfen ihre Ärmchen in die Luft, die sie anschließend abrupt wieder sinken lassen, als zögen sie an unsichtbaren Hebeln.

Donald weiß, was sie wollen. Und er geizt nicht mit der Hupe.

Über den rauschenden CB-Funk verleihen die Trucker reihum ihrer Liebe zu Joy Ausdruck.

»Jetzt wacht ein neuer Schutzengel über uns«, sagt einer.

»Ich vermisse ihr breites Lächeln«, sagt ein anderer.

»Ich weiß genau, dass sie jetzt zu uns runterguckt«, scherzt einer. »Die lacht uns aus, wie wir hier im Kriechtempo die Straße runtereiern.«

»Das hier ist Joys letzte Fahrt: 8. September 2018, 14 Uhr 23.«

»Gute Reise, Joy. War schön, mit dir zu trucken.«

»Gott segne dich, Joy. Wir werden dich vermissen.«

Dann verstummt der Funk. Ich möchte Donald fragen, ob ich auch etwas sagen kann, doch ich tue es nicht. Ich bin kein Trucker; ich war Joys Freundin.

Eine Stunde später, gleich südlich von Hilltop, parken wir in breiten, sauberen Reihen. Am Fuß des Hügels gibt es ein Picknick: Hotdogs und Hamburger und Schokoladenkuchen vom Blech mit Streuseln. Kinder schaukeln an einem robusten Eisengestell und springen in hohem Bogen ab. James legt mir einen Arm um die Schulter.

»Weißt du, was das letzte Gebet war, das sie mir geschickt hat?«, fragt er mich. Er zieht sein Handy aus der Tasche. Dort, eine Nachricht: *»Where there is joy, give them continued joy.«*

Wo Freude herrscht, gib ihnen weiterhin Freude.

»Wie soll man damit umgehen?«

»Es bedeutet, dass sie bei uns ist«, sage ich ihm.

Die Hitze des Tages schwillt an, und alle versammeln sich unter dem hölzernen Dach. Daniel dankt allen für ihr Kommen. Er hat einige Worte aufgeschrieben, und als er sie vorliest, kann ich Joy spüren.

»Begebt euch auf Abenteuer«, sagt er, »seid freigiebig mit eurer Liebe, behandelt Fremde wie Freunde – so kann meine Mom in uns weiterleben.«

Ich denke darüber nach, wie ich Daniels Wunsch erfüllen könnte, wie ich Joys Liebe mit den mir zur Verfügung stehenden Mitteln am Leben halten könnte. Und ich weiß genau, was ich tun werde. Denn die Wahrheit ist, dass ich auf diesem Highway, auf diesen steilen alaskischen Bergpässen keine Angst um meine Sicherheit hatte. Ich habe mir keine Sorgen darum gemacht, dass es Tage oder Wochen dauern würde, bis die Trupps meinen Körper finden würden. Auf dem Beifahrersitz neben Joy – zwei Tage lang, auf fast fünfhundert Meilen quer durch die Wildnis, über die mir gesagt wurde, ich könne von Glück sagen, wenn mir nichts zustoßen würde – habe ich Wölfe dabei beobachtet, wie sie eine Karibuherde jagten, wie sie das Fleisch vom Knochen zerrten. Ich habe Moschusochsen mit ihren Hufen im Dreck gesehen, die angriffslustige Moskitoschwärme aufwirbelten. Und ich habe über all die kleinen Ängste nachgedacht, denen sich Frauen Tag für Tag ergeben, und dass Männer – auch wenn manche es versuchen – keine davon jemals wirklich verstehen werden.

Ich dachte darüber nach, wie häufig so vielen Frauen auf dieser Welt das Gefühl gegeben wird, sie seien klein oder schwach oder dumm, hilflos und ängstlich.

Ich denke an all die Männer, denen ich diesen Luxus gewährt habe.

Damit ist jetzt Schluss.

Die glücklichsten Menschen auf dieser Welt sind diejenigen, die es schaffen, sich neu zu erfinden, viele Leben aus dem einen zu machen, das ihnen geschenkt wurde. Joy ist einer davon. Und auch ich möchte so jemand sein. Ich denke daran, was Joy geglaubt hat: Unser Körper ist bloß ein Mittel zum Zweck. Wir können Gutes mit ihm tun, oder wir können Schaden anrichten. Und ich kann es natürlich nicht sicher wissen, doch ich glaube daran, dass ich dank Joy viel Gutes werde tun können, da Joy daran geglaubt hat, ich sei es wert – so wie jede Frau.

Ich werde es zu meiner Lebensaufgabe machen, andere daran zu erinnern.

*

Wenige Stunden später nimmt eine freundliche Stewardess mein Ticket entgegen und heißt mich an Bord willkommen. Die Touristensaison ist vorbei, das Flugzeug ist still und leer. Ich habe eine ganze Reihe für mich. Ich befreie mich von den Stiefeln und Handschuhen, schäle meinen Körper aus den vielen Kleidungsschichten. Der Start verläuft ruhig, und ich löse meinen Gurt und strecke mich aus, wickle meine Jacke um meinen Oberkörper und versinke dankbarerweise in sofortigem Schlaf.

Als ich eine Stunde später aufwache, flackert neongrünes Licht über mir. Zuerst denke ich, das sei die Stewardess, die mir ein Ginger Ale anbieten will. Doch durch das ovale Fenster blicke ich in den Abend über Alaska, sehe Sterne und dann noch etwas anderes – etwas, das ich mein ganzes Leben schon sehen wollte, etwas Wildes, Helles, das tanzt, etwas, von dem manche glauben, es sei Gott.

Bist du es?, frage ich.

Und natürlich ist es so.

NACHWORT

Bei der Recherche und Arbeit an diesem Buch habe ich nichts unversucht gelassen, um alles, was mir erzählt wurde, zu überprüfen; auch die Anschuldigungen. James lehnte ab, sich zu Joys Geschichte zu äußern. Wie so oft bei Vorfällen in Liebesbeziehungen gibt es keine weiteren Zeugen als die, die dabei waren, und ich kenne seine Version der Geschehnisse nicht. Für mich gibt es jedoch keinen Grund zu glauben, Joy könnte gelogen haben.

DANKSAGUNG

Dieses Buch – sowie die Jahre, die ihm vorausgingen – wurde von Frauen ermöglicht.

Zuerst einmal danke ich Samantha Shea, für deine Klugheit, deinen Zuspruch und deine Unterstützung für dieses Projekt von Anfang an. Du bist eine beherzte Verteidigerin und Fürsprecherin meiner Worte, und ich fühle mich als wahrer Glückspilz, von dir vertreten zu werden. Vielen Dank an meine unglaublichen Lektorinnen Laura Van der Veer, Carmen Johnson und Christina Henry de Tessan, dass ihr so clever, liebenswürdig und engagiert dabei geholfen habt, dieses Buch mit der Welt zu teilen. Was ihr drei getan habt, fühlt sich an wie Liebe. Danke an das gesamte Team bei Little A, vor allem Emma Reh, Merideth Mulroney und Kristin Lunghamer, und vielen Dank auch an Hafizah Geter für die klugen Gedanken, die du auch jenseits des Textes angeregt hast. Danke, Suzanne Williams. Danke, Nicole Caputo und Merideth Mulroney, für das wunderschöne Gesicht des Buches; ihr beide seid unfassbar talentiert.

Danke an Addison Duffy und Jasmine Lake, eure Gesellschaft genieße ich ebenso sehr wie eure guten Neuigkeiten, und an Mirabel Michelson. Es ist eine wahre Freude, mit euch allen zusammenzuarbeiten. Danke, Joey Soloway, Julianne Moore und Beanie Feldstein – was für ein absurdes Privileg, diesen Dank aussprechen zu können –, dass ihr an das Projekt glaubt und daran teilhaben wollt. Ich bewundere eure Kunst.

Dieses Buch hat auf vielfältige Weise von der sorgfältigen Lektüre und Betrachtung einiger wichtiger und aufmerksamer Menschen profitiert. Danke in erster Linie an Martha Park für deine Umsicht, Rücksicht und Zeit – unsere Freundschaft ist offen gestanden eine der besten Sachen, die mir in den letzten Jahren passiert sind. Danke an Frances Jo und Jessie Mathews – ich bin eine stärkere Frau, und dies ist ein stärkeres Buch, weil ich euch habe. Danke, dass ihr mich daran erinnert habt, wozu ich in der Lage bin, sowohl beim Schreiben als auch darüber hinaus. Danke, Adam Stiffler, für die unvergleichliche Freundlichkeit, deine Intelligenz, Freundschaft und deinen Blickwinkel, all die sommerlichen Waldspaziergänge, um den Kopf freizubekommen, und die Notfall-Erdnussbutter-Bananen-Smoothies. Ich bin froh, dich zu haben. Danke an Mieke Eerkens, so viel von diesem Buch und meinem Herzen hängt an unseren Unterhaltungen. Danke auch an Maura Atwater, deine Freundschaft – sowie außerordentliche Weisheit, Intelligenz und Gutherzigkeit – kam zur rechten Zeit.

Ich habe das Glück, vom Wissen, von den Kenntnissen, der Beharrlichkeit, vom Schutz, von der Zeit, Liebe und Energie unglaublicher Frauen zu profitieren. Danke aus tiefstem Herzen und in allererster Linie an Lisa Ho – ich weiß nicht, was ich ohne dich und die Zeit und das Mitgefühl, die du jedem schenkst, tun würde. Danke an Ellen Arnold für mehr, als ich hier in Worte fassen kann; du warst meine erste und bleibst eine meiner besten und loyalsten Freundinnen hier in Ohio, und dieses Buch existiert in großen Teilen, weil du es mit mir durchgesprochen und nacherlebt hast. Danke an Colleen Byers, dass du mir durch so viele schwere Tage geholfen und mit Geduld und Liebe das Wissen vermittelt hast, dass eine bessere Zukunft auf mich wartet. Du hattest recht. Danke für all die großen und kleinen Dinge an Lauren Vermilion – dank dir habe ich neuerdings eine Menge Spaß am Leben – und an Jay Waldron, Karen Poremski, Maggie Smith und Kelly Sundberg. Dank unserer Gespräche existiert dieses Werk. Danke an Rebecca und James Yates für euer ruhiges Haus in Alabama, wo ich an vielen der letzten Seiten arbeiten konnte. Danke an Michael und Molly McOsker für eure Freundschaft, das Sitzen auf der Veranda und die Pasta. Danke an Luong Ho, Chris Hinshaw, Tammie und Rich Edwards, Jennifer und Chris Wolverton, Julie Fink, Sarah Reimer, Chris und Nancy Walker, Zebbie Pettit, Amy Wright sowie Jason und Kristen Allison für so viele Dinge, die ich hier nicht aufführen kann, die aber allesamt der Liebe entspringen.

Ich danke dem Ohio Arts Council, dessen großzügige Unterstützung und früher Zuspruch dieses Buch zu großen Teilen ermöglicht haben. Danke, dass Sie den Wert dieses Projektes erkannt haben.

Danke an das Vermont Studio Center, das mir einen Künstleraufenthalt und somit den notwendigen Raum (inklusive Brot und Cheddar) ermöglichte, um mit diesem Buch zu beginnen.

Ich danke der Fakultät, den Mitarbeitenden und Studierenden der Ohio Wesleyan University und meinen Kolleginnen und Kollegen am Englisch-Institut, die mich unterstützt haben, vor allem dafür, dass ich dort den Nährboden vorfand, in dem ich Wurzeln schlagen konnte. Eure Unterstützung bedeutet mir alles. Besonders dankbar bin ich für die Hilfe, die dieses Buch in Form der Förderprogramme Katherine Boles Smith ’71 and Alton Smith Endowment for Scholarly Leave sowie Thomas E. Wenzlau (TEW) Presidential Discretionary Fund erhielt. Vielen Dank für die notwendige Zeit und die Mittel, um solch ein Projekt umsetzen zu können.

Vielen Dank an die brillanten Autorinnen, deren Arbeit meine eigene inspiriert: Leslie Jamison, Cheryl Strayed, Rebecca Solnit, T Kira Madden, Cathryn Klusmeier, Chelsea Bieker, Lacy M. Johnson, Kerry Howley, Jennifer Percy, Mary Miller, Alissa Nutting, Melissa Febos, Mira Jacob, Lidia Yuknavitch, Blair Braverman, Rachel Yoder, Sarah Menkedick, Sarah Viren, Cameron Dezen Hammon, Kristen Radtke, Terese Marie Mailhot, Maggie Smith, Tressie McMillan Cottom, Kelly Sundberg und viele mehr. Eure Worte schwirren mir permanent im Kopf herum.

Danke an meine alaskische Familie: Roger Schmidt und Jeanine Brooks, Rhiannon Guevin, Kenley Jackson, Tracy und Mat Turner, Michael Hudock, Brendan und Rachel Jones, Cassidy Russell, Ed Littlefield, Abel Ryan, Javier Barboza, WT McRae, Drew Sherman, Susan Wingrove-Reed, Zeke Blackwell, Colin Roshak und Elle Campbell. Besonderen Dank an Merrill Gehman fürs Wecken meiner Liebe zum Hinterland Alaskas, deine Güte und Freundschaft; ich glaube, wir beide sind eine Sippe.

Danke, Melanie Gehman Coar und Andrew Coar, dass ihr euer Zuhause, eure süßen Babys und eure Liebe für die Wildnis Alaskas mit mir geteilt habt. Danke an Duane und Linda Emmert, Charity Lorraine Timm und die erweiterte Trucker-Community von Alaska, dass ich einen kleinen Einblick in eure Welt bekommen durfte.

Danke an meine Studierenden, deren Arbeit mich daran erinnert, welch ein Geschenk neue Worte sein können. Mein besonderer Dank gilt Chase und Ashley Montana, Ariadne Will, Serena Alagappan, Stephanie DeSoto, Katerina Barry, Lily Callandar, Dmitri Ashakih, Emma Neeper, Anna Edmiston, TaTyana Payne, Carody Wise, Cuckoo Gupta, Anja Brooks-Schmidt, Jonas Banta, Merrigan Horn, Nicole White, Anna Davies, Molly Berrey, Meredith Neff, Acadia Caryl und vor allem Adriana Rodriguez.

Ich danke Joys Kindern für ihren Glauben an und ihr Vertrauen in mich. Mehr Dank, als ich jemals ausdrücken kann, schulde ich Joys Freunden, vor allem Candace De Witt und Susan Jones. Candace ganz besonders: Ich bin so froh, dass das Universum uns zusammengeführt hat, wenn auch unter schrecklichen Umständen.

Schließlich danke ich meiner Familie und vor allem meinen Eltern John und Heidi, denen ich alles zu verdanken habe.

QUELLEN

Alaska Public Lands Information Centers, »The Trans-Alaska Pipeline.« Abgerufen: 8. August 2017, www.alaskacenters.gov/explore/attractions/trans-pipeline.

Bartosch, Jamie. »Why Are So Many Indigenous Women in Alaska Coming Up Missing and Murdered?« A&E, 26. Februar 2019, www.aetv.com/real-crime/missing-murdered-indigenous-women-native-alaska-other-states.

Bass, Rick. *Caribou Rising: Defending the Porcupine Herd, Gwich-'in Culture, and the Arctic National Wildlife Refuge*. San Francisco: Sierra Club Books, 2004.

Brown, Alleen. »Five Spills, Six Months in Operation: Dakota Access Track Record Highlights Unavoidable Reality—Pipelines Leak.« *The Intercept*, 9. Januar 2018, theintercept.com/2018/01/09/dakota-access-pipeline-leak-energy-transfer-partners/.

Collins, Michael. »Congress Moves to ›Drill, Baby, Drill‹ in Alaska's ANWR. Here's What You Should Know.« *USA Today*, 19. November 2017, www.usatoday.com/story/news/politics/2017/11/19/congress-moves-drill-baby-drill-alaska-anwr-refuge-heres-what-you-should-know/874187001/.

Daly, Matthew. »Oil, Gas Drilling in Pristine Alaska Refuge Takes Step Ahead.« *AP News*, 19. April 2018, apnews.com/article/4285b7d4e3b945d2a3e73bcafb8ecba3.

Fairbanks Daily News-Miner. »The Trans-Alaska Pipeline, Then and Now.« 25. June 2017, www.newsminer.com/gallery/featured/trans-alaska-pipeline-then-and-now/collection_4176d3e6-56e9-11e7-b69e-b3511429b2d8.html.

Fleischman, Lesley, und Marcus Franklin, »Fumes Across the Fence-Line.« NAACP. Abgerufen: 27. April 2018, www.naacp.org/climate-justice-resources/fumes-across-fence-line/.

Gardner, Kianna. »Savanna's Act Advances to Senate Vote.« *AP News*, 16. November 2018, apnews.com/article/5452afe3429a4f97aefc8cf72d95bc6d.

Hedgpeth, Dana. »›Jim Crow, Indian Style‹: How Native Americans Were Denied the Right to Vote for Decades.« *Washington Post*, 1. November 2020, www.washingtonpost.com/history/2020/11/01/native-americans-right-to-vote-history/.

Himrod, Corey. »Congress Seizes New Opportunity to Restore Arctic Refuge Protections.« *Alaska Native News*, 1. Mai 2019, alaska-native-news.com/congress-seizes-new-opportunity-to-restore-arctic-refuge-protections/41719/.

Jeltsen, Melissa. »Domestic Violence Murders Are Suddenly on the Rise.« *Huffington Post*, 11. April 2019, www.huffpost.com/entry/domestic-violence-murders-rising_n_5cae0d92e4b03ab9f24f2e6d.

Jeltsen, Melissa. »Who Is Killing American Women? Their Husbands and Boyfriends, CDC Confirms.« *Huffington Post*, 21. Juli

2017, www.huffingtonpost.com/entry/most-murders-of-american-women-involve-domestic-violence_us_5971fcf6e4b09e5f6cceba87.

Langdon, Steve. *The Native People of Alaska*. Anchorage, AK: Greatland Graphics, 1993.

Lee-Ashley, Matt und Jenny Rowland-Shea. »Arctic National Wildlife Refuge 101.« Center for American Progress, 10. Oktober 2017, www.americanprogress.org/issues/green/news/2017/10/10/440559/arctic-national-wildlife-refuge-101/.

McCann, Carole R. und Seung-Kyung Kim. *Feminist Theory Reader: Local and Global Perspectives*. 5. Ausg. New York: Routledge, 2020.

Morin, Philippe. »›We're Not Giving Up‹ Say Gwich'in Despite Start of ANWR Sales.« *CBC News*, 6. Januar 2021, www.cbc.ca/news/canada/north/arctic-national-wildlife-refuge-advocates-not-giving-up-15863103.

National Coalition Against Domestic Violence. »Domestic Violence in Alaska.« 2015, assets.speakcdn.com/assets/2497/alaska.pdf.

Ortiz, Erik. »Lack of Awareness, Data Hinders Cases of Missing and Murdered Native American Women, Study Finds.« *NBC News*, 30. Juli 2020, www.nbcnews.com/news/us-news/lack-awareness-data-hinders-cases-missing-murdered-native-american-women-n1235233.

Ridgley, Heidi, »Where the Wild Things Are.« *Defenders*, Herbst 2016, defenders.org/magazine/fall-2016/where-wild-things-are.

Rosay, André B. »Violence Against American Indian and Alaska Native Women and Men.« National Institute of Justice, US Department of Justice, Mai 2016, www.ncjrs.gov/pdffiles1/nij/249736.pdf.

Rowland-Shea, Jenny. »Measuring the Loss of American Wildlife If the Arctic National Wildlife Refuge Is Drilled.« Center for American Progress, 11. Dezember 2017, www.americanprogress.org/issues/green/news/2017/12/11/443964/measuring-loss-american-wildlife-arctic-national-wildlife-refuge-drilled/.

Ruskin, Liz. »Can Congress Squeeze $1b from ANWR?« *Alaska Public Media*, 1. November 2017, www.alaskapublic.org/2017/11/01/can-congress-squeeze-1b-from-anwr/.

Solnit, Rebecca. »A Rape a Minute, a Thousand Corpses a Year.« *Mother Jones*, 25. Januar 2013, www.motherjones.com/politics/2013/01/rape-and-violence-against-women-crisis/.

Urban Indian Health Institute. »Missing and Murdered Indigenous Women & Girls.« Abgerufen: 27. November 2019, www.uihi.org/resources/missing-and-murdered-indigenous-women-girls/.

Vagianos, Alanna. »30 Shocking Domestic Violence Statistics That Remind Us It's an Epidemic.« *Huffington Post*. Abgerufen: 7. Dezember 2017, www.huffingtonpost.com/2014/10/23/domestic-violence-statistics_n_5959776.html.

The Wilderness Society. »Trump Administration Undermines Environmental Review for Drilling in Arctic National Wildlife Refuge.« 12. September 2019, www.wilderness.org/articles/press-release/trump-administration-undermines-environmental-review-drilling-arctic-national-wildlife-refuge.